U0729002

教育部人文社会科学研究规划基金项目（12YJA790212）成果

On the Demand of Chinese Shrimp in Its Major Export
Markets and Intra′ Market Integration

中国虾产品主要出口市场需求及空间整合研究

周井娟 著

ZHEJIANG UNIVERSITY PRESS
浙江大学出版社

前　言

　　虾产品是我国优势出口农产品,占水产品出口总额的 13.5％。美国、日本、欧盟和韩国是世界虾产品的主要进口市场,也是我国的主要出口市场。然而,近年来由于受美元贬值、反倾销以及药物残留超标等因素的影响,我国虾产品对美出口面临更大的困难;同时日本经济增长缓慢,抑制了其对进口虾产品的需求;又加上韩国为保护本国产业发展在虾产品进口市场准入方面设置了更多的障碍,使得中国虾产品在亚洲市场开发进一步受阻;在欧盟市场,尽管 2004 年 7 月欧盟对中国对虾贸易实行解禁,为中国虾产品的国际市场开拓提供了新的市场机会,然而世界虾产品主要供给国在同一时期转战欧盟市场的行动使得欧盟虾产品市场竞争日趋激烈。所有这些都为中国虾产品出口增添了困难,但是,也正是这种国际市场环境,使得我国虾产品出口比以往任何时候更需理论的支持和指导。

　　鉴于此,本著作在借鉴国内外相关研究成果的基础上,运用经典需求理论、差异化进口需求理论与实证模型、市场空间整合理论和方法,借助于当今主流计量分析工具,利用联合国粮农组织渔业统计数据库(FAO,FishStatJ)、联合国商品贸易统计数据库(UN Comtrade)、美国国家海洋与大气管理局海洋渔业服务部在线数据库(NOAA's NMFS)、美国国际贸易委员会贸易数据库(USITC)、日本财务省贸易统计数据库(TSOMOF)、欧盟统计数据库(Eurostat)以及韩国贸易协会统计数据库(KITA)等,从局部市场需求和市场之间空间整合程度两个角度,深层次探讨中国虾产品在其主要出口市场的需求规律。

　　在进行局部市场需求分析时,本著作首先从被研究国虾产品人均消费的变动趋势及市场供应品组成结构入手,指出进口虾产品在被研究国食品消费中的重要地位和市场机会。接着通过对被研究国虾产品进口结构、主要来源国国别结构和市场份额的变动规律以及进口市场集中度的分析,明确被研究国虾产品进口市场竞争格局和不同来源国的竞争绩效。然后,借助计量分析工具 EViews 和 SAS 统计软件,以似然比检验(并结合 Barten 消费函数选择方法和需求系统的拟合度)作为模型选择的标准,对被研究国进口需求月度数据与差异化进口需求模型(Rotterdam 模型、CBS 模型、一阶差分 AIDS 模型、NBR 模型和 General 模型)进行适宜度检验,从而确定被研究国进口需求系统弹性估计的最佳实证模型,在此基础上拟合进口需求系统实证模型,并据此计算出被研究国虾产品进口总支出对不同来源国(产地)、不同产品形式的虾产品的支出弹性、自价格弹性和交叉价格弹性。最后,对研究结果加以分析和评述。目的在于明晰中国虾产品主要出口市场(美国、日本、欧盟、韩国)的需求特点,以及各个市场的消费者对中国虾产品需求的变动规律;同时进一步明确同一市场上竞争对手的虾产品对我国产品的替代(或影响)程度。

在检验区域市场之间空间整合程度时,利用被研究国进口虾产品贸易数据和主要批发市场的虾产品交易价格数据,借助 Johansen 协整检验法,从加总产品层面和细分品种层面分析虾产品市场的空间整合关系,目的在于检验我国虾产品主要出口市场之间价格是否具有共同的变动趋势以及价格传递的动力机制。

本著作的研究结果显示,美国虾产品总体需求趋于稳定,中国出口美国的虾产品品种单一,不属消费者偏好的主流产品形式,使得美国进口总支出对中国虾产品缺乏弹性,而单位价格弹性和竞争对手交叉价格弹性进一步表明,在美国市场,中国虾产品的影响力较弱,泰国、厄瓜多尔和越南虾产品对中国产品具有显著的替代效应;日本对虾产品的需求总体处于饱和状态,较之于印度、泰国、印尼和越南产品,日本消费者对中国虾制品已形成一定的偏好,但在冷冻生虾市场,中国弱势地位明显;欧盟市场虾产品需求增长潜力较大,但不同成员国偏好的多样性决定了欧盟市场开拓的复杂性,其中西班牙消费者对中国冷冻虾及虾仁支出缺乏弹性,但竞争对手阿根廷、厄瓜多尔、摩洛哥、哥伦比亚虾产品的替代效应不显著;韩国虾产品消费偏好正在逐步发生转移,而韩国进口虾产品总支出对中国缺乏弹性,对越南接近单位弹性,这说明韩国消费者偏好越南的冷冻虾及虾仁,另外,由于出口至韩国的产品类别各异,中国与越南、泰国虾产品的替代效应不显著。从市场空间整合关系来看,美、日、欧、韩虾产品的价格变化存在一定的长期整合关系,不同市场之间整合程度、价格传递方向和强度与虾产品的产地、规格、贸易量直接相关。

本著作在此基础上提出相应的对策建议,以期为中国虾产品出口企业提高国际市场份额、提升国际市场竞争力提供理论参考。

与国内外已有的研究比较,本著作的创新主要表现在:(1)构建了国际贸易品市场需求规律研究的系统分析框架。(2)在国内首次系统地介绍了所有进口需求模型,并综合采用三种模型选择标准,以确定需求弹性最佳函数形式,同时将之应用于探索我国优势出口农产品国外市场需求研究的实践中。(3)在进口需求系统估计时,融合了 SAS 和 EViews 软件在联立方程估计方面的优点。

作　者

2014 年 12 月 6 日

目　录

第一章 绪 论

第一节 研究背景

一、社会经济背景分析

随着人们生活水平的日益提高,人们的饮食保健意识也日益增强,水产品因为含有高度不饱和脂肪酸而具有独特的保健作用,其市场需求不断扩大。在所有的水产品中,虾产品因其肉质细嫩、味道鲜美、营养丰富,深为消费者所喜爱,成为国际水产品贸易中最重要的交易商品①,占国际水产品贸易总值的 20% 左右。在过去的 30 多年时间里,虾产品都一直维持着这样的地位(FAO,2014)。

中国是世界虾产品主要生产和贸易大国。作为虾产品生产大国,中国拥有丰富的自然资源,沿海渔民精湛的板网、拖网捕捞作业技术使得中国捕捞虾产量始终处于较高水平,2012 年产量达 1267.3 万吨,占世界虾产品捕捞总量的 37.79%;改革开放以来以出口为导向的养殖虾的兴起,及此后中国对虾遗传改良和新产品培育技术的突破、养殖模式的不断改进,有力地促进了中国对虾养殖业的发展,养殖产量实现新的跨越,2012 年达 169.65 万

---

① 在美国明尼苏达州明尼阿波利斯市谷物交易所(Minneapolis Grain Exchange,MGE)期货市场上冷冻白对虾和斑节对虾是参与交易的水产品中仅有的两个品种(Martínez-Garmendia, J., & Anderson, J. L., 1999 (19):957-990)。

吨,占世界养殖虾总量的 39.20%。

生产总量和供给能力的大幅度提升,一方面满足了国内市场需求,同时也使得我国虾产品出口贸易规模得到空前的发展。2013 年出口量达 26.99 万吨①,比 2000 年增长了 191.37%,出口额达 25.39 亿美元,比 2000 年增长了 424.35%。对虾的生产和贸易使得近百万农(渔)民摆脱了贫困,走上了致富道路,在解决农(渔)村劳动力就业、促进农(渔)民增收、优化渔业产业结构、提高渔业竞争力方面发挥着日益重要的作用,同时也为全球消费者提供更多优质蛋白食品作出了积极贡献②。

美国、日本、欧盟和韩国是世界虾产品主要消费市场,也是我国的主要出口市场。然而,近年来由于美元贬值、反倾销以及药物残留超标等因素的影响,使得中国出口美国市场面临更多地困难;同时日本经济增长缓慢,抑制了其对进口虾产品的需求;又加上韩国为保护本国产业发展在虾产品进口市场准入方面增加了更多的障碍,使得中国虾产品在亚洲市场开发进一步受阻;在欧盟市场,尽管 2004 年 7 月欧盟对中国的对虾贸易实行解禁的决定,为中国虾产品的国际市场开拓提供了新的市场机会,贸易规模呈直线上升态势,然而世界虾产品主要供给国在同一时期"转战"欧盟市场的行动使得欧盟虾产品市场"开发和争夺战"日趋激烈。

2007 年以来,在经受饲料、能源、劳动力、环保成本的上升和由于世界虾产品供给过剩而带来的虾产品价格持续走低"多重"压力影响下,中国出口贸易规模出现下滑趋势,至 2008 年出口量下降到 24.09 万吨,比 2006 年下降了 10.84%。此后,虽有恢复(2011 年出口量达 30.52 万吨)但反弹势头较弱,且受全球经济衰退等诸多因素影响,2012 年开始又出现大幅下降。据商务部最新统计结果显示,2014 年 2 月,中国虾产品出口量仅为 6311.6 吨,环比下降 71.5%,金额仅为 0.7 亿美元,环比下降 70.8%;2014 年 1 至 9 月,中国虾产品出口量为 185281.6 吨,同比下降 12.7%,前景堪忧。

中国虾产品市场是出口导向型市场,外贸依存度极高,其中养殖对虾40% 左右走向国际市场。离开国际市场,中国对虾产业没有出路(吴湘生,2009)。对虾产业的兴衰直接影响到我国沿海地区 300 万~400 万渔民的就业问题,而对相关产业(如饲料厂、虾产品加工机械厂等)间接影响更是高达

---

① 这里需要说明的是,出口虾产品常以去壳、去头等形式交易,因此,不能直接与产量(鲜活重量)进行比较。

② 摘录于农业部副部长牛盾 2008 年 11 月在广州召开的世界对虾大会上的开幕致辞。

1000 万～2000 万人，进而影响到农（渔）民增收、农（渔）村人民经济生活的稳定。因此深入探究中国虾产品主要出口市场的需求特点，了解进口国市场消费者对中国虾产品的需求规律、主要竞争对手的替代影响以及中国虾产品主要出口市场之间的横向互动关系，不仅是中国虾产品出口企业解决当前困境，发挥比较优势，从而比竞争对手更好地满足世界虾产品消费市场需求，提高市场占有率进而提高国际竞争力的需要，同时也是中国虾产业结构调整、实现产业升级的内在要求。

二、学术研究背景分析

整个经济理论可以最一般化地归结为探讨供给与需求的相互关系问题。由于世界虾产品贸易中养殖虾占据主导地位[①]，因此，围绕养殖虾苗种繁育、病害防治、养殖模式优化等等旨在解决如何提高养殖虾的生产供给能力的课题，成为 20 世纪 60 至 80 年代初对虾产品学术研究的焦点。伴随着世界养殖虾主产国供给能力的日趋稳定并有了极大的发展，以及国际市场虾产品贸易规模的不断扩大，与虾产品需求相关的研究开始得到重视，而近 30 年来虾产品在国际水产品贸易中的突出地位，更是引发了贸易经济学家极大的兴趣和关注。

从已有的文献来看，国外早期对虾产品市场的经济分析，集中在从市场供给和需求均衡的角度来探寻影响供给和需求的主要因素，以及与供求密切相关的价格的决定因素方面（Doll，1972；Adams，1987；Houston et al.，1989；Keithly et al.，1993；Saowanee et al.，1999）。但随着进口虾产品的增加，进口国的理论研究者开始关注进口虾产品是否或者在多大程度上会对国内虾产品生产者或消费者福利状况产生影响，相关的学术研究从两个方面展开：一是通过对虾产品消费购买行为的实地调查，以了解消费者在选购虾产品时最看重哪些因素，以及消费者对进口虾与本地虾基本属性的一些看法（Cheng & Capps，1988；Hanson et al.，2005；Levitt，2007）；二是从计量经济分析的角度研究进口虾对本地虾的替代影响（Taya，1991；Miyazawa &

---

① 虽然国际虾产品贸易中各国之间的贸易量、贸易额、贸易品种等具体的统计数据没有注明每个交易品种的生产方式（是养殖还是捕捞），因此也就无法确切统计出贸易品中养殖虾和捕捞虾各自的情况。但有一点是确实无疑的，大多数养殖虾的生产是以出口为导向的，这个比例占到 80%左右。依此估计，在国际虾产品市场贸易中有 60%是养殖虾（Gillett, R. Global Study of Shrimp Fisheries. Rome：FAO Fisheries Technical Paper 475，2009：37-43）。

Hirasawa,1992;Hirasawa,1995),以及对来自不同产地的虾产品的支出弹性和价格弹性分析(Alison,2002;Poudel,2008)。除此之外,也有一些学者对国际虾产品市场供求双方贸易概况作了描述性分析(Audum,2006),或者对出口国在某一进口市场上的绩效展开讨论,如 Cai 和 Leung(2006)借助显示性比较优势指数(Revealed Comparative Advantage,RCA)对出口到日本、美国和欧盟市场的冷冻养殖虾的供给国的市场业绩的评估等等。

从国内相关研究来看,鉴于虾产品出口在中国水产品出口中的重要地位,虾产品的经济贸易分析也得到了许多专家学者的关注。从已有的文献来看,国内有关虾产品贸易的研究大致围绕三个方面展开:一是从供给能力的角度探讨我国对虾出口是否具有比较优势,如袁新华等(2006)、杨小川等(2008)通过对中国虾产品的世界市场占有率、出口价格、显性比较优势指数和可比净出口指数的测算,认为中国虾产品的世界市场占有率较高,出口价格较低,具有较强的国际竞争优势。二是从需求的角度对国际虾产品市场贸易现状的分析,如周井娟(2009a,2009c,2014)对世界、欧洲及亚洲虾产品生产贸易格局的定性描述,吴湘生(2007)、商连农(2005)对美国市场虾产品需求变化的跟踪分析,周井娟(2009b,2010,2009d)对美国、日本和西班牙虾产品进口市场进口结构变化和市场规制特征的研究,以及吴湘生(2009)对中国对虾发展前景与预测。三是针对进口国所设置的各种非关税贸易壁垒之于我国水(虾)产品出口的负面影响的定性分析和讨论,如郑德雁(2004)、张青青和王海华(2005)、赵婧(2006)、艾红(2008)、周祎和徐立青(2008)等的相关研究。

理论来源于实践,同时相关的理论研究又是为解决现实的问题服务的。从上述的分析中可以看出,尽管国内外学者对虾产品供给与需求市场分析给予了应用的重视,开展了一系列有益的探索并形成了一些有价值的研究成果。然而,这些研究对于解决当前中国虾产品出口所面临的困境而言,仍然缺乏直接的指导性。主要表现在三个方面:

(1)在研究主体上,对进口市场虾产品需求的定量研究基本上由进口大国(如美国、日本或欧盟)研究机构发起并展开的,其研究的出发点是基于究竟进口的虾产品对本国供求市场造成了多大的影响,本国相关产业应该采取什么对策,等等。而出口国学者更多地关注养殖虾生产的技术层面问题,对虾产品市场的分析仅停留在对消费市场需求的定性描述方面。

(2)正是由于研究主体关注焦点的不同,反映在研究内容上,至今尚无学者探究国外消费者对来自中国的虾产品的需求偏好问题,更没有提及中国与其在同一市场上的主要竞争对手产品之间的替代关系,而这些分析对于中国在其主要出口市场制定差异化的市场开拓及营销策略,从而赢得市场份额起着关键性的指导作用。另外,随着世界农产品贸易自由化进程的不断推进,某一国别或区域市场的消费需求变动,将可能直接影响到其他市场同类产品价格或需求的变化,这就要求我们以全球化的、系统的视角来看待当前虾产品主要进口市场之间的横向联系,即对主要出口市场之间空间整合关系作进一步的检验,而现有的研究较少涉及。

(3)在研究方法上,以定性分析为主且定量研究方法也较为单一。虽然国内学者也开始注意到利用进口需求系统模型来分析我国优势出口农产品在其主要出口市场的价格弹性(王云峰和王秀清,2006;许咏梅和苏祝成,2006;许咏梅,2007;刘亚钊和王秀清,2007),但这些研究无一例外地均采用LA/AIDS模型作为计量分析工具。然而,正如有些学者(Barten,1993;Alston & Chalfant,1993;David et al.,1996;詹满色,2003)所指出的,不同的数据特性适合不同的进口需求函数设定,而不同的函数形式意味着实证结果解释上的差异,如参数解释及弹性的估计等,如果不加区分以某一固定的需求函数形式作为进口需求估计的系统分析模型,可能会导致实证结果缺乏科学性。

第二节 研究目的与意义

一、研究目的

本书拟采用进口需求系统模型、Johansen 协整检验等计量方法,通过实证分析,考察美国、日本、欧盟、韩国虾产品进口市场对中国虾产品的需求规律。具体来说,本书拟回答以下三个关键问题:

(1)中国虾产品主要出口市场美国、日本、欧盟、韩国虾产品市场对虾产品的需求究竟呈现怎样的特点?各个市场的消费者对中国虾产品的需求又呈现怎样的规律?

(2)在美国、日本、欧盟、韩国虾产品进口市场上,中国分别面临来自不同虾产品供给国的正面竞争,那么竞争对手的虾产品对我国虾产品究竟造成了多大程度的影响(或替代),不同市场上的消费者对竞争对手的虾产品又表现出怎样的需求规律?

（3）随着全球经济一体化和农产品贸易自由化进程的不断加快，中国虾产品主要出口市场之间（甚至世界虾产品市场）横向联系程度如何？是完全整合还是部分整合抑或是区隔的？不同市场之间价格波动是否具有共同的变化趋势？

二、研究意义

实证研究中国虾产品的主要出口市场——美国、日本、欧盟、韩国——虾产品消费需求变动规律，并考察美国、日本、欧盟、韩国市场空间整合关系，具有重大的理论和现实意义。

在理论和方法上，本书不是简单地采用目前在农产品需求研究中出现频率相对较高的 LA/AIDS 需求系统分析模型，来对美国、日本、欧盟、韩国虾产品进口需求弹性作出估计，而是依据模型选择标准，对被研究国数据与所有的经典需求系统模型（包括 Rotterdam 模型、CBS 模型、一阶差分 AIDS 模型、NBR 模型和 General 模型）进行适宜度的诊断检验，在此基础上选择最适合被研究国数据特征的函数形式作为计量分析模型。这在目前国内相关文献中尚未有见于笔端，而本书的初步探索与应用丰富了进口需求系统研究方法，也为我国其他优势出口农产品的国外市场需求分析提供参考。

在实践上，对美国、日本、欧盟、韩国市场虾产品需求进行分析，有助于正确认识中国虾产品的国际市场地位；有助于揭示中国虾产品在其主要出口市场的需求变动规律，明晰同一市场上主要竞争对手所具有的优势，从而为中国虾产品出口企业制定差异化市场营销战略指明了方向。通过美国、日本、欧盟、韩国市场空间整合关系检验，有利于揭示世界虾产品市场之间的联系程度和价格传递动力机制，进而以全球化的视角来审视当前中国虾产品的出口贸易格局，为我国虾产品出口企业及相关部门制定整体与局部相协调的、差异与共性并存的市场开拓策略提供依据。

第三节　研究范围界定与前提假设

一、范围界定

（一）虾产品概念的界定

在生物学分类中，虾属节肢动物门，甲壳纲，十足目。虾的种类繁多，仅联合国粮农组织（FAO）列出的具有商业或具有潜在的商业价值的种类就有

300 多种,其中市场上常见的虾大约有 40 多种(商务部,2005)。

虾产品的称谓。在英文中 Shrimp 和 Prawn 均表示"虾"或"小虾",但由于牛津英语字典和韦氏字典对这两个词有不同的释义,因此不同国家在虾产品名称的标识方面也有些差异。国际水生动植物标准统计分类(International Standard Statistical Classification of Aquatic Animals and Plants,简称 ISSCAAP)将所有的 Shrimp 和 Prawn 归为一类,因此,联合国粮农组织渔业统计数据中,关于世界及各国和地区虾产品的产量包括所有的 Shrimp 和 Prawn。在我国,依据商务部发布的《中国虾产品出口指南》中的称谓,将所有参与国际市场贸易的"虾"、"小虾"或"对虾"等统称为虾产品,英文以"Shrimp"表示,"Prawn"则用于表示某些特定的品种。

虾产品的分类(详见附录 1)。以生产方式区分,虾分为捕捞虾和养殖虾,其中捕捞品种主要有日本毛虾、鹰爪虾、中国对虾、斑节对虾、墨吉对虾、北方大额虾等,养殖品种主要有南美白对虾、斑节对虾、中国对虾等。从商业角度划分,虾又可以分为淡水虾、冷水虾和暖水虾,其中暖水虾占了世界产量和贸易量的绝大部分(到目前为止,冷水虾还没有人工养殖,全部来自野生捕捞,而暖水虾则既有养殖也有来自捕捞)。按海关协调编码划分,也可以把虾分为三类,即冷冻虾及虾仁(030613)、未冻虾及虾仁(030623)和虾制品(160520)。

虾产品的形式。在市场供应品中,除了少数以鲜活形式销售外,根据交易品是带头还是去头、带壳还是去壳、熟制还是生虾、深加工还是简单加工可以划分为许多种不同形式(详见附录 1)。不同的进口市场由于消费习惯的差异,对虾产品的形式又有不同的偏好,如美国市场消费者偏好去头带壳冷冻虾,日本市场偏好大规格的冷冻生虾,而欧盟市场则喜欢整肢虾,韩国市场偏好鲜活/干制/腌制虾等。

虾产品的规格。即虾产品的个体大小。国际虾产品贸易市场上,虾产品的规格一般以每磅或每千克的粒数来划分,如 16～20 粒/磅、21～25 粒/磅等。而不同国家在细分规格划分上又有一些细微的区别,具体见第四章至第六章和第七章第二节的论述。

(二)主要出口市场的选定

中国虾产品主要出口市场的选择是以出口至某个国家或地区出口量占中国出口总量的比重大小来划定的。从近五年来看,尽管中国虾产品出口市场集中度有降低的趋势,但美国、日本、欧盟和韩国依然在中国虾产品出口中占据重要地位,是中国目前最重要的出口市场。因此,相关的研究围绕着这四个市场展开。

(三)国际比较对象的确定

美国、日本、欧盟和韩国既是中国虾产品的主要出口市场,同时也是其他虾产品生产国的主要销售市场。由于进口国消费偏好、贸易政策等差异以及出口国区位优势、自然资源优势等的不同,中国虾产品在其主要出口市场上所面临的竞争对手也有区别。根据研究的需要,本书以市场份额位于美国、日本、欧盟和韩国虾产品进口市场前五至六位的国家或地区作为中国在该市场的主要竞争对手并予以对比分析。具体见第四章至第七章的详细论述。

二、数据来源

本研究涉及中国虾产品主要出口市场需求的历史回顾、现状分析和弹性估计,以及中国虾产品主要出口市场之间空间整合程度验证,研究涉及面广且研究时间跨度较大,因此对数据收集提出了较高的要求。幸运的是,联合国粮农组织渔业及水产养殖部和各进口国市场翔实的数据记录为本研究的开展提供了良好的基础。

由于在国际商品贸易中存在这样一些现象(FAO,2003):(1)出口国发货与进口国到货之间有时间滞差;(2)不同国家对同一种产品使用不同的分类方法;(3)有些国家提供的是一般贸易的数据,而另一些国家提供的是特别贸易数据等等情况,导致出现进口国和出口国对同一时期、同一品种类别商品的统计数据不一致的现象。因此,为力求数据所反映信息的真实性、权威性以及研究数据的可比性,本书对研究所采用的数据进行了严格的筛选,其中重点借用的数据库主要有:

(一)中国及世界各国虾产品产量数据来源

作为反映全球渔业生产状况统计资料的唯一来源,联合国粮农组织渔业统计数据库(FAO,FishStatJ,2014)为我们提供了 1950—2012 年世界各国和地区虾产品捕捞量、捕捞主要品种、捕捞水域,以及养殖量、养殖的主要品种、养殖水域等信息。这里需要指出的是,由于联合国粮农组织渔业统计数据库数据一直处于不断地更新之中,尤其是 2008 年,世界各国(特别是中国)根据新的统计标准对相关数据作了较大幅度的调整(涉及范围包括 1997 年及其后世界各国各种渔产品),因此为反映现实情况,本研究中所涉及的产量数据均以联合国粮农组织 2014 年 11 月最新发布的数据为准。

（二）中国及世界各国进出口贸易数据来源①

中国及世界各国虾产品贸易数据来源于两个途径：(1)联合国商品贸易统计在线数据库(United Nations Commodity Trade Statistics Database,UN Comtrade)，该数据库提供了 1990—2013 年世界各国之间不同类别的虾产品（即冷冻虾和虾仁、未冻虾和虾仁、虾制品）贸易量和贸易额信息；(2)中国虾产品主要出口市场（美国、日本、欧盟和韩国）相关部门所作的详实统计，包括美国国家海洋与大气管理局海洋渔业服务部在线数据库(National Oceanic and Atmospheric Asministration's National Marine Fisheries Service,NOAA's NMFS)、美国国际贸易委员会贸易数据库(US International Trade Commission Trade Dataweb,USITC)、日本财务省贸易统计数据库(Trade Statistics of Japan Ministry of Finance,TSOMOF)、欧盟统计数据库(European Commission Eurostat,Eurostat)、韩国贸易协会在线统计数据库(Korea International Trade Association,KITA)等。

（三）中国虾产品主要出口国批发市场价格序列数据来源

美国、日本、欧盟主要批发市场上，不同来源、不同规格的虾产品市场交易价格的时间序列数据来源于联合国粮农组织/全球鱼商品(Food and Agricultural Organization /Globefish Commodity Update)关于虾产品的最新出版物(Shrimp Commodity,Update 2014)，具体见第八章第三节详细介绍。

（四）其他数据来源

全球渔业信息网(www. globefish. org)和欧盟渔业信息网(www. eurofish. dk)市场报告(Market Reports)栏目，不定期出版的、由联合国工作人员提供的关于欧盟、美国、日本和亚洲地区虾产品生产和贸易的信息与数据。

美国密西西比州立大学农业和林业实验站(Mississippi State University, Agricultural & Forestry Experiment Station，MAFES)所提供的水产养殖市场报告(Aquaculture Market Reports)中，有关美国虾产品生产和消费的信息和数据。

另外，在本研究分析中所涉及的关于美国、日本、欧盟、韩国和中国经济

---

① 截至 2015 年 2 月，由于越南、格陵兰、孟加拉国、缅甸等国详细贸易数据未能全部获取，因此全球虾产品年度贸易量和贸易额、主要进口国月度贸易数据仅更新至 2011 年 12 月 (GTIS,2015)。

发展状况指标(如国内生产总值、增长速度,人均可支配收入、消费和食品消费支出、消费者价格指数)以及人口规模等相关的数据,主要来源于世界银行和各国统计信息网。

三、前提假设

(一)世界虾产品供给基本稳定

尽管捕捞虾的产量受自然资源衰退的影响可能会出现一定程度的下降,但从养殖虾主产国——亚洲地区的中国、泰国、越南、印尼、印度、孟加拉国、缅甸以及中南美洲地区的厄瓜多尔、墨西哥、巴西等——近几年生产产量保持持续增长态势和稳定的市场供给能力来看,我们有理由相信世界虾产品的供给将继续保持稳中有升的态势。

正如泰国虾协主席 Somsak Paneetatyasai 博士所指出的,作为一种正常商品,虾产品也没能逃脱农产品"蛛网模型"怪圈。2007 年泰国虾产品的增产不但没能增加虾农收入,反而由于虾价大幅度下降而导致虾农收入减少。为了保证虾价,虾农有合理的利润,从 2008 年开始泰国有计划地控制虾产品的产量。虽然,2012 年泰国南美白对虾养殖爆发"早期死亡综合征"(EMS:the Early Mortality Syndrome)对其产量造成很大影响,但印度、印尼等亚洲国家供给的增加以及中国近几年来虾产品产量不断刷新纪录,世界虾产品产量仍保持持续增长。这进一步表明相对于目前国内外市场需求而言,虾产品的充足供给不存在任何问题。

当然,世界虾产品供给稳定假设的成立还必须基于:(1)自然环境,不发生对虾产品的生产造成全局性毁灭的自然灾害或人为动荡;(2)生态系统,尤其是水域污染不会对养殖虾生产发出灾难性打击;(3)资金、饲料、劳力、市场都在本研究讨论的范围内进行。

(二)主要进口国虾产品自产量与进口量弱分离

从理论上讲,不同来源国差异化进口需求弹性估计时可以将被研究国国内产量作为一种进口来源(Armington,1969;Winters,1984),然而由于进口数据和被研究国国内数据性质不同,即进口单价并不是消费者实际支付的价格,因此无法以被研究国国内市场价格和消费量的乘积占消费总额的比例来计算市场份额。另外,本书所涉及的美国、日本、欧盟、韩国虾产品消费市场上,本国产量占消费总量的比例也很低。因此,在进口需求弹性估计时,对美国、日本、欧盟和韩国虾产品国内自产量与进口量的弱分离性(separability)假定,将不会对研究结果的可靠性造成很大的影响①。

第四节　研究思路、内容与方法

一、研究思路

本书以微观经济学经典需求理论、差异化进口需求实证模型、市场空间整合理论和方法,以及农产品国际贸易学、水产经济学为基础,以中国虾产品的主要出口市场美国、日本、欧盟和韩国为研究对象,借助当今主流经济学计量工具,实证研究美国、日本、欧盟和韩国虾产品市场需求和各市场之间的空间整合关系。以期能够深层次挖掘中国虾产品在其主要出口市场的需求规律;明晰美国、日本、欧盟、韩国消费者对我国主要竞争对手虾产品需求特点,以及竞争产品对我国虾产品的替代程度;掌握我国虾产品主要出口市场之间价格整合关系以及价格传递的动力机制。在此基础上以可持续发展理论和科学发展观为指导,提出改善中国虾产品在其主要出口市场绩效的政策建议。

基于上述研究思路,形成本书的技术路线如图1-1所示。

二、研究内容

基于上述的研究思路和技术路线图,本文的研究内容分六个部分展开:

第一部分是绪论,包括第一章。着重介绍本研究的社会经济背景和学术研究背景,明确研究目的,界定研究范围和对象,介绍本书所采用的主要研究方法、研究思路和内容安排。

第二部分是相关理论基础和文献综述,包括第二章。首先对消费需求理论和差异化进口需求研究实证模型、模型的选择标准及估计方法进行简要的介绍与评述;接着概括论述市场整合理论及其研究方法;然后系统地回顾国内外学者在水产品市场需求及市场间空间整合方面取得的研究成果;最后指出现有研究给本研究带来的启示。

第三部分是中国虾产品生产、消费和贸易概况,包括第三章。本章在介绍中国及世界虾产品生产、消费与贸易发展格局的基础上,总结中国虾产品

---

① 在进口需求估计中经常赋予这样的假设(如 Alston et al, 1990; Seale, Sparks & Buxton, 1992)。

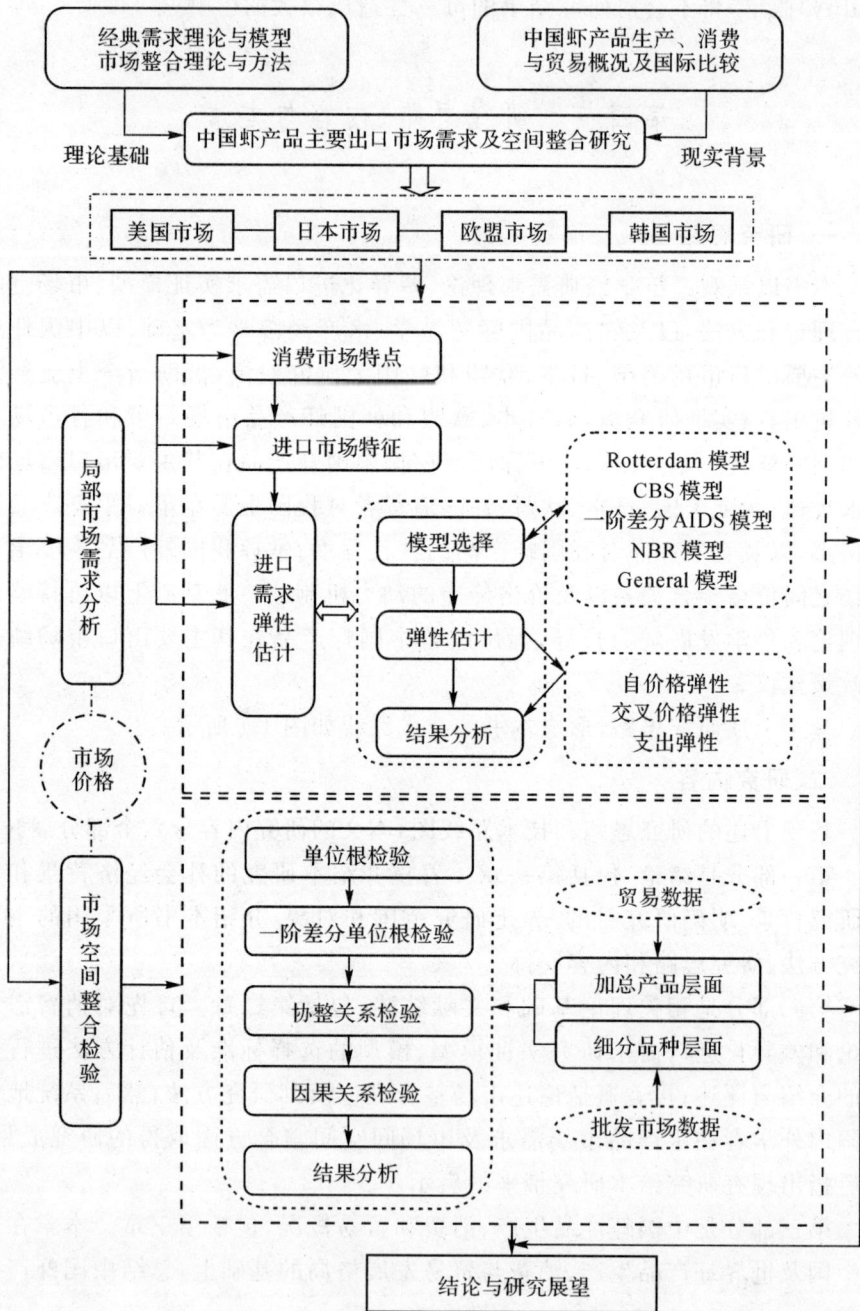

图 1-1 研究的技术路线

的生产与贸易的特点,为后续的研究提供铺垫。

第四部分是中国虾产品主要出口市场(美国、日本、欧盟和韩国)虾产品需求分析,包括第四章到第七章,是本文的核心部分。首先,从被研究国虾产品消费的变化规律及市场供应品组成结构入手,指出进口虾产品在被研究国食品消费中的重要地位和市场机会。接着,从被研究国虾产品进口结构、主要来源国国别结构和市场份额的变动规律以及进口市场集中度分析中,了解被研究国虾产品进口市场竞争格局和不同来源国的竞争绩效。然后,以似然比检验(并结合 Barten 消费函数选择方法和需求系统的拟合度)作为模型选择的标准,将被研究国进口需求数据与 Rotterdam 模型、CBS 模型、一阶差分 AIDS 模型、NBR 模型和 General 模型进行匹配,确定被研究国进口需求系统弹性估计的最佳实证模型;借助于计量分析工具 EViews 和SAS 统计软件,拟合进口需求实证模型,并据此计算得出被研究国虾产品进口总支出对不同来源国(产地)、不同产品形式的虾产品的支出弹性、自价格弹性和交叉价格弹性。最后对研究结果加以分析和评述。

第五部分是美国、日本、欧盟、韩国虾产品市场之间空间整合程度的检验,包括第八章。本章利用美、日、欧、韩的进口虾产品贸易数据和主要批发市场的虾产品交易价格数据,借助于 Johansen 协整检验法,从加总产品层面和细分品种层面来分析虾产品市场的整合程度(是完全整合的还是部分整合抑或是完全区隔的),目的在于检验我国虾产品主要出口市场之间价格是否具有共同的随机变动趋势,以及虾产品价格传递的动力机制。

第六部分是总结与展望,包括第九章。系统地归纳了全文的主要研究结论,并提出中国虾产品要实现从贸易大国向贸易强国的跨越,必须做到生产环节"质与量"齐增长、沟通环节"企业、政府、行业协会"齐努力、销售环节以市场需求为导向,实施目标市场差异化战略政策建议。在本书的最后部分指出本研究的局限及后续研究工作需要努力的方向和待解决的问题。

三、研究方法

目前关于中国虾产品在其主要出口市场的需求和市场之间空间整合程度深入而规范的研究尚未有见于笔端,这显然与中国世界第一大虾产品生产国和贸易大国的地位是不相称的。本书力求博采众长,从定性与定量相结合的角度加强研究。具体方法如下。

（一）定性分析方法

（1）文献阅读方法。文献阅读是进行研究的重要基础与前提。本书研究的构思及后续研究的开展都是建立在对大量文献总结、归纳的基础上的。

（2）历史分析方法。客观事物是发展、变化的，分析事物要把它发展的不同阶段加以联系和比较，才能弄清其实质，揭示其发展趋势。本书主要对1976年以来中国及世界各国虾产品的生产、消费和贸易进行了回顾。

（3）比较分析方法。应用比较分析方法，有利于找出被研究对象之间的内在联系与区别，从而抓住其本质。本书探究中国虾产品在其主要出口市场各方面表现时，为能深入挖掘出目前中国虾产品出口受阻的真正原因，始终围绕中国与其主要竞争对手的对比和互为影响关系而展开。另外，对目前理论界在进口需求经济研究中广为接受和认可的五种进口需求系统实证模型的适用性和各自的特点进行比较，从而为本书研究的顺利开展打卜坚实的基础。

（二）定量分析方法

（1）统计方法。使用非线性回归分析对中国和世界养殖虾产量作出估计；用相关分析法和线性回归分析法对中国及世界虾产品贸易规模作出估计；利用标准差分析法（Shewhart Control Charts，休哈特控制图）检验中国虾产品主要出口市场上不同来源国的进口量和进口价格的波动规律。

（2）计量方法。在来源差异化虾产品进口需求系统模型弹性估计时采用 Zellner（1962）的似不相关的迭代回归法（Iterative Seemingly Unrelated Regression，ISUR）对系统方程作出估计；利用 Johansen 协整检验（Johansen Cointegration Tests）对中国虾产品主要出口市场（美国、日本、欧盟和韩国）之间是否存在整合关系进行验证；利用格兰杰因果关系检验法（Granger Causality）对中国虾产品主要出口市场之间的互动关系作出判断。

第二章　相关理论基础与文献综述

消费者需求理论、进口需求理论和模型、市场空间整合理论和方法等为本书研究中国虾产品主要出口市场需求及空间整合程度提供了可能和依据。本章主要对这些理论和模型以及已有的相关研究进行综述，旨在为本书后续研究的展开提供充分的理论基础。

第一节　消费者需求理论

需求是指在一定时间内和一定价格条件下，消费者对某种商品或服务愿意而且能够购买的数量，即有效需求的形成必须具备三要素：消费者偏好、商品价格和消费者收入。消费者需求理论的主要内容是消费者行为理论，即探讨一个理性消费者如何在价格条件、收入条件等一些限制条件下作出消费决策、进行具体消费行为，从而使自身的效用达到最大化。本节主要以 Deaton 和 Muellbauer（1980）、Phlips（1983）、Deaton（1986）和 Varian（1992）关于消费者需求理论的研究为基础，从消费偏好与效用最大化、对偶性与消费者需求以及限制性与消费者需求三个方面展开论述。

一、消费偏好与效用最大化

消费者行为常常用偏好来表示，讨论的重点通常是偏好、选择公理、效用函数及其性质。

1. 偏好公理

考虑到消费者在消费时面临可能的消费约束（$Q \in R_n^+$），以及不同个体之间消费偏好的差异，现假设 $q = (q_1, q_2, \cdots, q_n) \in Q$ 是 n 种商品组合列向量，q_i 则表示第 i 种商品的消费量（q 的上标表示不同的消费束，下标表示不同的消费商品），符号">"、"≥"、"~"分别表示"严格好于"、"至少一样好"、"无差异"。消费偏好满足：

(1)反身性(reflexive)。对于任何商品束 q，有 $q \geqslant q$。即每个束至少与它自己一样好。这虽然是无关紧要的，但在数学上这个假设又是必要的。

(2)完备性(complete)。消费者可以对所有的商品束进行比较。对于选择集中的任何两个商品束 q_1 和 q_2，有 $q_1 \geqslant q_2, q_2 \geqslant q_1$，或者是 $q_1 \sim q_2$。

(3)传递性或一致性(transitive)。即消费偏好是一致的，如果 $q_1 \geqslant q_2$ 且 $q_2 \geqslant q_3$，则 $q_1 \geqslant q_3$。

(4)连续性(continuous)。对于任何的 $q_2\{ q_1 \mid q_1 \geqslant q_2\}$ 和 $\{ q_1 \mid q_2 \geqslant q_1\}$ 是闭集，这就排除了某种特定的不连续的行为。

(5)单调性(strongly monotonic)。假设消费者几乎喜欢任何商品，那么，如果 $q_1 \geqslant q_2$ 且 $q_1 \neq q_2$，则 $q_1 > q_2$。

(6)严格凸性(strictly convex)。如果 $q_1 \neq q_2, q_1 \geqslant q_3$ 且 $q_2 \geqslant q_3$，则对于任何 $0 \leqslant t \leqslant 1$，有 $tq_1 + (1-t)q_2 > q_3$。

2. 效用最大化

在消费者需求相关研究中，消费者被假定：在预算约束条件下追求效用最大化，即：

$$\max u = v(q_1, q_2, \cdots, q_n), st: x = \sum_{i=1}^{n} p_i q_i \qquad (2.1)$$

这里 x 为支出，p_i 为第 i 种商品单价。如果我们的研究对象包括所有的商品和服务，那么支出就等于可支配收入。对(2.1)式求导，得马歇尔需求函数：

$$q_i = g_i(x, p_1, p_2, \cdots, p_n), i = 1, 2, \cdots, n \qquad (2.2)$$

二、对偶性与消费者需求

效用最大化问题也经常被称为最优化问题，同时也可以表述为达到"给定的效用水平所需的最小支出"，这就是所谓的对偶问题。对最优问题的答案即是对偶问题的答案。或者说：$q_i \equiv g(x, p) \equiv h\{u[g(x, p), p]\}, h(.)$ 表示对偶问题的希克斯需求函数。图 2.1 显示了消费者理论的对偶性问题。

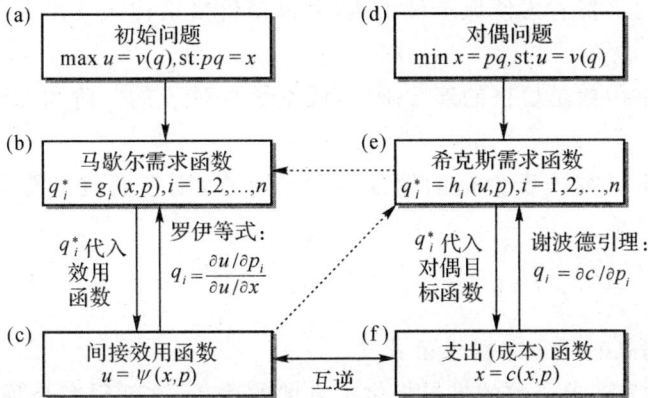

图 2-1 对偶性与消费者需求

资料来源:David, L. E., Assarsson, B., Anders, H., et al. The Econometrics of Demand Systems:With Applications to Food Demand in the Nordic Countries. Massachusetts: Kluwer Academic Publishers, 1996:55-62.

图 2-1 中,预算约束下直接效用最大化函数(a)导出马歇尔(或非补偿)需求函数(b),将其代入直接效用函数得间接效用函数(c)。间接效用函数表示在可供选择的价格和收入条件下能够获得的最高水平的效用。而且,借用罗伊等式可以从间接效用函数推导出马歇尔需求函数。

对偶问题是如何在效用一定的水平下(d)使得总支出(或成本)最小,由此可以推出希克斯(收入补偿)需求函数(e),将其代入对偶目标函数中得支出函数(f),同理,借用谢波德引理可以从支出函数中导出希克斯需求函数。

1. 支出(成本)函数

在很多的实证研究中,关于消费者需求的研究多数是基于支出函数的,因此掌握支出函数的性质非常重要。效用最大化条件下的支出函数模型具有如下性质:

(1)成本函数是价格的一次齐次函数,即对于任何 $t>0$,有 $c(u,tp)=tc(u,p)$,如果价格翻倍,那么,2 倍的支出才能保证在同样的无差异曲线上。

(2)成本函数是 u 的递增函数。即如果 $u \geqslant u'$,则 $c(u,p) \geqslant c(u',p)$。

(3)成本函数是 p 的非递减函数,并且至少是一个价格的递增函数。即如果 $p \geqslant p'$,则 $c(u,p) \geqslant c(u,p')$。价格上升时要求至少同样多的支出才能保持同样的状况。

(4)成本函数是价格的凹函数。对于 $0 \leqslant t \leqslant 1$,有 $c[u,tp+(1-p')] \geqslant tc(u,p)+(1-t)c(u,p')$。凹性意味着当价格上升时,成本上升不会快于线

性增长,因为消费者为使成本最小化,会根据价格结构的变化重新安排商品购买量。

(5)成本函数是价格的连续函数,成本函数对 p 的一阶和二阶导数处处存在。

(6)成本函数关于价格的偏导数如果存在,则它们就是希克斯需求函数。即:

$$\frac{\partial c(u,p)}{\partial p_i} \equiv h_i(u,p) = q_i \qquad (2.3)$$

2. 对偶性和马歇尔需求函数

对偶性为需求函数的推导提供了方便的途径,这就很容易理解支出(成本)函数 $c(u,p)$ 满足上述(1)—(6)的性质。支出函数可以转换成相应的间接效用函数,或者通过差分获得的希克斯需求函数。间接效用函数代入引致希克斯需求函数中,从而也可以推导出马歇尔需求函数,这个过程可以导出需求系统模型。另一种方法就是借用罗伊等式从特定的间接效用函数推导而出,如间接 Translog 模型。第三种可能性就是可以用来详细解释需求系统模型,比如 Rotterdam 模型。可积性定理表明,任何需求函数均满足加总性、价格和总支出的零次齐次性、补偿价格反应是对称的并形成一个半负定矩阵。总量相符和齐次性由线性预算约束模型得出,对称性和负定性由偏好一致性得出。

3. 斯勒茨基方程

在效用最大化问题式(2.1)中,用 u^* 代表消费商品数量为 $q=(q_1^*,q_2^*,\cdots,q_n^*)$ 时的最大化效用,成本最小化带来一致性消费约束: $q_n^* \equiv h_i(u^*,p) \equiv g_i(x,p)$,$p$ 代表价格向量 $(p_1,p_2,\cdots,p_n)$。将支出函数代入恒等式 $(h_i(u^*,p) \equiv g_i[c(u^*,p),p])$ 并对 p_i 求导,得:

$$\frac{\partial h_i(u^*,p)}{\partial p_j} = \frac{\partial g_i[c(u^*,p),p]}{\partial c(u^*,p)} \cdot \frac{\partial c(u^*,p)}{\partial p_j} + \frac{\partial g_i[c(u^*,p),p)}{\partial p_j}$$

$$\qquad (2.4)$$

借用谢波德引理,式(2.4)整理得:

$$\frac{\partial q_i}{\partial p_j} = \frac{\partial h_i}{\partial p_j} - \frac{\partial q_i}{\partial x}q_j \qquad (2.5)$$

斯勒茨基方程由价格变化的总效应 $(\partial q_i/\partial p_j)$、替代效应 $(\partial h_i/\partial p_j)$ 和收入效应 $((\partial q_i/\partial x)q_j)$ 三个部分组成。而且,斯勒茨基方程经常用来定义希克斯替代 $(\partial h_i/\partial p_j > 0)$ 和补偿 $(\partial h_i/\partial p_j < 0)$,加总替代和补偿分别定义为

$\partial q_i / \partial p_j > 0$、$\partial q_i / \partial p_j < 0$。

三、限制性与消费者需求

在线性预算约束条件下,满足效用最大化的马歇尔需求函数系统自动满足一般限制,即加总性、零次齐次性、对称性和负定。然而,许多由对偶性质推导出来的需求系统或者仅满足特定的限制条件,或者需要对这些条件进行检验。

1. 加总性(adding up)

加总性限制遵循预算约束和偏好的单调性假设,并隐含着支出与预算完全相符。由总量相符限制得:

$$x \equiv \sum_i p_i g_i(x, p_1, p_2, \cdots, p_n) \qquad (2.6)$$

对式(2.6)求关于 x 导数,同时定义预算份额为 $w_i = p_i q_i / x$ 和支出弹性为 $E_i = (\partial q_i / \partial x)(q_i / x)$,得恩格尔加总:

$$\sum_i w_i E_i = 1 \qquad (2.7)$$

又定义非补偿价格弹性 $e_{ij} = (\partial q_i / \partial p_j)(q_i / p_j)$,得古诺加总:

$$-w_i = \sum_i w_i e_{ij}, j = 1, 2, \cdots, n \qquad (2.8)$$

其中式(2.7)和式(2.8)限制在很多需求估计系统中无法得到验证。

2. 零次齐次限制(homogeneity of degree zero)

对式(2.2)利用欧拉定理,得零次齐次性质的弹性形式:

$$\sum_j e_{ij} + E_i = 0, i = 1, 2, \cdots, n \qquad (2.9)$$

3. 负定(negativity)

假设 $i = j$,在斯勒茨基方程式(2.5)两边同乘以 p_i / q_i,整理得:

$$e_{ii} + w_i E_i \leqslant 0 \qquad (2.10)$$

约束条件式(2.10)意味着所有的补偿自价格弹性都是非正的。如果我们定义 $\tilde{e}_{ij} = (\partial h_i / \partial p_j)(q_i / p_j)$ 作为补偿(或希克斯)价格弹性,那么斯勒茨基方程弹性形式可以表示为:

$$\tilde{e}_{ij} = e_{ij} + w_j E_i \qquad (2.11)$$

4. 对称性(symmetry)

Young 氏定理(Chiang, 1984)指出替代矩阵是对称的,或者:

$$\frac{\partial h_i}{\partial p_j} = \frac{\partial^2 c(u, p)}{\partial p_i \partial p_j} = \frac{\partial^2 c(u, p)}{\partial p_j \partial p_i} = \frac{\partial h_j}{\partial p_i} \qquad (2.12)$$

将式(2.12)代入式(2.5)以弹性的形式来表示所谓的 Hotelling-Jureen 关系:

$$e_{ij} = \frac{w_j}{w_i} e_{ji} + w_j (E_i - E_j) \tag{2.13}$$

如果用补偿弹性表示,则式(2.13)又可以表示为 $w_i \tilde{e}_{ij} = w_j \tilde{e}_{ji}$。

齐次性、负定和对称限制在许多一般需求系统模型中得到检验。在需求系统估计中加入这些限制可以减少弹性估计时待估计参数的数目。

第二节　进口需求理论与模型

随着全球经济一体化和国际农产品贸易市场的进一步开放,国际农产品贸易规模呈现不断扩大趋势。由此对消费者需求的研究视角跨越国界,扩展到国际市场领域,即以全球化的视野对某种(类)商品消费需求作深入探讨,并形成了丰富的理论和实证研究成果。下面对进口需求理论和实证模型,以及国内外学者对水产品市场需求所作的相关研究作一梳理和总结。

一、新古典贸易理论和 Armington 假设

在经济学文献中被广泛讨论和实证检验的贸易模型可以概括为两类:完全替代模型和非完全替代模型。顾名思义,完全替代模型认为国内生产与进口的同类商品相互之间可以完全替代,而非完全替代模型则认为国内生产与进口的同类商品有差异,不能完全替代(Magee,1975)。

新古典贸易理论的一个假设前提是不同国家(或地区)所提供的同种商品之间是完全替代的,生产地不同的商品无差异。这种假设意味着:在不考虑其他可能导致购买者对特定商品支出造成影响的因素情况下,不同来源的同种商品之间替代弹性是无限大的,同时相应的价格变动比率也是恒定的。

然而现实生活中,买方对价格反应的滞后性、对同类竞争商品偏好的评价,以及市场竞争的非完全性等因素也是不容忽视的。Armington(1969)指出,对于不同国家(或地区)生产的商品,其价格变动并不总是一致,即不同国家生产的商品具有差异性(陆旸,2007)。在这种假设下,进口的商品因来源地不同而不同,因而,每个国家都是它出口商品的唯一生产者。每个国家的消费者都采用两阶段的预算步骤来决定对进口商品的需求。第一阶段,消费者不考虑商品来源国而只是考虑在消费进口商品方面支出多少;第二阶段,消费者确定如何在不同来源商品上分配总支出,用方程表示为(Davis & Kruse, 1993):

$$\min_{q_a} E_i = \sum_{j=1}^{m} p_{ij} q_{ij} , \text{st}: Q_i = \left(\sum_{j=1}^{m} b_{ij} q_{ij}^{-\tau_i} \right)^{-1/\tau_i}, i = 1, 2, \cdots, n \tag{2.14}$$

式(2.14)中，p_{ij} 和 q_{ij} 分别表示从 j 国进口的商品 i 价格和数量；E_i 是在商品组合 i 上的总支出；$b_{ij} \in [0\ 1]\ \forall j, \sum_j b_{ij} = 1$。对该问题的解决方法是条件希克斯需求方程(conditional Hicksian demand equation)：

$$q_{ij} = b_{ij}^\sigma Q_i\ (p_{ij}/p_i)^{-\sigma}, j = 1, 2, \cdots, m \tag{2.15}$$

其中，替代弹性 $\sigma = (1 + \tau i) - 1$，$Q_i$ 和 P_i 分别是固定替代弹性(Constant Elasticity of Substitution, CES)函数中加总数量指数和加总价格指数。方程(2.15)即为 Armington 模型的函数形式，它也可以以市场份额的形式来表示：

$$q_{ij}/Q_i = b_{ij}^\sigma\ (p_{ij}/p_i)^{-\sigma}, j = 1, 2, \cdots, m \tag{2.16}$$

Armington 模型有三个假设条件：(1)任何两种产品的替代弹性与任何其他产品的产量无关；(2)任何两种商品的替代弹性等于在同一市场上任何其他两种商品的替代弹性；(3)在给定市场上，任何两种产品的替代弹性是恒定的(Duffy et al. , 1990)。

Armington 贸易模型因具有理论上的一致性而被广泛采纳(Paarlberg & Abbott, 1986；Penson & Babula, 1988；Sarris, 1983)。Armington 贸易模型的优点是对商品根据不同的来源进行区分，换句话说，Armington 模型允许不同来源的同种商品的不完全替代。正如 Magee(1975)，Goldstein 和 Khan(1985)研究中一直强调的，在构建某种特定商品或产品组合的贸易模型时，研究者首先必须确定产品的替代性(是完全替代还是非完全替代)问题。本研究中，虾产品在不同的地区生产，它们的品种类别、规格(个体大小)、色泽、加工水平等都有很大的差异，且市场消费偏好明显，无疑采用的是非完全替代模型。

二、进口需求模型的函数形式

(一)差异化进口需求函数的一般形式

在国际商品贸易中，不同来源的同种商品的非完全替代性的经验证明同样得到关注，研究者在来源差别化进口需求(the source-differentiated import demand)研究中的一个重要贡献就是开发出一些符合需求性质且可估计的函数形式。这些不同版本的差别化需求模型主要有 Rotterdam 模型、CBS(the Central Bureau of Statistics)模型、一阶差分 AIDS(first difference Almost Ideal Demand System)模型、NBR(the National Bureau of Research)模型和 General 模型(the General Model)。

1. Rotterdam 模型

Rotterdam 模型最早是由 Theil(1965)，Barten(1964, 1969)提出的，此模型

基于马歇尔需求函数基础上,以传统双对数线性需求函数的设定、经全微分及变量与参数(parameters)的变换而得。近年来在来源差别化的农产品进口需求估计中得到广泛应用。Rotterdam 模型的表达形式[①]如式(2.17)所示:

$$\overline{w}_{ih}d\log q_{ih} = \alpha_{ih} + \theta_{ih}d\log Q + \sum_{j}\sum_{k}\pi_{ihjk}d\log p_{jk} + \sum_{l}\gamma_{ihl}D_l$$

$$i,j = 1,2,\cdots,m; h = 1,2,\cdots,n; k = 1,2,\cdots,s; l = 1,2,\cdots,4$$

$$(2.17)$$

式(2.17)中,下标 i 和 j 表示产品类型(在本文中表示冷冻虾及虾仁、未冻虾及虾仁和虾制品),h 和 k 表示产品来源地(这里表示虾产品原产国);$\overline{w}_{ih} = (w_{ih,t} + w_{ih,t-1})/2$ 表示来自 h 国的 i 产品平均支出份额;p_{ih} 和 q_{ih} 分别表示来自 h 国的 i 产品的价格、数量;$d\log q_{ih} = \log(q_{ih,t}) - \log(q_{ih,t-1})$;$d\log Q = \sum_{i}\sum_{h}w_{ih}d\log q_{ih}$ 为 Divisia 数量指数;$d\log p_{jk} = \log(p_{jk,t}) - \log(p_{jk,t-1})$;$D_l$ 是季节哑变量;α_{ih}、θ_{ih}、π_{ihjk} 和 γ_{ihl} 是模型待估计参数。E 为总支出,支出系数 $\theta_{ih} = p_{ih}(\partial q_{ih}/\partial E)$ 为 h 国 i 产品的边际消费倾向;$\pi_{ihjk} = (p_{ih}p_{jk}/E)s_{ihjk}$ 为补偿价格效应(斯勒茨基项);$s_{ij} = \partial q_{ih}/\partial p_{jk} + q_{ik}\partial q_{ih}/\partial E$ 为斯勒茨基方程式。

需求系统方程(2.17)须满足以下限制条件:

加总性(adding-up):$\sum_{i}\sum_{h}\alpha_{ih} = 0$

$$\sum_{i}\sum_{h}\theta_{ih} = 1, \sum_{i}\sum_{h}\pi_{ihjk} = 0$$

$$\sum_{i}\sum_{h}\alpha_{ihl} = 0$$

齐次性(homogeneity):$\sum_{i}\sum_{h}\pi_{ihjk} = 0$

对称性(symmetry):$\pi_{ihjk} = \pi_{jkih}$

式(2.17)与加总性、齐次性及对称性等限制条件共同称为 Rotterdam 需求系统模型。

2. CBS 模型

在 Rotterdam 模型中,参数 θ_{ih} 被假定为恒定的,这就意味着模型隐含总

---

① Rotterdam 模型,以及本书接下来部分论及的 CBS 模型、一阶差分 AIDS 模型、NBR 模型和 General 模型,其原始模型一阶差分后不具有常数项,但在实证研究中为了考察需求系统中可能由非价格或所得因素造成的消费者习惯或偏好随时间变化的状况,常在一阶差分后的模型中加入常数项(这意味着未差分前的需求函数是具有时间趋势项的模型),同时为捕捉季节变化信息,在模型中加入季节哑变量(Alston & Chaltant,1993)。

支出中边际预算份额的不变的假定。Keller 和 Van Driel(1985)，Theil 和 Clement(1987)认为，消费行为中边际消费倾向应该是变化的，并借助于同样基于预算约束条件下追求效用最大化另一需求模型——Working 需求模型(Working，1943)开发出 CBS 模型。Working 需求模型为 $w_{ih} = \alpha_{ih} + \beta_{ih}\log E$，模型中 $\sum_i \sum_h \alpha_{ih} = 1$ 和 $\sum_i \sum_h \beta_{ih} = 0$，边际消费倾向 $MPC = (\partial p_{ih} q_{ih}/\partial E) = \alpha_{ih} + \beta(1+\log E) = w_{ih} + \beta_{ih}$。Keller 和 Van Driel(1985)将此会随着预算份额变动的边际消费倾向，替代 Rotterdam 模型中代表边际消费倾向的 θ_{ih}，形成具有变动边际消费倾向的 CBS 模型：

$$w_{ih}d\log q_{ih} = \alpha_{ih} + (\beta_{ih} + w_{ih})d\log Q + \sum_j \sum_k \pi_{ihjk}d\log p_{jk}$$
$$+ \sum_l \gamma_{ihl}D_l \tag{2.18}$$

CBS 模型同样满足加总性、齐次性及对称性限制性条件。

3. 一阶差分的 LA/AIDS 模型

Rotterdam 模型和 CBS 模型均由效用最大化推导而来，而 AIDS 模型则是在给定价格体系和一定的效用水平下，消费者如何以最少的支出达到给定的效用水平推导而出(Deaton & Muellbauer,1980)。在实证研究来源差异化进口需求时，AIDS 模型由于灵活、结构简单便于估计，同样得到许多研究者的青睐(Alston & Chalfant,1993；Asche,Bjørndal & Salvanes,1998；Asche,Bremnes & Wessells,2001)。加入季节哑变量的 AIDS 模型可以表示为：

$$w_{ih} = \alpha_{ih} + \sum_j \sum_k \lambda_{ihjk}\log p_{jk} + \beta_{ih}\log(E)/P + \sum_l \gamma_{ihl}D_l \tag{2.19}$$

式(2.19)中，$\log p = \alpha_0 + \sum_i \sum_h \log p_{ih} + 1/2\sum_i \sum_h \sum_j \sum_k \lambda_{ihjk}\log p_{ih}\log p_{jk}$ 为非线性价格指数，在实证研究中一般以 Stone 价格指数 $\log p = \sum_i \sum_h w_{ih}\log p_{ih}$ 来替代①，使得(2.19)成为近似线性模型(LA/AIDS 模型)。在许多的研究中，LA/AIDS 模型以一阶差分的形式来估计(Deaton & Muellbauer,1980；Eales & Unnevehr,1988；Moschini & Meilke,1989；Alston & Chalfant,1991；Brester & Wohlgenant,1991)，将 Stone 价格指数以 Divisia 价格指数

---

① 全微分的 Stone 价格指数可以分解成三部分：$d\log p = \sum_i \sum_h w_{ih}\log p_{ih} + \sum_i \sum_h dw_{ih}\log p_{ih} - \sum_i \sum_h dw_{ih}d\log p_{ih}$，对于时间序列研究而言，后两项通常很小，在实证研究中经常被忽略(Alston & Chalfant, 1993)。

替代,一阶差分后的 LA/AIDS 函数形式如下:

$$dw_{ih} = \alpha_{ih} + \sum_j \sum_k \lambda_{ihjk} d\log p_{jk} + \beta_{ih} d\log Q + \sum_l \gamma_{ihl} D_l \quad (2.20)$$

式(2.20)中,$dw_{ih} = w_{ih}(d\log p_{ih} + dq_{ih} - d\log E)$,$d\log E = d\log P + d\log Q$,因此,式(2.20)又可以表达为:

$$w_{ih} d\log q_{ih} = \alpha_{ih} + (w_{ih} + \beta_{ih}) d\log Q + \sum_j \sum_k [\lambda_{ihjk}$$
$$- w_{ih}(\delta_{ihjk} - w_{jk})] d\log p_{jk} + \sum_l \gamma_{ihl} D_l \quad (2.21)$$

式(2.21)中,δ_{ihjk} 是克罗内克符号(Kronecker delta),当 $i=j$,$h=k$ 时,$\delta_{ihjk}=1$,否则为 0。由于一阶差分 AIDS 和 Rotterdam 两模型间有相似性,两者之间的参数可以互相转换,$\beta_{ih} = \theta_{ih} - w_{ih}$;$\lambda_{ihjk} = \pi_{ihjk} + w_{ih}\delta_{ihjk} - w_{ih}w_{jk}$。

4. NBR 模型

NBR 模型是 Rotterdam 模型和 AIDS 模型的混合版本。Neves(1987)认为,Rotterdam 模型中的交叉价格项不该为常数,因此,利用式(2.21)的价格项替代式(2.17)中的 π_{ihjk},NBR 模型表示为:

$$w_{ih} d\log q_{ih} = \alpha_{ih} + \theta_{ih} d\log Q + \sum_j \sum_k [\lambda_{ihjk} - w_{ih}(\delta_{ihjk} - w_{jk})]$$
$$d\log p_{jk} + \sum_l \gamma_{ihl} D_l \quad (2.22)$$

NBR 模型同样满足加总性、齐次性及对称性限制性条件。

以上四种模型经过变形后有一个共同特征,即左边变量均为 $w_{ih} d\log q$,右边变量中均有 $d\log Q$ 和 $d\log p_{jk}$,其中 Rotterdam 模型和 NBR 模型均假定恒定的边际预算份额(θ_{ih}),而 AIDS 模型和 CBS 模型则认为边际预算份额是变化的($w_{ih} + \beta_{ih}$);Rotterdam 模型和 CBS 模型假定有恒定的 Slutsky 项(π_{ihjk}),而 AIDS 模型和 NBR 模型则认为是变化的($\lambda_{ihjk} - w_{ih}\delta_{ihjk} + w_{ih}w_{jk}$),联立需求系统模型的这些特征促成 General 模型得到开发并应用于实证研究中。

5. General 模型

基于以往的研究成果(Barten,1964;Barten,1969;Barten,1989;Barten & McAleer,1991),Barten(1993)开发出一种能够将以上四种需求模型嵌套在一起的所谓 General 模型,模型表达式为:

$$w_{ih} d\log q_{ih} = \alpha_{ih} + (d_{ih} + \delta_1 w_{ih}) d\log Q$$
$$+ \sum_j \sum_k [e_{ihjk} - \delta_2 w_{ih}(\delta_{ihjk} - w_{jk})] d\log p_{jk}$$
$$+ \sum_l \gamma_{ihjk} D_{lt} \quad (2.23)$$

其中，δ_1、δ_2 为待估计的嵌套系数，式（2.23）也可以表达为（Schmitz & Seale,2002）：

$$w_{ih}d\log q_{ih} = \alpha_{ih} + d_{ih}d\log Q + \delta_1 w_{ih}d\log Q + \sum_j \sum_k e_{ihjk}d\log p_{jk}$$

$$+ \delta_2 w_{ih}(d\log p_{ih} - d\log P) + \sum_l \gamma_{ihjk}D_{lt} \qquad (2.24)$$

式（2.24）估计结果中，如果 $\delta_1 = 0$、$\delta_2 = 0$ 那么方程（2.24）就等同于 Rotterdam 模型；如果 $\delta_1 = 1$、$\delta_2 = -1$，那么就是 AIDS 模型；如果 $\delta_1 = 1$、$\delta_2 = 0$，那么是 CBS 模型；如果 $\delta_1 = 0$、$\delta_2 = -1$，那么方程（2.24）又变成了 NBR 模型。

图 2-2 刻画了来源差异化需求系统模型 Rotterdam 模型、CBS 模型、一阶差分 AIDS 模型、NBR 模型和 General 模型之间的相互关系。

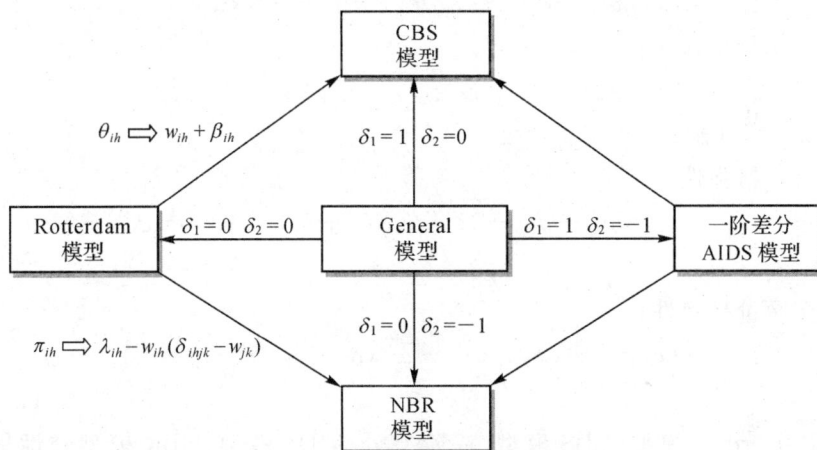

图 2-2　差异化进口需求模型之间的相互关系

资料来源：作者根据文中提及的五种进口需求模型的性质及其相互之间的关系整理而得。

需求函数（2.24）隐含限制性条件为[①]：

加总性：$\sum_i \sum_h \alpha_{ih} = 0, \sum_i \sum_h d_{ih} = 1 - \delta_1, \sum_i \sum_h e_{ihjk}$

$$= 0, \sum_i \sum_h \alpha_{ihl} = 0$$

---

① 需求系统的性质除了本文详述的加总性、齐次性和对称性外，另一个常被忽略的是凹性（concavity）性质。由于凹性的性质有不等式存在，很难实现加入需求系统中一起来估计，一个补救的方法是以事后验证的方式证明凹性的性质，即可利用 Slutsky 矩阵的特征值来验证。如果所有的特征值都小于或等于 0，那么就可以说明需求系统具备准凹性的性质，这种验证为准凹性的必要条件（詹满色，2003）。

齐次性：$\sum\limits_i \sum\limits_h e\pi_{ihjk} = 0$

对称性：$e_{ihjk} = e_{jkih}$

（二）弹性值的计算

General 模型中不同来源的产品支出弹性、价格弹性可以根据模型参数估计结果计算得出（Barten，1993）。

1. 支出弹性

$$\eta_{ih} = d_{ih}/w_{ih} + \delta_1，或 \eta_{ih} = \theta_{ih}/w_{ih} \tag{2.25}$$

2. Slutsky（补偿）价格弹性

自价格弹性：

$$\varsigma_{ihih} = e_{ihih}/w_{ih} + \delta_2(1 - w_{ih}) 或 \varsigma_{ihih} = \pi_{ihih}/w_{ih} \tag{2.26}$$

交叉价格弹性：

$$\varsigma_{ihik} = e_{ihih}/w_{ih} - \delta_2 w_{jk} 或 \varsigma_{ihjk} = \pi_{ihjk}/w_{ih} \tag{2.27}$$

3. 古诺（非补偿）价格弹性

自价格弹性：

$$\varepsilon_{ihih} = e_{ihih}/w_{ih} - d_{ih} + \delta_2 - w_{ih}(\delta_1 + \delta_2) 或 \varepsilon_{ihih} = \varsigma_{ihih} - \eta_{ih} w_{ih} \tag{2.28}$$

交叉价格弹性：

$$\varepsilon_{ihjk} = (e_{ihjk} - w_{jk} d_{ih})/w_{ih} - w_{ih}(\delta_1 + \delta_2) 或 \varepsilon_{ihjk} = \varsigma_{ihjk} - \eta_{ih} w_{jk} \tag{2.29}$$

Rotterdam 模型、CBS 模型、一阶差分 AIDS 模型、NBR 模型弹性估计计算式根据相应的 δ_1、δ_2 值推导而出。

三、进口需求模型的选择和估计方法

从以上差异化进口需求函数形式的描述中可知，Rotterdam 模型、CBS 模型、一阶差分 AIDS 模型、NBR 模型和 General 模型都符合消费需求函数加总性、齐次性及对称性条件，同时也都具备弹性（elasticity or flexibility）易被估计等性质。但是除了这些共同点以外，在实证研究的过程中我们该如何选择理想的模型设定呢？因为不同的函数形式意味着实证结果解释上的差异，如参数解释及弹性的估计等，理论上并没有给我们提供一个足以证明哪一种函数形式的设定是较好的方法（詹满色，2003）。因此，围绕如何选择正确的函数形式，或者说如何在各种不同进口需求模型之间作出正确的选

择成为许多理论和实证研究者关注的话题[①]。

1. 模型的选择

在不同模型的选择上,实证研究者多以模型间的非嵌套假设检验来展开。根据 Harvey(1990)检验非嵌套假设的方法,大体上分为两类:一是以某些拟合优度准则在给定的多个相竞争模型中作出选择的判别方法(Discrimination approach);二是被称为非嵌套 F 检验或包容 F 检验的辨识方法(Discerning approach)。在差异化需求实证研究的过程中两种方法都得到推崇和应用,其中,最具有代表性的莫过于 Barten(1993)的非嵌套假设检验法(Non-nested hypothesis testing),以及 Alston 和 Chalfant 的合成模型方法(简称 AC 合成模型法)[②],因为本研究涉及五种差异化进口需求模型之间作出选择的问题,因此以 Barten(1993)消费需求函数形式选择方法为基础,并结合似然比检验和需求系统的拟合度来判定模型的适宜度。

似然比检验(LR 检验)。以似然比检验作为模型选择的标准,似然比检验统计值为未受约束模型似然函数对数值与受约束模型似然函数对数值之差的两倍,即:$LRT = 2[\log L(\theta) - \log L(\hat{\theta})]$,其中 θ 为未受限参数向量估计,$\hat{\theta}$ 为受限参数向量估计,$\log L(.)$ 为似然函数对数值。似然比检验统计值服从卡方分布 $\chi^2(q)$,q 为受限数目。在模型判定时需要结合图 2-2 所示的一般化模型中 δ_1 和 δ_2 值的大小开展进一步分析。

其他各种判别准则。如 R^2 或校正 R^2、赤池信息准则(AIC)、施瓦茨信息准则(SIC)和马娄斯的 Cp 准则等,基于这些准则中的一个或多个,最终选择的模型具有最高的 R^2 值或最低的 AIC 或 SIC 值等。

---

① 根据 Hendry 和 Richard(1983)的观点,一个被选用于经验分析的模型应该满足:(1)数据容纳性;(2)与理论的一致性;(3)回归元的弱外生性;(4)参数值的稳定性;(5)数据的协调性,即模型的残差必须是白噪声,否则模型中就存在着某种形式的设定误差;(6)模型有一定的包容性。

② 在古扎拉蒂所著的《计量经济学基础》一书中称为非嵌套 F 检验,它只适合在两种相竞争模型中作出选择。Alston 和 Chalfant(1993)开发出一种综合模型方法(compound model approach)来检验两个右边项基本相同,因变量则不同的竞争模型。假设模型 1:$y = f(x)$ 和模型 2:$z = f(x)$,那么综合模型表达为:(1)$\phi y + (1-\phi)z = f(x)$;(2)$(1-\varphi)y + \varphi z = f(x)$。综合模型 1 的零假设为:$\phi = 0$,如果假设检验结果为 $\phi = 0$(与零无显著差异),则表明模型 2 更适当所研究对象的数据特征;如果 $\phi = 1$,那么接受模型 1。接着对综合模型(2)检验,如果 $\varphi = 0$,则表明模型 1 更适当所研究对象的数据特征。如果检验结果表明模型 1 和模型 2 均被接受,那么依据其他统计值来进一步判别模型的优劣性,或者将模型 1 和模型 2 均作为备选模型,并根据参数拟合结果作出合理解释。

2. 诊断检验

产品加总检验(Test for product aggregation)。产品的加总性检验主要是为了了解在进口需求估计中是否有必要对不同来源的产品视为具有竞争性的互相替代的产品。检验时,以将不同来源产品视为互相竞争的产品估计而得的结果,与不分来源将所有产品视为均一产品所估计结果进行比较(Hayes, Wahl & Williams,1990;Yang & Koo,1994),最终以 Wald-F 检验值来判断。

对称弱分离性检验(Test for symmetric weak separability)。在实证的需求研究中,为了限制估计参数的个数,产品的可分离性常被事先假定,以减少估计参数。用来检定产品弱分离性的方法有很多,Pudney(1981)研究表明,各种不同设定其实证结果都趋于一致。Moschini,Moro 和 Green(1994)所建议的产品弱分离性检定方法被后来许多实证研究者所采纳(Eales & Wessels,1999;詹满色,2003;Arunachalam,2008),其中,在 General 需求模型中,产品弱分离性限制可以这样来设定:

$$e_{ihjk} = \frac{(d_{ih} + w_{ih}\delta_1)}{(d_{in} + w_{in}\delta_1)}(e_{injk} - w_{injk}\delta_2) + w_{ih}w_{jk}\delta_2 \tag{2.30}$$

对于任何$(ih, in) \in A$ 和 $jk \in B$,如果 A 与 B 是弱分离的,那么 B 与 A 也是弱分离的。Rotterdam 模型产品弱分离性限制只需将 $\delta_1 = 0$、$\delta_2 = 0$ 代入式(2.30)进行检验即可;同理 AIDS 模型以 $\delta_1 = 1$、$\delta_2 = -1$ 代入式(2.30),CBS 模型为 $\delta_1 = 1$、$\delta_2 = 0$;NBR 模型为 $\delta_1 = 0$、$\delta_2 = -1$。

齐次性和对称性检验。模型的齐次性和对称性条件采用 Wald-F 检验。

3. 需求系统的估计方法

计量经济软件 Eviews、SAS 等为需求系统估计提供了多种估计方法,主要有跨方程加权(Cross-equation weighting)、似不相关回归(Seemingly Unrelated Regression,SUR)[①]、加权两阶段最小二乘法(WLS)、三阶段最小二乘法(3SLS)[②]、广义矩阵(GMM)、完全信息极大似然估计法(Full Information Maximum Likehood)等。从已有需求研究的文献来看,似不相关回归

---

① SAS 软件中包括似不相关回归法和迭代似不相关回归法。

② 在利用三阶段二乘法估计方程时,涉及工具变量如何确定的问题。而对于如何选择最合适的工具变量已有的文献中则很少提到,但是对工具变量应符合的条件做出了一些说明:(1)工具变量必须是外生的;(2)工具变量与误差项不相关但同时必须与模型右边项变量高度相关(Fomby,Hill & Johnson,1984)。

法和三阶段最小二乘法被应用于差异化进口需求估计中的频率最高。由于需求系统中,彼此存在密切联系的一系列内生变量的误差项可能存在异方差和同期相关现象,而似不相关回归法正好考虑了各个方程之间的相关性,所以似不相关回归估计被认为是一种更有效的估计方法,本书在后续的第四章至第七章进口需求弹性估计时也采用这种方法。

四、已有的相关研究评述

正如前文所提及的,在对国际贸易商品研究时,相对于国内需求而言,贸易经济学家更关注进口需求的情况,而进口需求弹性由于能够提供更多有价值的信息而得到众多研究者的青睐。从已有的文献来看,专门针对不同来源地虾产品进口需求弹性分析的研究较少,而水产品作为人类动物蛋白摄入的重要组成部分,对其需求方面的研究已形成了丰硕的成果。这里主要对 20 世纪 60 年代以来在国际权威期刊上公开发表或出版的有关水产品需求方面的相关研究进行回顾和总结。

Bell(1968)利用对数线性需求函数对 Papal-Bishop(P-B)法令的颁布对于鱼产品价格影响程度的研究,被认为是相关研究中最早的也是最经典的。然而在整个 20 世纪 70 年代和 80 年代早期对水产品需求的研究却很少涉及,直至 20 世纪 80 年代中期,伴随着世界沿海各国 200 海里经济专属区的划定、水产养殖品的供给能力不断提高,以及水产品冷冻保鲜物流技术的不断改进,从而带来贸易规模的大幅度提升后,相关的研究才开始逐渐增多(Anderson,2002;Asche,Bjørndal & Young,2002)。

从已有的文献来看,不同时期研究重点各有侧重。早期的关于水产品需求研究比较简单,大多数只关注市场营销问题、估价和评估问题或者是水产品安全等等,很少对价格与数量之间的关系感兴趣(Wessells & Anderson,1992),因此,主要通过实地调研获取市场信息为主。虽然也有部分学者关注需求弹性的估计问题,但往往在一个一般化需求系统中将所有的水产品(也包括其他食品)作为一个加总商品来研究,这显然与需求弹性的研究相去甚远。所以,Salvanes 和 DeVoretz (1997)、Johnson,Durham 和 Wessells(1998)对水产品需求或者说水产品与其他商品之间的关系的研究成为早期水产品市场需求分析的一个亮点。

随着理论和实证模型的不断发展和完善,对水产品需求的研究内容、研究对象不断扩大,几乎涵盖了发达国家水产品市场消费数量相对较多的鱼、虾、贝、蟹等不同品种类别。表 2-1 对 1968 年以来国内外学者在水产品市场

表 2-1　水产品需求弹性估计已有研究汇总

被研究区域	作者/出版年份	数据类型	函数形式	研究对象	收入或支出弹性	自价格弹性
美国	Bell (1968)	船舷交易价 (1957—1967)	Log-linear demand function	扇贝 鲥鱼 大黑线鳕 小黑线鳕 鳕鱼 海鲈 牙鳕	2.53 1.16 4.72 -6.58 32.26 333.33 0.69	-1.53 -2.29 -2.17 -2.19 -3.15 -250.00 -17.05
美国	Tsoa, Schrank & Roy(1982)	批发价 (1967—1980)	Nerlovian inventory adjustment-price expectations model	鳕鱼鱼片 比目鱼鱼片 红大麻哈鱼鱼片 鱼块(fish block)	1.85 1.81 1.80 2.63	-0.46(-0.41) -1.04(-0.55) -0.70(-0.61) -2.89
美国	Bell (1986)	船舷交易价 (1955—1981)	General demand function	龙虾	4.83	-2.44
美国	Anderson & Wilen (1986)	船舷交易价 (1950—1981)	Price-adjusting model	太平洋鲑鱼	2.63	-3.62
世界	Bird(1986)	船舷交易价 (1962—1981)	Inverse Double log	鲑鱼	—	-0.88
美国	Cheng & Capps (1988)	零售价 (1960—1985)	Log-linear demand function	虾类 蟹类 贝类 鳕鱼 比目鱼	0.04 0.46 0.18 0.06 0.04	-0.70 -0.77 -1.13 -0.54 -0.45
比利时	Barten & Bettendorf (1988)	船舷交易价 (1965—1986)	Rotterdam Model	黑线鳕鱼 鳕鱼 牙鳕	— — —	-8.33 -8.33 -7.69

续表

被研究区域	作者/出版年份	数据类型	函数形式	研究对象	收入或支出弹性	自价格弹性
英　国	Burton(1992)	零售价 (1980.2—1986.2)	Inverse and Direct Structural Equation Systems	白鲑 烟熏白鲑 (远洋)比目鱼 其他	— — — —	−0.95 −1.50 −1.60 −0.40
欧盟/美国	DeVoretz & Salvanes (1993)	贸易价 FOB(1983—1988)	Linear demand function	挪威鲑鱼	—	−1.92/−2.00
美国/日本	Keithly, Roberts & Ward(1993)	贸易价 FOB(1965—1989)	Simultaneous equation model	去头带壳虾	2.28/1.40	−0.78/−0.66
日　本	Wessells & Wilen (1994)	零售价 (1980—1989)	LA/AIDS	新鲜鲑鱼 盐渍鲑鱼 鳟鱼 乌贼 虾、蟹 甲壳类 其他	1.29 1.11 1.22 1.25 1.30 1.41 0.82	−1.28 −1.00 −0.93 −0.98 −1.37 −0.55 −0.83
意大利/西班牙	Bjørndal, Gordon & Salvanes(1994)	贸易价 FOB(1985—1990)	Log-linear demand function	挪威鲑鱼	13.85/5.51	−1.27/−1.78
美　国	Sun(1995)	贸易/船舱交易价 (1985—1992)	AIDS	国产虾 养殖虾/捕捞虾	— —	−0.45 −0.34/−0.57
欧　盟	Asche(1996)	贸易价 (1984—1992)	AIDS	新鲜鲑鱼 冷冻鲑鱼 烟熏鲑鱼	1.36 0.16 1.89	−1.73 −0.28 −0.60
欧　盟	Asche(1997)	贸易价 (1981.1—1992.12)	Error correction model	新鲜鲑鱼 冷冻鲑鱼 烟熏鲑鱼	0.37 1.33 0.82	−0.59 −1.18 −0.51

续表

被研究区域	作者/出版年份	数据类型	函数形式	研究对象	收入或支出弹性	自价格弹性
日　本	Eales, Durham & Wessells(1997)	零售价 (1980.1—1992.12)	AIDS/CBS/NBR/Rotterdam	高价值新鲜鱼 中等价值新鲜鱼 低值新鲜鱼 甲壳类 软体类	1.43 1.11 0.49 0.93 1.00	-1.01 -0.85 -1.49 -1.18 -0.92
中　国	Chern(1997)	汇集 (1985—1993/ 1993—1995)	Quadratic Engel System/LES	鱼类 鱼类	2.85 2.26	-1.78 -1.28
英　国	Myrland & Vassdal (1998)	贸易价 (1984—1996)	LA/AIDS	挪威去壳虾 冰岛去壳带壳虾 丹麦带壳虾 丹麦去壳虾 泰国去壳虾 冷冻鳕鱼	— — — — — —	-1.89 -1.08 0.02 -0.67 -0.26 -1.06
日　本	Eales & Wessells (1999)	零售价 (1981—1995)	Differential Demand Systems	高质量鱼 中等质量鱼 低质量鱼	0.46 0.89 -0.01	-0.82 -0.75 -0.98
英　国	Jaffry, Pascoe & Robinson(1999)	船舱交易价 (1989.1—1996.3)	Inverse Demand Systems	海鲈 龙虾 大菱鲆	— —	-2.63 -5.26 -3.45
日　本	Saowanee, Yoshiaki & Hidenori(1999)	贸易价 (1990.1—1997.12)	Simultaneous equation model	冷冻虾	0.28	-0.09
美　国	Alison(2002)	贸易价 (1996—2001)	RSDAIDS	冷冻去壳虾 冷冻带壳虾 虾制品	0.C5/0.11/0.46/0.23/0.48 0.?2/0.33/1.34/1.02/0.14 0.15/1.03/—/1.07/0.21*	-1.58/-2.01/-2.32/-1.79/-1.41 -1.44/-2.46/-2.60/-2.55/-1.29 -1.11/-4.10/-4.10/-3.97/-1.83*

续表

被研究区域	作者/出版年份	数据类型	函数形式	研究对象	收入或支出弹性	自价格弹性
韩　　国	Jung & Koo(2000)	汇总(1980—1998)	LA/AIDS	鱼类 甲壳类	0.78 1.00	−1.10 −1.13
中国台湾	詹满色(2002)	贸易价 (1961—2000)	AIDS	渔产品	0.92(1961—1982) 1.65(1983—2000)	−0.49 −0.97
中　　国	刘浩淼(2003)	住户调查(城市居民) (1997,2001)	Translog Demand Funtion	黄花鱼 虾类 其他水产品	0.65 0.62 0.534	0.04 −0.52 −0.466
美　　国	Kennedy & Young (2005)	贸易价 (1998—2002)	Inverse demand equation	鲶鱼 小龙虾 对虾	−0.03 0.01 −0.11	0.13 −0.01 0.01
美　　国	Ligeon, Bayard & Clark (2007)	贸易价 (1990—2003)	RSDAIDS	牙买加冷冻鱼片		−0.23
美　　国	Poudel(2008)	贸易价 (1994—2004)	LA/AIDS	亚洲虾 南美洲虾 中美洲虾	1.10 0.82 0.86	−1.82 −4.49 −2.31
欧　　盟	Poudel(2008)	贸易价 (1994—2004)	LA/AIDS	亚洲虾 南美洲虾 中美洲虾	0.42 2.61 0.85	−0.19 −0.04 −0.13
美　　国	Keithly, David & Harvey (2008)	贸易价 (1995.1—2005.12)	CBS	墨西哥虾 厄瓜多尔虾 印度虾 泰国虾 越南虾 中国虾 美国本土虾	−0.46 −0.55 −0.60 −0.83 −0.24 −0.26 −0.59	1.53 0.74 1.74 1.25 1.59 1.31 0.90

注：* 该栏支出弹性和自价格弹性值分别依次为产地是泰国、越南、墨西哥、中国和印尼的相对应品种的情况，其中墨西哥不供应虾制品。

资料来源：作者根据国内外学者对水产品需求研究相关文献整理汇总获得。

需求的相关领域所作的研究,从作者/出版年份、研究区域或国家、所采用的数据类型和需求函数形式、研究对象,以及由此而得出的自价格弹性、收入弹性等方面作了详细的梳理和汇总。

从表 2-1 可以看出,以往对水产品需求及需求结构的研究有如下特征:

(1)鱼类、贝类、虾蟹类均得到学者们不同程度的关注,而鱼类品种中又以鲑鱼、鳟鱼、鳕鱼为主;随着世界虾产品供给与需求的同步增长,对虾产品相关研究也逐渐增多,由此可以看出学者们的研究热点与产品市场需求同步消长。

(2)对于任何被研究水产品品种而言,其支出弹性、自价格弹性值大小与所用于研究的数据类型有很大的关系。以往的研究表明,以船舷交易(ex. vessel)所发生的事实数据为依据而计算得出的弹性值,远大于以零售市场调查或家户调查数据为依据而得出的弹性值,而以进出口贸易所发生的事实为依据计算的结果则居于前两者中间。另外,数据的加总程度(年度、季度或月度)也会对结果产生影响。

(3)需求理论研究的发展表现在需求弹性估计时,可借用的函数形式日益丰富化,由最初的单一方程模型逐步过渡到需求系统模型,并开发出多种不同需求系统模型以适应研究对象特征差异化的需要。从 Asche 等(1996,1997)对欧盟新鲜鲑鱼、冷冻鲑鱼和烟熏鲑鱼需求分析来看,尽管用于研究的数据类型、时间区隔完全一致,但由于采用不同的需求分析模型(分别为 AIDS 模型和误差修正模型),所得结果差异较大。以新鲜鲑鱼为例,其自价格弹性在 AIDS 模型中为 -1.73,即需求富有弹性;然而在利用误差修正模型中则为 -0.59,表示新鲜鲑鱼需求缺乏弹性。由此说明适合数据特征的实证模型的选择和确定的重要性。

(4)研究对象日益细化,由对某地区某大类水产品的分析,逐步发展到以某个具体的品种不同产品形式以及不同区域之间横向和纵向比较。如对美国虾产品需求的研究,从最初单纯的虾产品需求影响因素分析,逐步拓展到国产虾、养殖虾以及捕捞虾对比研究,再细化到不同产地的养殖虾、捕捞虾交叉影响分析。

(5)研究所涉及的地理区域以经济发达国家和地区为主,发展中国家和地区几乎没有提及。对中国而言,除了詹满色(2002)利用年度贸易数据对台湾地区市场鱼产品需求结构进行分析,以及刘浩淼(2003)利用城乡居民住户调查数据对中国城乡居民水产品影响因素作定量分析外,尚未有其他学者在水产品贸易领域对进口国市场需求定量研究方面作过尝试。

以往的文献为本书对中国虾产品主要出口市场需求的研究提供了很好

的指导,也为本书研究的开展提供了可供借鉴的路径。然而需要附加说明的是,在对不同的研究成果进行比较分析时,由于不同研究的研究对象、所涉及的市场、研究的方法,甚至是研究中所采用数据的来源的不同都直接影响到对研究结果的解释(Houck,1965;Asche,2005),因此,无论方法的采纳、实证模型的选择都要充分考虑所研究对象的具体特征,以使得研究结果更加具有理论指导意义。

第三节　市场空间整合理论与方法

市场是通过相互作用决定一种或一系列产品价格的买卖双方的集合。长期以来商品价格的形成为我们衡量商品之间的替代程度(或者说相互竞争性)提供了宝贵的信息。价格在定义市场时的重要性早为许多经济学家所认识(Cournot,1971;Stigler,1969),并将价格作为衡量异地市场间整合程度(或一体化程度)和市场竞争性均衡的主要信息。按照马歇尔(1961)的定义,国际市场上一价定律体现为在有贸易发生并且贸易可以自由发生的情形下,某种商品在不同国家的市场上减去交易成本后的同一货币价格相等。检验市场是否完全整合,即是否实现了一价定律预期,其经验证明对理论研究乃至政府或企业政策的制定都有着重要的意义(韩胜飞,2006)。而对于本书而言,检验美、日、欧、韩虾产品市场的空间整合程度,有助于我们更好地认识中国虾产品主要出口市场之间的联系程度,从而更加全面地掌握世界虾产品贸易格局,并进而为中国确定正确的虾产业结构调整政策和制定国际竞争战略提供依据。

一、市场空间整合的本质

市场整合(market integration)是指存在于不同市场间的一种价格传递(price transmission)关系,市场整合研究着重于描述、分析这种关系(周章跃和万广华,1999)[①]。从理论上讲,根据两地市场之间有无贸易流动和商品价差是否等于交易成本,可以将市场整合程度分为三个层次:完全整合(per-

---

① "整合"一词在不同的领域有不同的含义。从通常意义上讲,整合是指通过对有限资源的合理配置,从而达到效益最大化目标。但是,从国内外现有的文献来看,对农产品"市场整合"的定义则比较统一,它是指在地理位置区隔的不同市场上同类商品之间的一种价格传递(price transmission)关系。

fect integration)、不完全整合(imperfect integration)和市场隔离(market segre-
gation)(韩胜飞,2007)。根据研究对象的时空特点,市场整合又可以划分为不
同市场的空间整合、不同营销阶段的整合、不同商品之间的整合等(武拉平,
2000)。因为本书研究的是中国虾产品主要出口市场之间价格变化的影响程
度,因此着重研究市场空间整合程度(spatial market integration)。

市场空间整合可分为长期市场整合和短期市场整合。所谓长期整合指两
个市场的价格之间存在长期的、稳定的联系,即使这种长期均衡关系在短期内
被打破,但最终会恢复到原来的均衡状态。短期整合指某一时期某市场的价
格变化,会"立即"引起另一市场上同类商品价格的同步变化,它反映了市场之
间产品价格传递的及时性和价格反映的敏感性(武拉平,2000)。市场之间价
格传递的方向和影响程度可以从横向和纵向两个方面展开分析。

1. 国际市场间商品价格信息的纵向(或垂直)传递过程

一般而言,参与贸易的商品从输出国到输入国都会经历如图 2-3 所示的

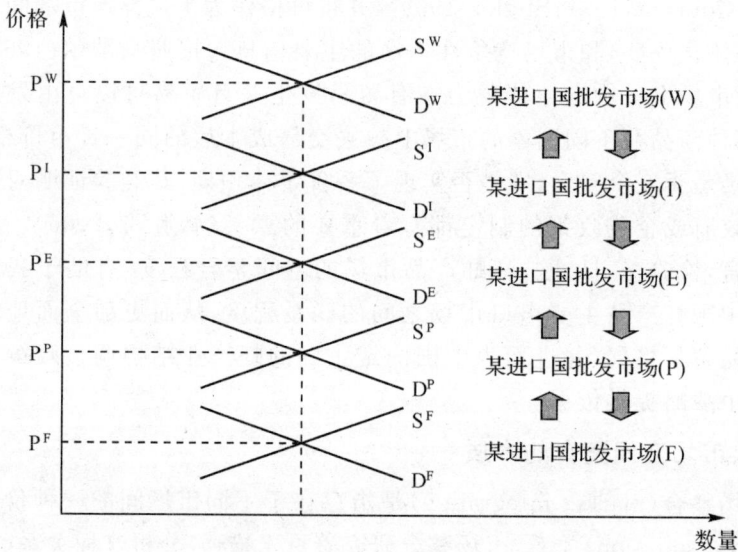

图 2-3 参与国际贸易的商品价格信息的纵向传递过程

注:W、I、E、P、F 分别表示某进口国批发市场、进口市场、出口市场、某出口国加工市场
和生产市场,S^W、D^W、P^W 中 S、D、P 分别表示供给、需求和价格。灰色粗箭头表示价格信息
传递方向。

资料来源:Ling,B. H., Leung, P. S., & Shang, Y. C. Behavior of Price Transmis-
sions in Vertically Coordinated Markets, the Case of Frozen Black Tiger Shrimp(penaeus
monodon). Aquaculture Economics and Management, 1998, 2(3):119-128。

实物流和价格流的传递过程。在此过程中价格扮演着重要角色。一方面商品或服务输出国根据各级市场对商品需求反馈信息，及时调整其生产、加工和出口计划，以使得资源得到最合理的安排；另一方面，输入国的进口商或分销商依据各级市场对价格反应的敏感度及时调整其进口或分销策略，从而使各方福利水平达到最大化。

从参与国际贸易的商品价格信息的纵向传递过程来看，两个在地域上相隔的市场在商品、信息自由进出条件下，若两者价差等于运输成本（transfer cost），则表示两市场达成整合（Baulch，1997）。即通过上下游市场价格信息检验市场间是否达成空间整合，并由此推论市场间是否存有运输障碍。若市场间价差不等于运输成本，则可能有运输障碍存在。

2. 国际市场间商品价格的横向互动关系

图 2-4 显示了两个相同层级市场（比如说都是批发市场或都是进口市场）同类商品价格由于供求关系变动而发生的互动关系。

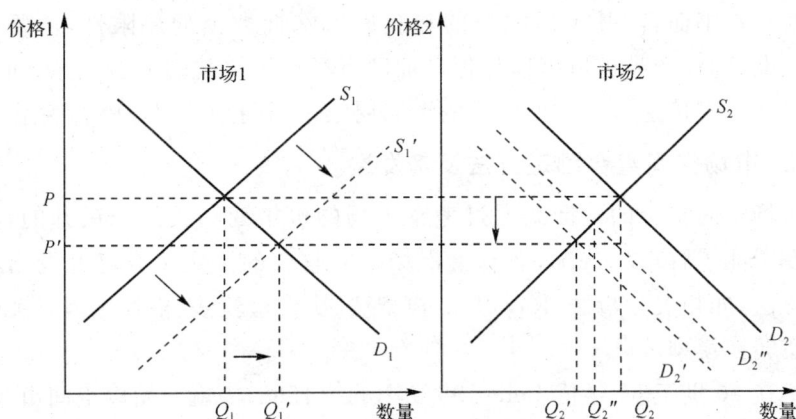

图 2-4　两个市场间潜在的市场互动关系

资料来源：Asche，F．，Bremnes，H．，＆ Wessells，C. R. Product Aggregation, Market Integration, and Relationships between Prices: An Application to World Salmon Markets. American Journal of Agricultural Economics，1999，81(3)：568-581。

假设市场 1 由于某种原因供给增加，供给曲线由 S_1 向右下方 S_1' 移动，由此形成市场 1 的价格和需求量分别为 P' 和 Q_1'，价格下降，需求增加。那么在市场 2 会发生怎样的变化呢？这取决于这两个市场商品的替代程度[①]：

---

① 从分析问题的全面性考虑的话，那么这里还应该分析两种商品是互补品的情形。

(1)如果两个市场间没有任何替代可能性,那么市场 2 保持原样;(2)如果两个市场间是完全替代的,那么市场 2 的需求曲线向左下方 D_2' 移动,直到达到新的均衡;(3)如果两个市场之间的商品非完全替代,那么需求曲线可能移动到 D_2'' 达到一个均衡。

一般而言,市场 1 对市场 2 的影响往往通过交叉价格弹性来衡量。当然,我们也可以单纯从价格角度来反映由于市场供给变动带来的效应。同样,市场 1 价格变化对市场 2 带来的影响可以从多角度来反映,如果没有替代效应,那么市场 1 与市场 2 之间相互分割,互不影响;如果存在一定的替代效应,那么市场 2 的价格将会出现与市场 1 同一方向变化趋势,以相同的变化比例作出调整(比如说一价定律存在的情形)而相对价格保持恒定。因此,关于一个市场的结构信息,分析它们之间的关系是希望能够回答:(1)两个市场(商品)是否是相互竞争的?(2)它们是否是非完全替代?(3)它们是否是完全替代,进而它们的相对价格是不变的?

对于本书而言,基于研究目的和我们所掌握数据的局限性,主要验证美、日、欧、韩虾产品进口市场与各自批发市场价格之间的整合关系,而不考虑价格的垂直传递过程中所涉及的不同层级市场间是否存在整合关系。

二、市场空间整合测定方法及其发展

市场空间整合的验证是通过考察市场的价格变动关系来展开的,其重要性在于能了解市场状况,而有关市场空间整合的测定至今已开发出相当多的方法,如相关分析法、Ravallion 模型法、协整检验法、格兰杰因果关系法和状态转换模型等[①]。

早在 20 世纪 60 年代 Lele(1967),Jones(1968)等就开始以空间市场、跨期市场及垂直市场价格联系来研究市场整合性。到 70 年代,双变量相关系数、跨市场价差、估计运输成本陆续成为市场整合检验的模型,但随后这些方法被发现存在一些理论上的瑕疵,此后的部分研究针对该问题而展开。

到 80 年代,市场整合检验方法取得新的突破,其标志是 Ravallion(1986)提出用相关分析法与 Granger 分析法相结合测定市场整合的程度和速度。Ravallion 法将序列相关、长短期动态及物价膨胀及季节等因素纳入模型,并预先假设空间市场结构是一个具有中心市场的商品市场,且中心市

---

① 　前四种检验方法的具体内容在武拉平(2000)所著的《农产品市场一体化研究》一书中有详细论述。

场起着价格领袖的作用，其他市场的商品价格随中心市场而变动。然而正如 Barrett（1996）所指出的，有时候农产品供给冲击造成价格变动其实是由产地发出的，而不是如 Ravallion 所说的存在一个中心市场且该中心市场起着价格领导的作用，甚至有学者认为所谓的中心市场根本不存在，或者在不同时期中心市场会出现变动。

协整检验法（Cointegration tests）作为 Ravallion 方法的延伸和改进，自 Goodwin 和 Schroeder（1991）提出以来，由于它保留了 Ravallion 方法的长处而克服了其短处，受到研究人员的极大关注并不断得以完善（Wyeth，1992；Alexander & Wyeth，1994；Dercon，1995）。协整检验法首先应用单位根检验确定价格序列平稳的阶数，接着作一个价格序列的协整回归，最后应用单位根检验协整回归的残差。如果协整回归的残差不存在随机趋势，则表明价格序列之间存在协整关系，即整合关系。协整检验法已被证明是验证市场空间整合的有效方法（喻闻和黄季焜，1998；武拉平，2002），然而协整检验法只能测定市场间是否整合，而不能说明整合程度的高低，同时也无法避免空间市场之间由于供给和需求的同步冲击，以及一些宏观因素的影响（周章跃等，1997；武拉平，2000；韩胜飞，2007）。

格兰杰因果关系法（Granger Causality）利用一个区域市场现在或过去的价格与另一区域市场商品价格间统计意义上的因果关系，可以判断此两个市场哪个占主导地位，也可以用来衡量市场价格的调整速度，弥补了协整检验法的不足。但该方法也只能说明一个市场的价格变动在另一市场的价格变动前发生，并不能说明一定是前者带动后者发生（武拉平，2000）。

随着研究的不断深入，状态转换模型（regime-switching model）由于其更接近于市场空间均衡理论（spatial equilibrium），并有着全面考察市场效率所需的价格、交易成本和贸易量三方面信息的能力，近年来被学术界广为认同和接受。其中最具代表性的是同时使用价格和交易成本数据来测定市场空间整合程度的 Baulch（1997）的均衡价界限模型（parity bounds model），以及在价格和交易成本数据基础上加入贸易量信息的 Barrett 和 Li 提出并应用于环太平洋国家农产品市场分析的 B-L 模型[①]（韩胜飞，2007）。

表 2-2 对市场空间整合程度各种测定方法的主要贡献和观点，以及存在的不足之处作了对比分析。

---

①　韩胜飞（2007）发表在经济学（季刊）上题名为《市场整合研究方法与传达的信息》一文对协整检验和状态空间模型作了详细的比较和讨论。

表 2-2　市场空间整合程度各种测定方法对比分析

研究方法	践行者	主要观点	存在的不足
相关分析法	Lele(1967)；Blyn(1973)；Harriss(1979)	通过测算每对区域市场之间价格序列的相关程度来说明市场之间的整合程度。一般认为价格序列之间的相关度超过某一数值(如0.65或0.80)的市场是一体化程度较高的市场。	(1)无法说明各区域市场外部因素或某些偶然因素对市场整合的影响,从而常常夸大或低估市场一体化程度(武拉平,2000)；(2)只能用于测量当期价格之间的调整关系,不能反映市场系统的动态特点(董晓霞等,2009)。
Ravallion模型法	Ravallion(1986)；Timmer(1987)	假设存在一个具有中心市场的商品市场,中心市场起着价格领袖的作用,其他市场的商品价格随中心市场而变动。该方法不仅可以测算市场的短期整合和长期整合,还可以确定区域主导市场。	(1)Ravallion假定的雷达发射型的市场结构在现实中几乎不存在(同时单向贸易流向也不符合实际)；(2)研究必须有连续的时间序列价格信息,间断的信息可能导致研究结论的偏差(武拉平,2000)。
协整检验法(Cointergration)	Goodwin(1991)；Alexander & Wyeth(1994)；Dercon(1995)	首先应用单位根检验确定价格序列平稳的阶数,接着作一个价格序列的协整回归,最后应用单位根检验协整回归的残差。如果协整回归的残差不存在随机趋势,则表明价格序列之间存在协整关系,即整合关系。	(1)只能检验市场间是否整合,但不能说明整合程度的高低；(2)无法避免空间市场之间由于供给和需求的同步冲击以及一些宏观因素的影响(周章跃等,1997；武拉平,2000,韩胜飞,2007)。
格兰杰因果关系法(Granger Causality)	Bessler & Brandt(1982)	利用一个区域市场现在或过去的价格与另一区域市场商品价格间统计意义上的因果关系,可以判断此两个市场哪个占主导地位,可以用来衡量市场价格的调整速度,侧重于价格信息的流动方向。	只能说明一个市场的价格变动在另一市场的价格变动前发生,并不能说明一定是前者带动后者发生,故使用此方法分析不同区域市场价格因果关系时还需要结合其他影响因素考虑(武拉平,2000)。

续表

研究方法	践行者	主要观点	存在的不足
状态转换模型 (Regime-switching Model)	Spiller & Huang (1986); Baulch(1997) 均衡价界限模型 (parity bounds model)	该模型法考虑到空间市场之间交易成本的变化,有效克服了市场之间交易成本不变和稳定贸易关系的假设。其基本思想是根据空间市场价格差和交易成本之间的关系划分三种贸易状况,并测算出不同贸易状况的概率来反映市场运行效率和市场有效程度。	均衡价界限模型对交易成本数据的敏感性较高,交易成本数据的准确性直接影响测算结果,而交易成本数据的获取是比较困难的,特别是在市场发育不健全的发展中国家和经济转型国家。因此,该模型在发展中国家农产品市场整合分析中运用较少(武拉平,2000;韩胜飞,2007)。
	Barrett & Li B-L 模型	该模型在价格和交易成本数据基础上,加入贸易量信息。以显性变量的形式加入贸易流动信息可以间接地提供交易成本信息,作为对某些成本难以测量或获取的补充,降低了判断和分析检验结果的难度,可以不受贸易定向流动或市场完全竞争前提假设的限制(韩胜飞,2007)。

资料来源:作者根据相关文献整理汇总获得。

三、已有的相关研究评述

随着全球经济一体化和农产品贸易自由化进程的不断加快,国际农产品贸易市场之间是否整合,以及整合程度的实证研究得到广泛应用并形成了一系列的研究成果。一般认为,市场化程度高的产品其市场整合程度高,表现在非农产品的市场整合程度高于农产品,非粮食类农产品的市场整合程度高于粮食类农产品(王怡,2007)。作为农产品所有品种类别中市场参与度和外向度较高的水产品,在最近 20 年间,通过探究价格之间的关系来研究市场得到推崇。

Squires,Herrick 和 Hastie (1989)对日本和美国市场裸盖鱼(sablefish)价格关系的研究被认为是水产品市场整合研究的最早践行者。其研究结果表明,日本与阿拉斯加市场是整合的,而与美国西海岸市场则是分隔的。

在需求弹性研究中,鲑鱼(salmon)作为受消费者普遍欢迎的水产品得到研究者的青睐,在水产品市场整合的研究中鲑鱼也同样受到重视。其中,Gordon,Salvanes 和 Atkins(1993)被认为是系统研究鲑鱼和鳕鱼以及其他品种之间相关关系的践行者,首次发现并证明鲑鱼市场与其他野生鱼类市场是区隔的。此后，Asche，Bjørndal 和 Young（2003），Asche，Gordon 和 Hannesson（2002；2004），Jaffry 和 Hartman（2003）得到同样的结论。

而 Asche 和 Sebulonsen（1998），Asche，Bremnes 和 Wessells（1999），Asche（2001）提供的证据表明鲑鱼存在一个包括养殖和捕捞品种在内的全球性的市场。Asche 等（2005）指出鲑鳟鱼同样属于这个市场。尽管 Gordon 和 Hannesson（1996）研究表明在美国不同的区域市场之间，鲑鱼市场是区隔的而非整合的，然而 Asche 和 Guttormsen（2001），Asche，Guttormsen 和 Tveterås（2002）在加入季节变动因素后对不同品种的鲑鱼价格序列进行检验的结果表明，全球鲑（鳟）鱼市场是完全整合的，即不同品种、不同产品形式的鲑鱼在同一市场上相互竞争，虽然部分品种之间可能没有直接的替代关系，但它们的价格形成过程可能存在一定的联系。

白鱼市场（whitefish market）同样受到相当多学者的关注，如 Gordon，Salvanes 和 Atkins（1993），Gordon 和 Hannesson（1996），Asche，Gordon 和 Hannesson（2002；2004），Asche，Isaksen 和 Vassdal（2002），Jaffry 和 Hartman（2003），以及 Nielsen（2005，2007）等。这些研究表明，除了新鲜鳕鱼与其他产品形式如冷冻鳕鱼、冷冻鱼片、腌制鳕鱼存在较弱的关系之外，所有产品形式的鳕鱼均存在一定的竞争关系，其中在国际贸易市场和批发市场这种竞争关系体现得较为充分，而在船舷交易（ex. vessel）价格层面相对温和得多。另外，Asche，Isaksen 和 Vassdal（2002）发现，在鳕鱼供应链不同层次的价格传递存在高度的相关性。

从以上对于水产品的市场整合研究中可以看出：（1）被研究对象基本集中在鲑鱼、鳟鱼和鳕鱼（白鱼）系列，其他的品种（如虾产品）则很少涉及。（2）对于市场整合测定的一个共同的特点是利用协整检验 F 统计值来判断（至少）两个不同价格序列是否具有统计学意义上的显著性关系，或者在此基础上进一步检验领导价格、中心市场、市场价格的调整速度等。（3）所有的研究均表明，不同市场之间同一类别产品（如鲑鱼或鳕鱼）存在较强的相关性，即存在一个全球性市场；而不同类别之间则是相互区隔的。对于虾产品而言，世界虾产品主要进口市场之间是否如鲑鱼或鳕鱼一样，存在一个全球性的市场，本书第八章将会对此进行详细的分析和讨论。

第四节　本章小结

微观经济学研究消费者需求主要采用计量经济分析方法,其研究的核心内容是构建并估计需求系统模型,推导并计算支出(收入)弹性、价格弹性等,同时对弹性值作出解释和说明(邵乐妍,2004),对不同来源的进口产品进行需求分析时也遵循这样的思路。来源差异化进口需求模型(Rotterdam模型、CBS模型、一阶差分 AIDS 模型、NBR 模型和 General 模型)由于符合消费需求函数加总性、零次齐次性及对称性条件,同时也都具备弹性易被估计等性质,为本书分析中国虾产品主要出口市场消费需求规律提供了条件和理论基础。正如本章第二节所提及的,不同的数据特性适合不同的函数设定,依据一定的模型选择标准,将所研究对象的数据与实证模型进行适宜度检验,以此来确定用于进口需求弹性估计的最佳函数形式,是进口需求计量分析模型构建的基础。而本书将这种研究思路与方法初次用于探索美国、日本、欧盟和韩国市场虾产品进口需求规律,也是实践上的一次尝试。

同时,国际市场之间商品和服务贸易的互动关系日趋频繁的现实,要求我们不仅要关注局部市场需求,也要关注市场之间联系的紧密程度。市场空间整合研究方法论的探讨为本书研究美国、日本、欧盟和韩国虾产品市场之间价格传递规律提供了坚实的理论和实证基础,而已有的对水产品市场(主要是鲑鱼和鳕鱼)空间整合的文献为本研究开展提供了可以借鉴的路径。

第三章 中国虾产品的生产、消费和贸易概况

对中国虾产品主要出口市场需求及市场空间整合程度的分析,是建立在把握中国虾产品在世界虾产品生产与贸易中的地位,以及中国与世界虾产品贸易发展现状及特征的研究基础之上的。作为研究的现实背景,本章通过中国虾产品生产、消费和贸易状况的国际比较,总结出中国虾产品生产与贸易的特点,为后续的研究提供铺垫。

第一节 虾产品的生产布局

一、世界虾产品的生产特点分析

随着全球经济的发展和人民生活水平的不断提高,消费者对虾产品的需求日益旺盛。不断扩大的需求所带来的良好经济利益促使渔民不断扩大生产规模,产量、产值同步提高。虾产业为渔业生产总值的贡献度日益加大,产业地位日趋重要。图 3-1 显示了 1950—2012 年世界虾产品产量及其变化趋势。

从世界虾产品总产量规模的时序变化趋势来看,可以显著地划分为三个阶段:1950—2002 年的线性增长阶段;2002—2004 年的跨越性突破阶段;2004—2012 年的更高水平上的稳步线性增长阶段。

从世界虾产品产量的洲际分布来看,亚洲优势地位明显并有不断扩大趋势,占世界总产量的比重由 20 世纪 70 年代的 65％左右逐步上升到 21 世纪初的 75％左右,至 2012 年这个比重已经提高到 80.65％(2012 年亚洲地

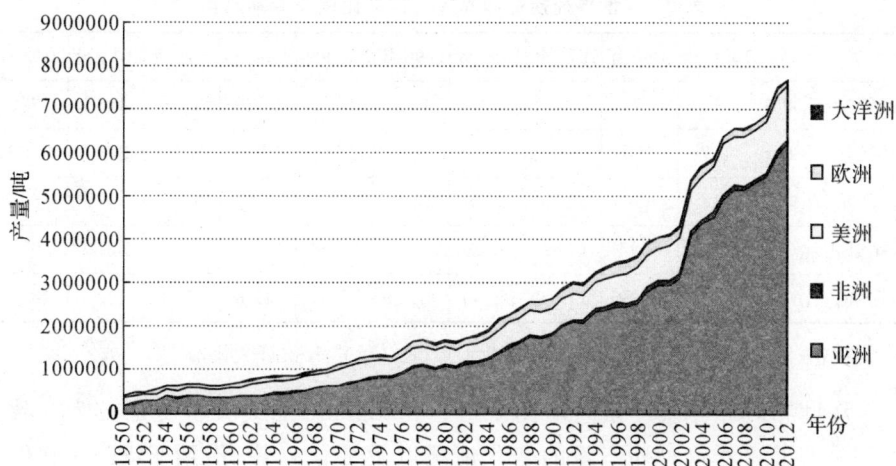

图 3-1　世界虾产品产量洲际分布(1950—2012)

资料来源:联合国粮农组织渔业统计数据库(FAO，FishStatJ，2014)。

区总产量为 619.5 万吨①)。产量位居第二的是美洲地区,从虾产品生产产量的绝对数来看,美洲地区也一直保持增长势头,由 20 世纪 70 年代末的 40万吨左右上升到 2012 年的 123.6 万吨,增长了 2 倍多;但从其生产产量占世界总量的比重来看,却有降低的倾向,至 2012 年占世界总产量的比重为16.09%。相对于亚洲、美洲而言,欧洲、非洲、大洋洲所占比重相对较小。

从虾产品的生产方式来看,捕捞虾和养殖虾比例发生显著变化,即养殖虾产量不断增长并逐渐占据主导。虾产品的生产从以捕捞为主(1950 年捕捞虾占总产量的比重为 99.68%)逐步转向捕、养结合(1990 年养殖虾所占比重虽已提高到 25.8%,但捕捞虾的产量仍占总产量的 74.2%)。伴随着20 世纪 80 年代对虾工厂化育苗技术的突破,90 年代以来养殖对虾遗传改良和新品种培育的技术突破,以及现代生物技术的研究与应用等方面取得的显著成绩,全球的对虾养殖业得到飞速发展,由 1950 年的 0.13 万吨上升到 2012 年的 432.8 万吨,年均以 17.3%速度增长;占虾产品生产总量的比重从 0.32%上升到 56.3%(2007 年首次出现养殖产量大于捕捞产量的格局,开创了对虾生产以养殖为主的新阶段)。各个阶段捕捞虾与养殖虾构成比例及变动趋势如表 3-1 所示。

———————————

①　从图 3-1 中可以看出,亚洲虾产品生产产量的变动轨迹与世界虾产品产量的变动轨迹几乎一致。

表 3-1　世界捕捞虾和养殖虾构成比例及变动趋势

	1950 年	1960 年	1970 年	1980 年	1990 年	2000 年	2005 年	2010 年	2011 年	2012 年
养殖量(千吨)	1	3	9	72	680	1137	2668	3779	4185	4328
捕捞量(千吨)	412	665	1109	1626	1956	2941	3199	3099	3292	3353
总产量(千吨)	413	668	1118	1698	2636	4078	5867	6878	7477	7681
养殖虾占比(%)	0.32	0.44	0.81	4.23	25.81	27.88	45.48	54.9	56.0	56.3
捕捞虾占比(%)	99.68	99.56	99.19	95.77	74.19	72.12	54.52	45.1	44.0	43.7

资料来源:联合国粮农组织渔业统计数据库(FAO,FishStatJ,2014)。

从世界对虾养殖产量时序图来看,与 Logistic 曲线方程特点较为一致。为更深入了解养殖对虾产量的变化情况以及变化趋势,借助于 SPSS 软件,对 1950 年至 2012 年对虾养殖产量 Logistic 曲线回归分析,得回归方程式:

$$Q_{shrimp} = \frac{3971602}{1 + e^{10.773 - 0.114t}} \qquad (3.1)$$

回归方程调整 $R^2 = 0.961$,其中:Q_{shrimp} 为对虾养殖产量,单位为千吨;t 为年份(设 $1950 = 0$,$1981 = 1, 2, \cdots, 2012 = 64$)。方程 3.1 也表明,在假定对虾养殖技术进步率保持不变的前提下,并且不考虑由于污染或环境恶化等外部条件影响,对虾养殖产量仍将有极大的增长空间。

联合国粮农组织最近出版的《世界渔业与水产养殖概况 2014》(粮农组织渔业和水产养殖部,2014)以及《全球虾渔业研究》(Gillett,2009)指出,由于发展中国家对虾捕捞中过度能力、过度开发,以及工业化拖网时对其他生物的兼捕而造成的高遗弃率及对濒临灭绝生物的危害等问题,需进一步加强对虾捕捞的监管。同时加上自然资源的衰退,因此,捕捞虾的产量在未来一段时间内将有可能出现一定程度的下降,这也意味着养殖虾将在世界虾产品消费市场扮演更重要的角色。

二、中国虾产品的生产特点及国际比较

(一)中国虾产业的发展概况

虾类资源分布很广。作为虾产品生产大国,中国虾类捕捞业历史悠久,据史料记载早在夏代(距今 4000 年左右)我国沿海地区就采用板网、拖网开展相应的捕捞活动。秦代至清代,海洋捕捞已遍及中国近海渔场,渔业技术日臻完善,但清末和民国时期,由于政治和经济的缘故日益衰落,直至新中国成立后才得以恢复并得到快速发展,捕捞虾产量从 1950 年的 2.7 万吨上

升到 1978 年的 24.2 万吨,增长近 9 倍。然而产量大幅度增长的沉重代价是自然资源的衰退与枯竭,1979 年捕捞虾产量下降为 15.7 万吨。此时国家提出水产品生产"以养为主"的指导思想和"海淡并举、养捕并举"的方针,以及改革开放以后水产品市场率先放开,完全实行市场调节等一系列举措,促进了水产品养殖业的快速发展,对虾养殖业作为我国改革开放后最早发展起来的外向型水产养殖业,在我国沿海水产养殖中占有重要地位。

鉴于养殖虾在世界虾产品的国际贸易中占据主导地位,国内外渔业组织有关虾产业发展报告对中国虾产业发展概况的描述几乎都是以养殖虾发展路径为主的。综观我国对虾养殖业的发展历程,大体上可以将其分为五个阶段[①]:1978 年之前的试验阶段、1978—1984 年的起步阶段、1985—1992 年的快速发展阶段、1993—1996 年的低谷徘徊阶段、1997 年至今的恢复与发展阶段。特别是 20 世纪末,从美国夏威夷海洋研究所引进的无特定病原(SPF,specific pathogen free)南美白对虾的引种成功,及其后在亲虾、苗种培育方面取得新的突破,虾产量迅速增长。至此,中国对虾养殖业已经完全摆脱 1993 年对虾病毒性疾病而给产业发展带来的阴影,2002 年养殖虾产量达 33.67 万吨,重新成为世界最大的养殖虾生产国,此后一直保持世界养殖对虾产量第一的地位。

同时,随着养殖经验的积累和养殖技术的不断改进,在对虾养殖过程中,人们建立了多种适合当地条件的养殖模式,如生态养殖模式(粗放养殖模式)、传统的依潮差纳排水养殖模式(半精养模式)、混养模式、淡水添加养殖模式、提水高密度养殖模式(高位池养殖模式)、其他养殖模式(如冬棚养殖模式、内陆淡水养殖模式、工厂化养殖模式等),有效地保证了养殖虾的稳定供给和虾农的经济效益。

我国海南省水产研究所所属的琼海科研基地"国家级南美白对虾遗传育种中心"投入和运行,标志着我国将有能力利用现代育种技术培育优质健康的南美白对虾亲虾及虾苗,从而改变南美白对虾亲虾依赖进口的被动局面,以确保我国养虾业的持续健康发展。

(二)中国虾产品生产的品种结构分析

全世界虾类有 3000 多种,有许多不同的类别,大致可以分为三大派(Chan,1998):对虾派(约有 376 种)、真虾派(约有 2517 种)和猥虾派(大约有 94 种)。其中大多数具有经济价值的均属于对虾派,真虾派大多为一些

---

① 对虾养殖业的发展历程详见《中国虾产品出口指南》(商务部网站,2005)。

经济价值不高的小虾,而猥虾派中仅有毛虾(the paste shrimp,俗称虾皮)具有经济价值。在具有经济价值的对虾派中,不同品种的虾产品由于其生物学特征的差异,成熟后的虾体其大小(即规格)、色泽、口味等会出现一定程度的差别,而这直接影响消费者消费的偏好程度。因此这里有必要对中国以及其他虾产品主产国生产的虾产品品种结构作一梳理。

1. 捕捞虾主要品种

捕捞虾基本来自海洋,淡水水域产量极低。从世界各国总产量来看,盛产于西北太平洋(Pacific,Northwest)和东印度洋(Indian Ocean,Eastern)的日本毛虾(Akiami paste shrimp)、鹰爪虾(Southern rough shrimp)产量相对占优,2012年分别占捕捞总量的17.56%、9.19%;其次是生长在西北大西洋(Atlantic,Northwest)的北方大虾(Northern prawn),占捕捞总量的9.41%;再者就是东印度洋(Indian Ocean,Eastern)和太平洋(Southwest Pacific;Western Central Pacific;Northwest Pacific)海域的斑节对虾(Giant tiger prawn),占捕捞总量的6.33%;另外还有中国对虾[①](Fleshy prawn)、墨吉对虾(Banana prawn)等百余种具有经济价值的虾产品。表3-2反映了自1990年以来中国及世界捕捞虾主要品种、水域分布[②]及其产量变动情况。

作为世界捕捞虾最大生产国——中国捕捞虾主要品种有日本毛虾、鹰爪虾和中国对虾,在产量的构成比例中经济价值相对较低的日本毛虾占中国捕捞虾总量的50%左右(因其个体较小,经济价值不高,难以进入国际市场参与交易),中国对虾所占比重不到10%,美国、日本、韩国市场消费者偏好的斑节对虾、墨吉对虾产量极其低下。这主要是由中国海域特点所决定的,同时捕捞虾的品种结构特征也可以部分解释中国虾产品贸易之所以会出现产量"大国",贸易"小国"的原因。

从其他国家捕捞虾的品种结构来看,印度斑节对虾捕捞量占据绝对主导地位(占全球总量的比例超过80%,2012年为84.71%),而印尼墨吉对虾捕捞产量占优。加拿大和格陵兰是冷水虾主要品种北方大虾主要供给国,2011年捕捞量为14.69万吨和11.70万吨,占世界捕捞虾总量比重分别为4.54%和3.49%。

此外,1981—1990年由多个国家共同参与的《南大洋生物资源储量调查》分析报告中指出,南大洋磷虾资源的蕴藏量十分丰富,保守的估算也有

---

① 在联合国粮农组织一些中文的出版物中也将中国对虾翻译成"东方对虾"。
② 世界水域区划图见附录2。

6亿～10亿吨,因南极磷虾蛋白质含量高,所以南极磷虾资源被喻为人类未来的蛋白资源仓库①。

表 3-2　中国及世界捕捞虾主要品种及海域分布概况

主要品种	主要捕虾国	渔获量(吨)						生长海域
		1990 年	1995 年	2000 年	2005 年	2010 年	2012 年	
日本毛虾	中国	211365	390000	536378	557908	554752	568540	西北太平洋;东印度洋
	韩国	24568	16495	13985	7352	18861	20221	
鹰爪虾	中国	97547	151746	268034	361254	290761	305951	
	其他	1157	2877	3677	3962	2961	2306	
北方大虾	加拿大	18007	30213	100091	65066	162006	143350	西北大西洋
	格陵兰	69309	81926	85402	150144	124497	110040	
	挪威	62700	39250	66501	48332	22119	18733	
	冰岛	29749	83529	33539	8659	7752	10522	
	俄罗斯	20295	6961	35253	8658	9065	8938	
	爱沙尼亚	—	2379	12816	12381	9037	7577	
	法罗群岛	10598	9290	12611	7183	5824	5242	
	其他	14378	20213	20004	19676	20494	11109	
斑节对虾	印度	92661	176289	204588	155531	187864	180010	东印度洋;西南、西北和中西太平洋
	印尼	11647	24501	40987	30380	28319	27959	
	泰国	348	1172	4571	6134	2048	660	
	澳大利亚	2541	2433	4601	4354	3345	2160	
	其他	922	336	322	287	1266	1715	
中国对虾	中国	38414	43043	72349	89403	107522	131369	西北太平洋
	韩国	1066	1406	1211	989	252	352	

---

　　①　因开发成本高、产品不能直接食用等多方面原因,目前南极磷虾尚未进入商业化开发阶段。

续表

主要品种	主要捕虾国	渔获量（吨）						生长海域
		1990 年	1995 年	2000 年	2005 年	2010 年	2012 年	
墨吉对虾	印尼	41330	50477	66643	61950	76429	87405	东印度洋；中西太平洋
	泰国	11355	15325	15001	17130	7791	7471	
	澳大利亚	2541	4490	2586	3327	6598	5392	
	其他	700	858	1146	675	568	304	
其他品种		1192647	1287133	1338890	1577955	1451864	1696335	—
总　计		1955845	2442773	2941186	3198690	3101995	3353661	—

注：从表中可以看出"其他品种"数量占的比重较大，这是因为在联合国粮农组织虾产品产量统计过程中，很多国家上报的数据没有分产品类别，均以"其他类"来代替。

资料来源：联合国粮农组织渔业统计数据库（FAO，FishStatJ，2013）。

2. 养殖虾主要品种

养殖虾以对虾科种类为主。从联合国粮农组织统计资料来看，目前世界上养殖的对虾有 24 个品种，其中斑节对虾（*Giant tiger prawn*，学名 *Penaeus mondon*；*Fabricius*，1889）、南美白对虾（*Whiteleg shrimp*，学名 *Penaeus vannamei*；*Bone*，1931）、中国对虾（*Fleshy prawn*，学名 *Penaeus chinensis*；*Osbeck*，1765）产量占绝对优势，2012 年这三大品种占世界对虾养殖总产量的 92.68%。

从表 3-3 养殖虾主要品种的区域分布来看，中西/西北太平洋、东/西印度洋以及亚洲内陆水域是中国对虾、斑节对虾的主要养殖环境，以海水（Marine）和咸淡水（Brackishwater）为主；斑节对虾在亚洲内陆淡水（Freshwater）水域也有部分养殖，但产量不高；中国对虾和斑节对虾主要养殖国家集中在亚洲地区（非洲国家如马达加斯加也有部分养殖），如中国、印度、印尼、泰国、越南、缅甸、马来西亚等。南美白对虾耐盐性广，在中西/西北/东南太平洋、东/西印度洋、中西/西南大西洋、亚洲内陆水域、北美内陆水域均有分布，是中国、泰国、越南等亚洲国家的主要养殖品种，同时也是中南美洲国家厄瓜多尔、墨西哥、哥伦比亚、委内瑞拉、巴西、秘鲁、巴拿马和非洲国家尼加拉瓜等的主要养殖品种。

表 3-3　中国及世界养殖虾主要品种及水域分布

主要品种	主要养殖地区	养殖环境	水域分布	产量（吨）					
				1990 年	1995 年	2000 年	2005 年	2010	2012 年
中国对虾	中国	咸淡水	西北太平洋	184817	78416	192339	43649	45313	41213
	韩国	海　水	西北太平洋	257	404	1158	1399	26	35
	中国	海　水	西北太平洋	—	—	—	66243	56634	64554
斑节对虾	印度	咸淡水	东/西印度洋	29900	64000	90975	129705	69800*	126900
		淡　水	亚洲内陆水域	—	—	—	12365	6200*	5000
	印尼	咸淡水	亚洲内陆水域	67355	89344	90483	134682	125519	116311
	马达加斯加	海　水	西印度洋	10	1535	4800	6726	4000	4952
	马来西亚	咸淡水	亚洲内陆水域	2184	6713	15540	21866	18118	6577
	缅甸	海　水	东印度洋	1	1143	4964	48640	46105	52693
	菲律宾	咸淡水	中西太平洋	47591	88850	40459	37720	48162	47495
	斯里兰卡	咸淡水	东印度洋	1000	3329	4360	1570	3480	3310
	中国台湾	咸淡水	西北太平洋	8545	10905	3844	978	613	638
		淡　水	亚洲内陆水域	25	33	—	1	69	5
	泰国	咸淡水	亚洲内陆水域	107970	257062	304988	26055	5251	17782
	越南	咸淡水	中西太平洋	24560	41490	67486	177200	333000	350000
	其他	—	—	658	2047	3085	67980	100682	58838

续表

主要品种	主要养殖地区	养殖环境	水域分布	产量（吨）					
				1990年	1995年	2000年	2005年	2010年	2012年
南美白对虾	中国	咸淡水	亚洲内陆水域	—	—	—	345915	615010	690747
	巴西	咸淡水	西北太平洋	—	—	—	356569	608267	762494
	哥伦比亚	海水	西南大西洋	1700	2007	25388	63134	69422	74116
	厄瓜多尔	海水	中西大西洋	6000	6948	9650	18040	12576	8900
	印尼	咸淡水	东南太平洋	68636	96597	50110	118500	223313	281100
	印度	咸淡水	亚洲内陆水域	—	—	—	103874	206578	238663
	墨西哥	海水/咸淡水	北美大西洋	—	—	—	511	—	—
	尼加拉瓜	海水/咸淡水	中西大西洋	4371	15867	2039	2905	5321	3851
	巴拿马	海水	中东太平洋	70	2305	31441	86592	99291	96469
	秘鲁	海水	中东太平洋	2831	4684	5357	9633	16587	24344
	中国台湾	咸淡水	东南太平洋	3000	4585	877	7098	5532	6736
	泰国	海水	西北太平洋	—	—	614	8324	13598	17801
	委内瑞拉	淡水	亚洲内陆水域	—	—	2310	6628	3965	5304
	越南	咸淡水	亚洲内陆水域	—	—	—	5384	4007	8014
	（泰国）	咸淡水	中西太平洋	237	3088	8500	374487	561075	580948
				—	—	—	17613	13000	19580
	越南			—	—	—	100000	136700	130000
	其他			1584	5697	10076	42786	116312	230611
	小计			88429	141778	146362	1667993	2710554	3179678
世界养殖虾合计				1955845	2442756	2941186	3198690	3778856	4327520

注：(1)"—"表示该栏数据暂缺，因此在进行分析、预测时未将其产量列入其中；中国养殖虾数据仅指中国大陆地区的数据，中国香港、澳门和台湾地区分开罗列；(2)日本和美国在21世纪初养殖虾的产量分别占全球产量的0.2%、0.3%，但因为本著作将这两者作为主要进口国市场进行分析，因此在本表中未将其产量列入其中；(3)越南的数据为预测值；(4)孟加拉国、洪都拉斯和沙特阿拉伯近年来养殖虾产量也较高，但在世界粮农组织渔业统计数据库中没有明确注明其具体的养殖品种，因此本表中没有加以说明。

资料来源：联合国粮农组织渔业统计数据库（FAO，FishStatJ，2014）。

中国养殖虾的品种在 20 世纪 80 年代末至 90 年代初以中国对虾为主，在 1991 年时中国对虾产量曾高达 21.96 万吨，单品种产量占世界当年养殖虾总产量的 26.19％，大大满足了当时国际市场对虾产品的需求。然而由于对虾养殖发展过快，而相关的合理布局、合理放养和防病治病等技术没有跟上，导致了 1993 年对虾病毒性疾病（WSSV）的爆发，当年养虾产量降到 8.79 万吨，1994 年仅 6.39 万吨。1997 年后，中国养殖虾行业通过开展以病害防治技术为核心的健康养殖，调整品种结构，改进养殖模式，使对虾养殖业得到恢复与发展，2001 年中国对虾产量恢复到 1991 年时最高水平，同时由于无特定病原体（SPF，Specific pathogen free）的南美白对虾引种成功，产量也开始大幅度提高，2002 年超过泰国并重新恢复对虾第一大生产国的地位，至 2011 年达 155.54 万吨。与此同时，2003 年以来斑节对虾养殖有了较好的发展，产量达到 6 万吨左右，中国虾养殖业迎来了新的发展阶段。

随着可持续发展理念的深入人心，中国及世界各主要养虾国也开始重视养殖对虾对大环境的生态平衡问题，在发展对虾养殖业的同时，顾及低值贝类或其他共生藻类的保护，并竭力推广对虾养殖中的良好管理实践（BMPS）。

（三）中国虾产品生产的国际地位

1. 总体情况

中国是世界虾产品第一大生产国，2012 年产量达 296.4 万吨，占世界总量的 38.6％，其中捕捞虾 126.73 万吨，占世界捕捞总量的 37.8％；养殖虾 169.65 万吨，占世界养殖总量的 39.2％。表 3-4 显示了 2012 年中国与世界主要虾产品生产国产量比较情况。

表 3-4　2012 年中国与世界主要虾产品生产国产量比较

排序	总产量（千吨）			其中：捕捞产量（千吨）			其中：养殖产量（千吨）		
	国别	数量	比重	国别	数量	比重	国别	数量	比重
1	中国	2964	38.6	中国	1267	37.8	中国	1697	39.2
2	印度	660	8.6	印度	390	11.6	泰国	599	13.8
3	越南	655	8.5	印尼	255	7.6	越南	489	11.3
4	泰国	647	8.4	越南	166	5.0	印尼	368	8.5
5	印尼	623	8.1	加拿大	149	4.4	厄瓜多尔	281	6.5
6	厄瓜多尔	288	3.7	美国	137	4.1	印度	270	6.2

续表

排序	总产量(千吨)			其中:捕捞产量(千吨)			其中:养殖产量(千吨)		
	国别	数量	比重	国别	数量	比重	国别	数量	比重
7	马来西亚	176	2.3	马来西亚	120	3.6	墨西哥	100	2.3
8	墨西哥	162	2.1	格陵兰	110	3.3	孟加拉国	88	2.0
9	加拿大	149	1.9	阿根廷	80	2.4	巴西	74	1.7
10	美国	139	1.8	墨西哥	62	1.8	菲律宾	56	1.3
11	巴西	115	1.5	泰国	47	1.4	马来西亚	56	1.3
12	格陵兰	110	1.4	缅甸	47	1.4	缅甸	53	1.2
13	菲律宾	102	1.3	菲律宾	45	1.3	洪都拉斯	27	0.6
14	缅甸	99	1.3	巴西	41	1.2	尼加拉瓜	24	0.6
15	孟加拉国	88	1.1	韩国	30	0.9	沙特阿拉伯	21	0.5
CR_5	—	72.2		—	—	66.4		—	79.3
CR_{15}	—	90.8		—	—	87.9		—	97.1
总计	7681	100		3353		100		4328	100

注:CR_5 和 CR_{15} 分别表示前五国产量占世界总产量的百分比。
资料来源:联合国粮农组织渔业统计数据库(FAO,FishStatJ,2014)。

2. 主要竞争对手生产情况

结合表 3-2、表 3-3 和表 3-4 可以看出,由于自然资源禀赋和渔民养殖经验、技术的差异,不同的国家和地区生产的虾产品不仅体现在品种构成结构的不同,供给能力差异更为显著。从世界范围来看,目前,养殖虾主产国如亚洲地区的泰国、印尼、印度、越南等,以及中南美洲地区的厄瓜多尔、墨西哥、巴西等是中国虾产品在国际市场上的主要竞争对手;冷水虾主要生产国加拿大、格陵兰、阿根廷、挪威在欧盟市场的优势地位也对中国扩大欧盟市场份额带来了一定程度的制约。因此有必要对这些国家虾产品生产及供给状况作一分析。

印度。印度虾产品总产量在 2012 年位居世界第二位,达 65.99 万吨。印度水域虾产品资源十分丰富,大约分布有 60 多种虾产品,具有重要经济价值的品种包括印度对虾、斑节对虾、短沟对虾、墨吉对虾、印度白虾等,是世界第二大捕捞虾生产国。与其他亚洲邻国相比,印度养殖虾产业起步较晚,20 世纪 90 初集约化养殖才开始普及。然而,由于印度国内环保主义者认为养殖虾产业对生态环境(尤其是红树林)造成较大的影响,因此向管理当局提出若干诉讼请求,从而使得管理当局对养殖虾生产实施了诸多的限制。直至 2000 年后养殖虾生产管制才得以放松,虾产量才又开始出现新的增长,至 2012 年养殖虾产量达 26.95 万吨,主要养殖品种是斑节对虾。在其生产产量不断扩大的同时,印度虾产品的出口也得以飞速发展。同时,为了刺激海产品出口,印度海产品出口发展总署(MPEDA)给包括对虾养殖场的建立、商业对虾育苗场水平的提升等项目提供财政援助,极大地调动了国内生产者的积极性,近两年在欧盟市场开拓方面取得了较好的业绩,在美国市场也节节攀升,2014 年跃居成为美国虾产品第一大进口国。

越南。作为后起之秀的越南,在国际市场上显示出较强的竞争力。越南拥有 3260 公里热带海岸线,为虾养殖业的发展提供了优越的自然条件。同时低廉的劳动力成本,经济改革后外国资金、技术的进入,以及企业改制后带来的活力,大大激发了越南虾产业的发展。2012 年虾产品产量达 65.53 万吨,位居世界第三,其中养殖虾产量为 48.90 万吨,占世界养殖总量的 11.3%,是世界第三大养殖虾生产国。由于越南养殖虾采用自然养殖的方法,产品颜色和质量一流,大规格虾的数量超过其他国家,在美、日、欧市场具有一定的优势,国际市场地位逐步提高。

泰国。泰国曾是世界虾产品第一大出口国。从总产量来看,泰国是世界虾产品第四大生产国(2009 年及之前产量位居世界第二,近两年受 EMS 疫情影响,产量有所下降,2012 年占世界总量的 8.4%),也是我国在国际市场上最主要的竞争对手之一。虾养殖业和虾产品加工业是泰国重要的经济部门,每年为泰国提供大量的就业机会和外汇收入。20 世纪 80 年代初,泰国虾产量仍主要来自捕捞,直到 80 年代末对虾的集约化养殖技术在泰国沿海省份普及,泰国的虾产量迅速增长,至 1990 年其主要养殖品种——斑节对虾产量(10.79 万吨)开始超过捕捞虾(10.48 万吨)。至 2012 年,泰国虾产品总产量达 64.65 万吨,其中养殖虾产量为 59.96 万吨,捕捞虾仅为 4.69 万吨。优越的自然条件,政府在相关领域给予的投资优惠政策的扶持,以及民营部门的投入,使得泰国的虾产品加工业得以迅速发展,冷库规模的不断扩大、生产能力的不断提高、产品的多样化为泰国虾产品出口奠定了坚实的基础。自 20 世纪 90 年代初以来,泰国一直保持其世界虾产品第一出口大国的地位。虾产业为泰国贡献的就业机会达 100 万余个,产值超过其国内生产总值的 2%,出口额占泰国食品类出口额 1/4 左右。

印尼。印尼 2012 年产量达 65.42 万吨,是世界虾产品第五大生产国,占世界总量的 8.1%。其中捕捞虾产量为 25.5 万吨,占世界捕捞总量的比重为 7.6%;养殖虾产量为 36.8 万吨,占世界养殖总量的比重为 8.5%。捕捞品种以经济价值较高的斑节对虾和墨吉对虾为主,养殖品种则是斑节对虾和南美白对虾产量各占半壁江山。由于印尼生产的斑节对虾规格大、质量好,受到美国、日本市场消费者的偏爱,同时印尼因为没有被美国列入反倾销国家之列,因此,近几年来在美国市场业绩直线上升,是美国虾产品的第三大供给国。

亚洲其他国家。亚洲国家中马来西亚、菲律宾、缅甸、孟加拉国虾产品产量在世界虾产品总量中也占据一定的地位,2012 年分别位于世界第七、第十三、第十四和第十五的位置,而且这四个国家养殖虾业具有一定的优势,其中孟加拉国养殖虾产量为 8.75 万吨,菲律宾为 5.64 万吨,马来西亚为 5.56 万吨,缅甸为 5.27 万吨,在世界虾产品市场交易中发挥着重要作用。

厄瓜多尔。厄瓜多尔是南美洲主要养殖虾生产国之一,2012 年虾产品产量为 28.8 万吨,是世界第六大虾产品生产国。优越的地理环境、适宜的气候和低廉的养殖成本,使得厄瓜多尔成为世界上最早发展商业化养殖虾的国家之一。厄瓜多尔养殖业起始于 1962 年,第一个商业化养虾池建于 1969 年,1977 年养虾"淘金热"已经在全国形成。厄瓜多尔沿海分布多种对虾,但适宜养殖的只有南美白对虾和细角对虾,其中以南美白对虾为主,占总量的 90% 左右。南美白对虾产量在 1992 年就达 10 多万吨,然而 1999 年爆发的严重虾病害,对厄瓜多尔造成了较大的影响,产量锐减,至 2004 年后才得以全面恢复并增长。厄瓜多尔生产的虾产品基本用于出口,在美国、欧盟市场扮演重要角色,是中国虾产品出口较为强劲的竞争对手。

墨西哥。墨西哥是中美洲主要虾产品生产国之一,2012 年其总产量为 16.2 万吨,是世界第七大生产国,占世界虾产品总量的比重为 2.1%,其中捕捞虾产量为 6.15 万吨,养殖虾产量为 10.03 万吨。养殖品种主要是南美白对虾,主要供应美国市场,也有少量出口到西班牙和韩国,是中国在美国市场的主要竞争对手之一。

巴西。巴西对虾养殖业始于 20 世纪 80 年代,起步阶段的发展并不顺利,直至 90 年代后期引入南美白对虾养殖技术后,产量才得以增长。2012 年,巴西虾产品产量达 11.54 万吨,其中养殖虾 7.41 万吨,是南美洲国家中继厄瓜多尔之后的第二大虾产品生产国。但由于巴西养殖虾产业发展不太稳定,近年来在欧盟市场的绩效下降趋势明显。

阿根廷。阿根廷虾产品生产以捕捞为主,其主要品种为穆氏新鲜对虾

(Pleoticus mulleri,俗称野生红虾),体长规格大,市场价格相对较高。但受其产量波动影响,供给不是非常稳定,在 2011 年、2012 年两年产量分别达到 8.31 万吨和 8 万吨,主要供应到欧盟国家,是中国在西班牙市场的最大竞争对手。

其他国家。加拿大、格陵兰、挪威、冰岛、俄罗斯等国家都是国际虾产品市场北方大虾(冷水虾)主要供应国(其中加拿大和格陵兰近五年以来产量均在 10 万吨以上,挪威出现下降的趋势)。2012 年,加拿大捕捞虾产量达 14.93 万吨,格陵兰居其后为 11 万吨,占世界捕捞虾总产量的比重分别为 4.4% 和 3.3%。冷水虾主要出口到欧盟市场,近年来在日本进口市场表现较为活跃,因此,尽管其冷水虾对中国虾产品尚未形成正面的竞争,但也须加以关注。

从以上分析可知,中国虾产品在国际市场上不仅面临来自亚洲虾产品主产国泰国、印尼、印度和越南等国家和地区的激烈竞争;同时拉丁美洲国家厄瓜多尔、墨西哥凭借它们的品种和地理优势,与中国在美国市场、欧盟市场展开了激烈的市场争夺战;而冷水虾国际市场开拓战略也对中国造成了一定程度的威胁。竞争的加剧加大了中国虾产品出口企业开拓国际市场的难度,这就要求出口企业及相关部门全面审视当前的国际贸易格局,以提供满足市场需求的产品。

第二节　虾产品的消费概况

一、世界虾产品的消费变化趋势

从世界及中国虾产品生产概况的分析中可以看出,由于发达国家需求的拉动促使以出口为导向的养殖虾产业兴起和发展,世界养殖虾产品供给急剧上升,由于供给上升而带来的市场竞争压力迫使虾产品各主产国纷纷降低价格,进而也大大刺激了消费者的购买欲望,人均虾产品消费量呈现逐年上升趋势。

表 3-5   世界人均 GNI、人均水产品和虾产品消费量的变化趋势

	1970 年	1980 年	1990 年	2000 年	2005 年	2010 年	2011 年
人均 GNI(美元)	783	2541	4085	5267	7055	9069	9529
人均水产品消费量(千克/人·年)	10.9	11.5	13.5	15.8	17.0	18.7	18.9
人均虾产品消费量(千克/人·年)	0.30	0.38	0.50	0.67	0.91	0.99	1.04

　　资料来源：人均消费数据来源于联合国粮农组织《渔业和水产养殖统计年鉴 2012》之食品平衡表(FAO Yearbook 2012，Fishery and Aquaculture Statistics，Foodbalance Sheets)；人均 GNI(按购买力平价 Purchasing Power Parity 计算)来源于世界银行统计数据库。

　　表 3-5 显示，近 40 余年，世界经济得到较大程度的增长，人均国民生产总值从 1970 年的 783 美元上升到 2011 年的 9529 美元，增长了 11 倍。生活条件的改善促使人们对饮食结构提出了更高的要求，水产品作为优质蛋白质来源，其营养价值已被越来越多的人所接受，消费群体逐步扩大，消费量逐年增加。而虾产品由于其味道鲜美、烹饪简便、低脂肪、高蛋白等优良特性成为肉禽类产品的最佳替代品，市场需求迅速扩大。自 2003 年以来，由于养殖虾供给的大幅度增长，世界虾产品的人均年消费量达到新高，至 2011 年人均年消费量达 1.04 千克。

二、中国虾产品的消费特点及国际比较

1. 中国虾产品的消费特点

　　在全球经济稳步增长的背景下，中国自改革开放以来经济保持较快的增长态势，城乡居民人均可支配收入不断提高，其中，城镇居民人均收入从 1990 年的 1510 元上升到 2013 年的 21810 元，同一时期农村居民家庭人均纯收入也有了极大的提高，2013 年达 6977 元。

表 3-6   中国肉禽及制品、水产品人均消费变化趋势

年份	人均可支配收入(元)		恩格尔系数		人均肉禽及制品消费量(千克/人·年)		人均水产品消费量(千克/人·年)		人均虾产品消费量(千克/人·年)	
	城镇	农村*	城镇	农村*	城镇	农村	城镇	农村	城镇	农村
1990	1510	686	54.2	58.8	25.16	12.59	7.69	2.13	—	—
1995	4283	1578	50.1	58.6	23.65	13.42	9.2	3.36	0.63	—
2000	6280	2253	39.4	49.1	25.50	18.3	11.74	3.92	0.96	—

续表

年份	人均可支配收入（元）		恩格尔系数		人均肉禽及制品消费量（千克/人·年）		人均水产品消费量（千克/人·年）		人均虾产品消费量（千克/人·年）	
	城镇	农村*	城镇	农村*	城镇	农村	城镇	农村	城镇	农村
2001	6860	2366	38.2	47.7	29.01	18.21	12.47	4.12	1.13	—
2002	7703	2476	37.7	46.2	32.52	18.6	13.2	4.36	1.32	—
2003	8472	2622	37.1	45.6	32.94	19.68	13.35	4.65	1.33	—
2004	9422	2936	37.7	47.2	29.22	19.24	12.48	4.49	1.34	—
2005	10493	3255	36.7	45.5	32.83	22.42	12.55	4.94	1.21	—
2006	11760	3587	35.8	43.0	32.12	22.31	12.95	5.01	1.29	—
2007	13786	4140	36.3	43.1	31.80	20.54	14.2	5.36	1.59	—
2008	15781	4761	37.9	43.7	30.70	20.15	11.9	5.25	1.29	—
2009	17175	5153	36.5	41.0	34.67	21.53	12.2	5.27	1.30	—
2010	19109	5919	35.7	41.1	34.72	22.15	15.21	5.15	1.30	—
2011	21810	6977	36.3	40.4	35.19	23.30	14.62	5.36	1.31	—
2012	24565	7917	36.2	39.3	35.2	23.43	15.2	5.50	—	—
2013	26955	8896	35	37.7	35.7	23.50	—	—	—	—

注："—"表示该栏数据暂缺；"＊"表示该列数据为农村居民家庭人均纯收入。

资料来源：人均可支配收入、人均肉禽及制品消费量、水产品人均消费量来源于《中国统计年鉴 2014》；城镇居民人均虾产品消费量来自《中国城市（镇）生活与价格年鉴》(1995—2013)。

表 3-6 显示，自 1990 年以来，尽管城乡居民人均肉禽及制品（包括猪肉、牛肉、羊肉和家禽）消费绝对数量有所提高且远高于水产品（包括鱼、虾、贝、蟹、藻）消费量，但从变化趋势来看，水产品人均消费量增长速度显著快于肉禽及制品。在水产品消费中，虾产品消费变化趋势呈现出自身的产业发展特点：

（1）20 世纪 90 年代前后，与当时的工资水平相比，每斤 10～30 元的虾价对中国普通家庭来说是"天价"，吃虾绝对是一种奢望。因此尽管对虾产量居世界第一，但国内（尤其是内地市场）消费数量依然较低。而此时美国、日本、西欧虾产品需求量巨大，养殖虾主要出口国际市场。

（2）90 年代中期，受虾病影响，产量下降，市场供应仍以满足国外市场为主。国内市场虾产品的消费依然处于较低水平。

（3）进入 21 世纪后，一方面由于受非关税贸易壁垒影响（如 2002 年中国对虾因"氯霉素事件"出口欧盟受阻；2004 年美国对包括中国在内的若干国家出口虾的"反倾销裁定"，将绝大部分中国产的冷冻对虾挡在了美国市场之外),虾产品出口规模快速增长势头受到遏制,从而带来国内虾产品市场价格的下跌;另一方面,2007年以来全国绝大多数地区猪肉价格出现稳步上涨,对居民的生活造成了不小的冲击,而虾产品供给的增加以及价格的下降使之成为猪肉很好的替代品。对虾产量的持续增长,使得国内消费市场进一步扩大,并超过出口量。

(4)2008年以来,由于遭受金融危机的影响,尽管城镇居民收入仍保持增长趋势,但恩格尔系数的升高和人均动物性蛋白支出减少说明内需食品市场的不稳定性,人均虾产品消费并未出现明显增长上升态势。相比之下,随着收入和生活水平的提高,农村市场释放出较为强劲的消费潜力,包括虾产品在内的水产品消费明显增加。

2. 与主要竞争对手的比较

从出口量占本国产量的比重来看[①],与亚洲虾产品主产国泰国、越南、印尼、印度、孟加拉国和中南美洲虾产品主产国厄瓜多尔、墨西哥、阿根廷以及北美洲东北部格陵兰岛相比,中国养殖虾产品40%的外向度远低于这些国家和地区,也低于世界养殖虾60%左右参与国际市场交易的平均水平。这一方面是由于前文所述及的中国捕捞虾中经济价值不高的日本毛虾比重较高的缘故,另一方面也体现出中国与其他虾产品生产国相比一个显著不同的特点:中国自身也是一个虾产品消费大国,而泰国、越南、厄瓜多尔、孟加拉国、阿根廷等国家所生产的虾产品则基本以出口为主。以泰国为例,90%以上的养殖虾出口到国际市场(虾产品出口占泰国所有商品和服务贸易出口总额的4%左右),泰国国内虾产品的消费水平较低,且以新鲜或干的小规格虾为主。

第三节　虾产品的贸易格局

一、世界虾产品的贸易格局及其变迁

贸易格局及其变迁规律的研究有利于把握世界虾产品贸易的现状并据

---

① 由于出口虾产品的产品形式多种多样,包括去头或带头、去壳或带壳以及各种虾制品等,而产量则是以鲜活重量(整肢虾)计算,这意味着贸易中的虾产品的数量与生产的虾产品产量不能直接进行比较,不同的产品形式应该有一个转换比率,而从目前联合国联农组织提供的资料来看,尚未形成一个统一的说法,也因此如果用出口量与产量的比重来衡量虾产品的外向度,则有严重的低估可能。

此对未来世界虾产品消费需求做出预测,这里主要从总体和分产品类别结构两个层面来展开分析。

(一)贸易规模及演变规律

1. 总体贸易规模的变动趋势

在世界虾产品市场供给和需求共同增长的双重推动下,国际虾产品贸易快速扩张。至 2011 年全球虾产量贸易量达 517.74 万吨,贸易额达384.92 亿美元。

从图 3-2 可以看出,世界虾产品总体贸易规模的变化大致可分为四个阶段:1976—1985 年,贸易规模出现增长迹象,贸易量和贸易额保持同步增长态势;1985—1995 年,贸易规模增长速度加快,但贸易量和贸易额增长趋势出现分化,表现在贸易额的增长快于贸易量的增长,说明在这一时期,虾产品贸易的平均单价有所提高,并有逐步扩大趋势;1995—2002 年,贸易规模呈现阶段性波动,贸易额相对稳定,贸易量则持续增长,这说明这段时期虾产品贸易价格有所回落;2002—2007 年,贸易量和贸易额恢复同步线性增长局面;2008—2011 年,虾产品贸易平均价格回升,贸易额增长快于贸易量的增长。

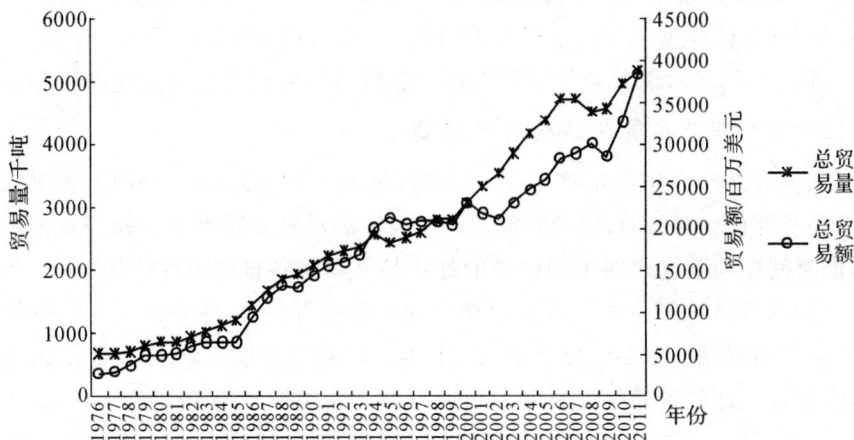

图 3-2　世界虾产品贸易规模变化趋势

资料来源:FAO Yearbook 2012;Fishery and Aquaculture Statistics-Commodities,2014.

为进一步分析世界虾产品贸易规模的阶段特征并预测未来的发展态势,对虾产品贸易额分四个阶段建立时序回归模型进行检验。检验模型为:

$$TR_t = \alpha + \beta t + \varepsilon \qquad (3.2)$$

式(3.2)中,TR_t 为总贸易额(亿美元);α 为常数项;β 为待检验参数;t 为年份(设 1976=1,1981=1,…,2011=36);ε 为误差项。

表 3-7 世界虾产品贸易规模变动的时序模型

研究区间	变量	系数	t 统计值(p 值)	拟合度 r^2(p 值)
1976—1985	α	25.35	7.951(0.000)	0.966(0.000)
	t	4.44	10.605(0.000)	
1985—1995	α	−48.18	−3.222(0.010)	0.975(0.000)
	t	12.82	13.149(0.000)	
1995—2002	α	153.97	2.926(0.043)	0.486(0.329)
	t	2.59	1.112(0.329)	
2002—2011	α	−211.15	−3.448(0.009)	0.944(0.00)
		15.66	8.087(0.00)	
1976—2011	α	4.63	0.752(0.457)	0.983(0.000)
	t	8.40	30.828(0.00)	

资料来源:作者根据世界虾产品贸易额时间序列数据利用 SPSS 软件处理获得。

从模型检验结果来看(见表 3-7),世界虾产品贸易规模线性增长态势显著,但不同阶段表现有些差别。第一、第二和第四阶段的时序回归模型均通过了参数 t 检验和模型的拟合度检验,第三阶段的时序回归模型没有通过检验。尽管如此,总体模型和分阶段模型的时间变量系数始终为正,且第四阶段时间变量系数为 15.66,说明现阶段世界虾产品贸易规模依然呈现高速增长态势。

2. 分类虾产品贸易结构的变化趋势

从世界虾产品贸易的产品类别来看(见图 3-3),冷冻虾及虾仁(030613)、未冻虾及虾仁(030623),以及虾制品(160520)的总贸易量都有了相当规模的增长,但时间序列数据表明不同种类的虾产品又具有各自的表现特征。

(1)尽管冷冻虾及虾仁占总贸易量的比重有所减少,冷冻虾及虾仁依然是世界虾产品贸易的主要产品类别,2011 年占贸易总量的 72.3%。也正因为如此,冷冻虾及虾仁贸易规模呈现出与世界虾产品相类似的变化规律:1995 年之前的持续增长、1995—2002 年的阶段性调整和 2002 年后的更快速增长趋势。

(2)从增长速率来看,虾制品表现出众,占贸易总量的比重由原来的不足 10% 上升到 2011 年的 22.16%,虾产品主要进口国家"进口有附加值的虾产品的趋势"表明,虾制品贸易总量规模有进一步放大的趋势[①]。

(3)未冻虾及虾仁贸易规模不大,这一方面是由于虾产品运输过程中对

---

① 但也有些学者认为,因为虾产品产业链短,加工工艺相对不复杂,增值的空间不会太大。

保鲜的要求提出了更高的要求,从而造成相对运输成本较高;而另一方面则是由于西方国家水产品的消费习惯所致。

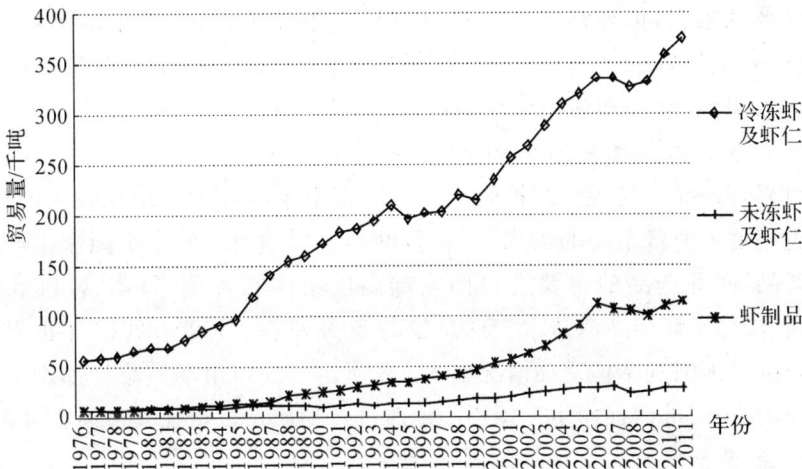

图 3-3　分类别虾产品贸易量的变动情况

资料来源:FAO Yearbook 2012:Fishery and Aquaculture Statistics-Commodities,2014.

另外,从不同类别的虾产品进口单价变化趋势来看,冷冻虾及虾仁与世界虾产品总体贸易价格呈现相同的波动,在 1995—2001 年期间出现小幅度增长,在 2002 年后回落;未冻虾及虾仁因为贸易总量不高,单位价格相对平稳。

同样,为进一步观察和分析三大类虾产品贸易规模变化的特征,掌握各自的贸易流动变迁规律,分别对三大类虾产品贸易规模变化建立时序回归模型进行分析。在曲线拟合的过程中发现,三大类别虾产品的贸易规模变动曲线虽保持上升态势,却非线性增长,借助于 SPSS 软件根据实际发生的贸易量进行曲线拟合后,得回归模型分别为:

冷冻虾及虾仁:$Q_{\mathrm{Frozen}}=42.035+6.165t+0.095t^2$,$R^2=0.978$

未冻虾及虾仁:$Q_{\mathrm{not\_frozen}}=\dfrac{10277}{1+e^{7.583-0.054t}}$

虾制品:$Q_{\mathrm{prepared}}=\dfrac{67161}{1+e^{9.489-0.096t}}$

上述模型中,Q_{Frozen}、$Q_{\mathrm{not\_frozen}}$、Q_{prepared} 分别表示三大类虾产品的贸易量,t 为时间。从三大类虾产品的回归模型中可以看出,虾制品的增长率(0.096)明显快于未冻虾及虾仁(0.054),根据模型拟合提供的结果,可以认为在供给能力无约束和贸易自由化条件下虾产品贸易增长空间依然很大。

（二）贸易流向及演变规律

1. 世界虾产品贸易流向

从各洲来看,世界虾产品进出口贸易集中发生在亚洲、中南美洲、北美洲和欧洲;从洲际的贸易流向看,虾产品主要从亚洲、中南美洲等发展中国家流向北美洲、欧洲和亚洲的发达国家。

2. 主要进口国国别结构及变动特征

世界虾产品贸易规模的扩张给生产国带来了出口创汇增加收入的机会,同时也满足了消费市场的需求。然而,世界上大约有100多个国家生产和出口虾产品,而虾产品的主要进口国家却高度集中在美国、日本、韩国和欧盟(27)国家,每年虾产品消费占全球总量的80%左右。1990—2012年世界虾产品主要进口国国别结构变动情况如表3-8所示。进口市场的集中加剧了出口国之间的竞争,进而促使生产国不断地改进产品质量以增强其市场竞争力。

3. 主要出口国国别结构及其变化特征

(1)主要出口国贸易类型

在国际虾产品市场上,根据出口国所出口的虾产品的来源(是本国生产还是先进口经再加工后出口)可以将主要出口国分为三种类型:①出口国是生产大国,其所生产的虾产品同时满足国内和国际的需求,如中国;②出口国是生产大国,其所生产的虾产品以出口为导向,基本上用于满足国际市场的需求,如泰国、印尼、印度、越南、孟加拉国、缅甸、厄瓜多尔、墨西哥、巴西等;③出口国本国也生产一定量的虾产品,但总产量不高,主要通过对进口的虾产品加工后再度出口为主,即是虾产品大进大出国家,如丹麦、荷兰、比利时等。基于本书的研究目的,对第③种贸易类型的虾产品出口国不作为重点的分析对象。

(2)主要出口国国别结构变动特征

从主要出口国市场集中度来看,市场份额相对稳定。如表3.9所示,不同时期出口排名前五位的国家其市场集中度(CR$_5$)在43%～48%波动,前十五位国家的市场集中度(CR$_{15}$)也基本保持在75%左右。同时,近几年的虾产品出口市场有更趋集中的倾向。

表 3-8 世界虾产品主要进口国国别结构变动情况

序号	Av. 1990—1992 国别(地区)	进口量(吨)	Av. 1995—1997 国别(地区)	进口量(吨)	Av. 2000—2002 国别(地区)	进口量(吨)	Av. 2005—2007 国别(地区)	进口量(吨)	Av. 2010—2012 国别(地区)	进口量(吨)
1	日本	291255	日本	306483	美国	392217	美国	562284	美国	557690
2	美国	247737	美国	277621	日本	287321	日本	290415	日本	281187
3	西班牙	79711	丹麦	87444	西班牙	126274	西班牙	171921	西班牙	163888
4	丹麦	71185	西班牙	83520	丹麦	105890	丹麦	140086	法国	111161
5	法国	58526	法国	66043	英国	81648	法国	104460	丹麦	102767
6	香港	53536	英国	60755	法国	73534	英国	89085	英国	87132
7	英国	52552	加拿大	42968	中国	63919	韩国	71094	意大利	72764
8	意大利	31113	香港	33647	加拿大	63444	意大利	70462	韩国	72286
9	加拿大	24452	意大利	31419	意大利	49204	比利时	68617	荷兰	68926
10	德国	22518	比利时	31084	荷兰	41633	中国	55286	比利时	66926
11	荷兰	21577	荷兰	28881	韩国	40857	加拿大	54094	德国	61344
12	比利时	19350	德国	24311	香港	37051	荷兰	43446	加拿大	58317
13	瑞典	19030	瑞典	20266	比利时	36065	德国	42890	中国	54696
14	澳大利亚	12440	泰国	16478	泰国	26910	香港	35422	澳大利亚	45485
15	泰国	9885	中国	15267	德国	26891	澳大利亚	31630	香港	43720
CR₁₅	小 计	1014867	小 计	1125187	小 计	1452858	小 计	1831192	小 计	2498858
	占总量比例%	89.21	占总量比例%	88.12	占总量比例%	84.33	占总量比例%	80.91	占总量比例%	
世界平均		1137636		1276819		1722820		2263275		

注:表"Av. 1990—1992"表示 1990 年到 1992 年的平均,即以三年的平均值来进行比较分析,平滑偶发因素对分析带来的影响,以此类推;中各欧盟市场的进口量以各成员国分开列示;CR₁₅ 表示进口量居世界前十五位国家进口量之和占世界总进口量的比重。
资料来源:联合国商品贸易统计数据库(UN Comtrade,2015)。

表 3-9　世界虾产品主要出口国国别结构变动情况

序号	Av. 1990—92		Av. 1995—97		Av. 2000—2002		Av. 2005—2007		Av. 2010—2012	
	国别（地区）	出口量（吨）	国别（地区）	出口量（吨）	国别（地区）	出口量（吨）	国别（地区）	出口量（吨）	国别（地区）	出口量（吨）
1	泰国	152629	泰国	226646	泰国	237841	泰国	328541	泰国	391337
2	中国	101516	印度	107420	印度	146414	中国	250765	越南	305868
3	印尼	89443	厄瓜多尔	94208	中国	110862	越南	224321	中国	284595
4	印度	77291	印尼	82604	印尼	110740	印度	181264	印度	233714
5	厄瓜多尔	74501	丹麦	80146	越南	104112	印尼	149056	厄瓜多尔	170136
6	丹麦	63142	中国	54488	丹麦	101643	丹麦	142576	印尼	145954
7	格陵兰	44129	越南	50535	加拿大	59352	厄瓜多尔	112057	丹麦	109671
8	越南	40043	格陵兰	45923	格陵兰	57208	加拿大	105552	加拿大	93682
9	菲利宾	26993	墨西哥	41773	阿根廷	48959	马来西亚	68650	马来西亚	79117
10	马来西亚	25054	冰岛	37312	荷兰	48299	格陵兰	68238	荷兰	76313
11	孟加拉国	24016	荷兰	36706	厄瓜多尔	42033	荷兰	63313	格陵兰	67037
12	荷兰	24002	加拿大	30692	马来西亚	36263	比利时	52308	比利时	50286
13	英国	22402	孟加拉国	29051	挪威	36229	孟加拉国	48668		—
14	挪威	22263	英国	21919	孟加拉国	30552	墨西哥	35980		—
15	墨西哥	17690	马来西亚	21659	墨西哥	30493	巴西	32092		
CR₅		45.81		47.00		43.83		47.67		
CR₁₅		74.45		76.42		74.14		78.34		
世界总出口量		1081413		1257603		1619941		2378590		

注：部分国家 2013 年的贸易数据尚缺，因此统计分析年份至 2012 年。CR_5、CR_{15} 分别表示出口量居前五位和前十五位国家出口总量占世界总出口量的比重。

资料来源：联合国商品贸易统计数据库（UN Comtrade, 2015）。

从出口量位于前五位的国别结构的变化来看,20 世纪 90 年代初,泰国、中国、印尼、印度和厄瓜多尔占据前五位;90 年代中期中国虾养殖业受病害侵袭产量大幅度下降从而导致出口量同步下降(只有 90 年代初的一半左右),排名下降到第六位;至 21 世纪初中国出口量重新恢复到 90 年代初的水平,而此时越南在出口市场上的业绩开始显现,成为世界第五大出口国,厄瓜多尔也同样由于养殖虾病的爆发出口量大幅度下降;此后尽管在国际虾产品市场上出现各种干扰正常贸易开展的行为,亚洲五国(包括泰国、中国、越南、印度、印尼)一直位居世界前五大出口国的地位,并且贸易规模有进一步扩大的趋势。

从出口量位于第六至第十五位的国别结构来看,以转口和加工贸易为主的国家如丹麦、荷兰市场份额较为稳定;以出口捕捞虾为主的国家如加拿大、格陵兰、挪威等,以及以出口养殖虾为主的国家如孟加拉国、墨西哥、巴西等,由于受产量波动的影响,市场份额时有波动。

二、中国虾产品对外贸易的特征分析及国际比较

(一)中国虾产品对外贸易的特征分析

1. 总体贸易规模经历先上升后下降而后又继续上升过程,呈"马鞍"形的变动轨迹

受养殖虾生产产量的影响,我国虾产品出口规模呈现出"马鞍"形的变动轨迹。1984—1992 年,快速发展期,出口额由 1984 年的 0.96 亿美元从上升到 1992 年的 5.94 亿美元,年均增长 25.62%;1993—1999 年,低谷徘徊期,1999 年出口额下降至 2.41 亿美元,不足 1990 年的一半水平;2000—2006 年,复苏期,市场地位逐步得以恢复,出口规模成倍增长,2006 年出口量达 27.03 万吨,出口额达 13.39 亿美元;2007 年至今,调整期,受全球经济不景气,以及进口国对中国虾产品设置的各种非关税贸易壁垒的影响,我国虾产品国际市场业绩下降。从 2014 年 1—9 月出口规模来看,我国虾产品出口量为 18.53 吨,同比下降 12.7%,金额为 20.87 亿美元,同比增长 5.0%,平均单价为 11.26 美元/千克,同比增长 20.3%。

2. 出口产品结构发生明显变化,从以冷冻虾出口为主转向以虾制品为主,并进而转向冷冻虾及虾仁和虾制品并重的格局

一直以来,我国虾产品出口均以冷冻虾及虾仁为主,直到 1999 年冷冻虾及虾仁出口还占虾产品出口总额的 87.3%,虾制品仅占 7%。然而(见图 3-5)自 2000 年起,我国出口的虾产品结构发生了重大的变化,虾制品出口开

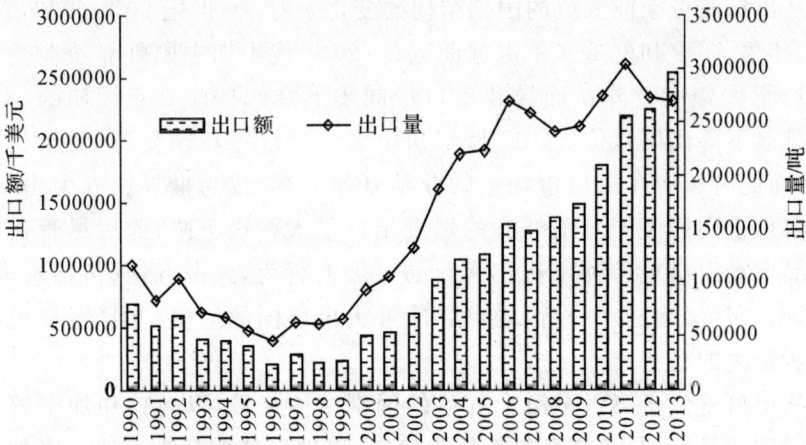

图 3-4　中国虾产品出口规模变化趋势
资料来源:联合国商品贸易统计数据库(UN Comtrade,2015)。

始迅速增加,当年出口额达 1.04 亿美元,占出口总额的比重提高到
24.25％,至 2006 年虾制品占 83.30％,年均以 66.69％速度快速增长,占世
界虾制品出口总额的比重由 2.32％上升到 28.55％;与此同时,冷冻虾出口
规模日益萎缩,出口总额不足世界同类虾产品出口总额的 2％;同一时期,未
冻虾出口则基本保持与世界同步变化。2007 年和 2008 年与 2006 年基本相
同,其中 2008 年在总出口量再度出现下滑的情况下,冷冻虾及虾仁出口有
小幅度上升,由 2007 年的 4.97 万吨上升到 2008 年的 5.21 万吨,占当年出
口总量比重的 17.1％,2009 年出口量迅猛上升至 12.79 万吨,至 2011 年增
至 15.94 万吨,而后又出现小幅度下降。同期,虾制品出口下降,从 2008 年
的 18.29 万吨降至 2009 年的 9.36 万吨,而后略有恢复。

　　3. 出口市场相对集中,出口规模受进口国贸易壁垒影响显著

　　日本、美国、韩国、西班牙和中国香港地区是我国虾产品主要出口市场,
出口市场集中度相对较高(见表 3-10)。然而受多种因素(如 2002 年因氯霉
素残留问题,欧盟对我国包括虾产品在内的所有动物源性食品采取暂停进
口的措施;2004 年在美国市场遭受反倾销调查,以及此后对中国出口美国的
对虾征收反倾销税的决定;2006 年日本市场实施的肯定列表制度;2007 年 6
月由于从中国出口到美国的海产品中,被美国 FDA 认为含有未经许可的药
物残留而被禁止进入美国市场)的影响,出口市场遭受重创,并迫使我国虾
产品在其他市场寻找出路。

　　自 2004 年始,中国虾产品出口企业在努力维持并改善主要的出口市场

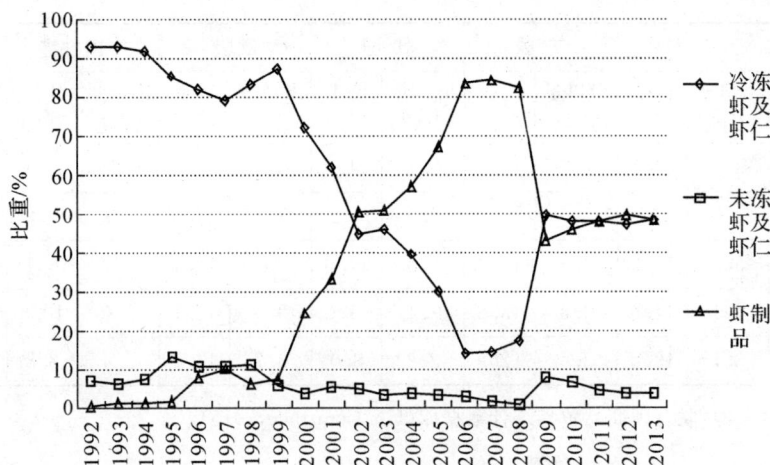

图 3-5　中国出口虾产品的结构变化趋势

资料来源:联合国商品贸易统计数据库(UN Comtrade,2015)。

的业绩外,在马来西亚、澳大利亚、墨西哥、加拿大等市场业绩逐步得到提高,出口市场高度集中的局面有所缓解。尤其值得一提的是,2008 年中国出口马来西亚虾产品贸易量达 3.02 万吨(其中虾制品为 2.97 万吨),成为中国虾产品主要出口国之一。

表 3-10　中国虾产品主要出口市场及相应比重变化

年份	日本		美国		韩国		欧盟		中国香港		合计比重(%)
	出口量(万吨)	比重(%)	出口量(万吨)	比重(%)	出口量(万吨)	比重(%)	出口量(万吨)	比重(%)	出口量(万吨)	比重(%)	
2000	2.2	23.7	2.0	21.0	1.7	18.1	2.5	26.3	0.4	4.1	93.2
2001	2.1	19.9	2.8	26.2	2.1	19.6	2.2	20.4	0.7	6.1	92.2
2002	2.7	20.7	4.8	36.3	2.6	19.8	0.3	2.3	1.4	10.7	89.7
2003	3.1	16.4	6.6	35.0	2.8	14.8	0.1	0.7	2.4	12.5	79.4
2004	3.7	16.6	3.5	16.0	3.7	16.7	0.4	1.6	3.1	13.8	64.7
2005	3.7	16.5	2.9	13.0	3.1	13.7	3.5	15.7	2.5	11.0	69.9
2006	4.1	15.2	5.6	20.7	3.9	14.5	4.1	15.1	2.0	7.4	73.0
2007	4.9	19.0	3.6	14.0	3.9	15.0	4.1	15.8	1.9	7.3	71.1
2008	3.7	15.5	4.1	17.0	2.6	10.9	3.8	15.9	1.1	4.7	63.9

续表

年份	日 本		美 国		韩 国		欧 盟		中国香港		合计比重(%)
	出口量(万吨)	比重(%)	出口量(万吨)	比重(%)	出口量(万吨)	比重(%)	出口量(万吨)	比重(%)	出口量(万吨)	比重(%)	
2009	3.5	14.1	4.7	19.2	2.7	11.0	3.9	15.8	2.2	8.9	69.0
2010	3.5	12.9	4.5	16.5	2.5	9.2	4.0	14.5	2.3	8.2	61.3
2011	5.9	19.2	4.4	14.4	3.5	11.6	3.8	12.4	2.0	6.4	64.0
2012	4.1	14.9	3.8	13.8	3.1	11.3	3.5	12.7	3.0	10.8	63.5
2013	3.7	13.8	3.5	12.9	2.2	8.0	3.7	13.7	2.4	8.8	57.2

资料来源:联合国商品贸易统计数据库(UN Comtrade,2015)。

(二)中国虾产品对外贸易的国际地位

以下通过中国虾产品在国际市场上与主要竞争对手的比较分析来确定中国虾产品对外贸易的国际地位。在国际市场上与中国形成正面竞争的国家,主要包括亚洲国家泰国、越南、印度、印尼、孟加拉国以及拉丁美洲国家厄瓜多尔、墨西哥、阿根廷、格陵兰①等国。以联合国商品贸易统计数据库中世界各国的虾产品进出口数据为依据,对主要出口国的市场占有率、出口单价以及显性比较优势指数进行定量分析,以了解它们当前的市场绩效以及时序变动规律。

1. 市场占有率的比较

市场占有率(Market Share,MS)是指一国某产品出口额占世界该产品出口总额的比重。比重提高说明该产品的国际竞争力增强,反之,则表示竞争力减弱。

表3-11主要出口国市场占有率时间序列变动情况表明,自20世纪90年代以来,泰国虾产品一直保持较高的市场占有率,占世界虾产品出口贸易总额的1/4左右,但进入21世纪以来,尽管在出口规模上依然保持上升态势,但由于其出口增长速度慢于其他虾产品贸易国,使得泰国虾产品在国际市场上占有率有所下降。与此同时,越南则表现出强劲的增长势头,其虾产品的国际市场份额从1990年的1.60%上升到2010年的12.54%,并且自2002年以来保

---

① 格陵兰2007年捕捞虾产量位居全球第五,主要捕捞品种是冷水虾(没有养殖虾),是目前欧盟市场冷水虾的第一供给大国,作为中国在欧盟市场的主要竞争对手,这里也作为主要分析对象。

持世界第二大虾产品出口国的地位。相比之下,中国虾产品在国际市场上的排名波动较大,从 1990 年的 9.90% 下降到 1996 年的最低点 2.14%,随后缓慢上升至 2006 年的 9.46%,2007 年又有所下降,为 8.89%,而后出现稳定增长态势,市场份额先后经历了较大幅度减少和重新增长的过程。印度、印尼也一直是世界虾产品市场的供应大国,其市场占有率虽有波动但相对稳定,2011 年分别为 6.58% 和 8.29%,略低于中国。厄瓜多尔、格陵兰、孟加拉国、阿根廷、墨西哥等与中国类似,市场占有率与产量变动呈现相同的轨迹。

表 3-11　世界虾产品主要出口国国际市场占有率变动情况　　　单位:%

年份	泰国	中国	越南	印尼	印度	厄瓜多尔	格陵兰	孟加拉国	阿根廷	墨西哥
1990	14.80	9.90	1.66	9.64	5.67	4.56	4.14	2.23	0.76	3.00
1991	17.63	6.79	2.31	9.76	5.56	6.59	3.57	1.88	0.92	3.00
1992	20.27	7.65	2.75	9.23	5.80	6.74	3.29	1.81	1.89	2.69
1993	23.10	4.86	3.24	9.94	7.04	5.70	2.96	2.22	0.65	3.61
1994	25.28	3.87	3.33	9.31	8.09	5.56	2.32	2.71	0.69	3.37
1995	25.87	3.34	2.80	8.66	6.32	6.45	2.59	2.69	1.41	4.44
1996	24.82	2.14	2.65	8.54	7.37	6.32	2.70	2.84	1.51	4.39
1997	23.45	2.66	3.80	8.43	7.53	8.39	1.77	2.38	1.18	4.72
1998	22.69	2.23	4.43	8.45	7.26	8.57	1.68	2.41	0.67	4.84
1999	23.37	2.44	4.91	7.73	7.97	6.18	1.88	2.39	0.82	4.33
2000	24.27	3.90	5.75	8.62	8.16	2.49	1.50	2.83	0.41	4.15
2001	21.09	4.32	6.54	8.42	7.67	2.71	1.40	3.17	1.61	3.85
2002	17.12	6.06	7.07	7.85	9.01	2.55	1.73	2.73	1.19	2.85
2003	15.28	7.77	8.48	6.96	7.91	2.47	1.72	2.64	2.18	2.74
2004	14.09	8.76	9.23	7.14	6.86	2.75	1.62	2.87	3.17	2.93
2005	13.76	8.42	10.25	7.11	7.57	3.52	1.71	4.21	1.94	2.58
2006	16.16	9.46	9.76	7.68	7.12	4.22	1.43	2.81	2.69	2.36
2007	16.56	8.89	10.73	6.51	6.72	4.21	1.00	3.93	1.49	2.57
2008	17.06	9.30	10.58	7.30	5.72	4.86	1.67	3.08	0.57	2.55
2009	19.16	10.34	11.27	6.78	5.78	4.67	1.36	2.21	2.24	2.55
2010	19.30	10.84	12.54	6.24	6.62	5.15	1.21	2.62	2.84	1.32
2011	18.76	11.20	12.34	6.58	8.29	6.06	1.32	2.53	2.64	1.61

注:根据数据的可得性,为既能全面反映主要出口国市场占有率的变动情况,又不失现实性,这里将比较的时间区间限定在 1990—2011 年(2012—2014 年世界虾产品贸易总规模数据尚缺)。

资料来源:联合国商品贸易统计数据库(UN Comtrade,2015)。

2. 出口单价的比较

出口单价是指虾产品出口的平均单位价格,为某国虾产品出口额与其出口量的比值。从价格变动的整体趋势来看,1990 年至 2011 年,世界虾产品出口平均价格在 5500 美元/吨以上,20 世纪 90 年代中期曾经一度高于 8620 美元/吨,然而进入 21 世纪以来,由于供给总量的提高以及竞争的加剧,价格出现下滑态势并总体低于 90 年代初的平均水平。从横向来看,不同出口国平均价格差异显著,中国、印度、厄瓜多尔、格陵兰平均出口单价低于世界平均水平;印尼平均价格水平虽略低于泰国,但两国出口虾产品价格显示相同的变化规律,表现为 90 年代的持续上升至 2000 年达到顶峰之后又出现下滑趋势,整体略低于 90 年代初的价格水平,相比之下,墨西哥平均单位价格水平最高且波动不大,保持在每吨 1 万美元左右。出口单价的变化不仅受世界虾产品供给量的影响,同时汇率波动、劳动力和原材料成本上升也不可避免地带来一定程度的波动。世界虾产品主要出口国单位价格时序变动情况如图 3-6 所示。

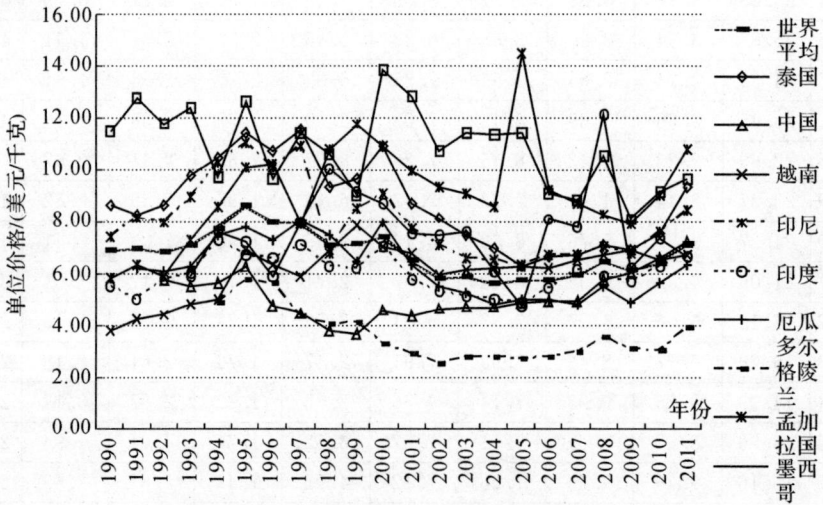

图 3-6　世界虾产品主要出口国单位价格比较

资料来源:联合国商品贸易统计数据库(UN Comtrade,2015)。

3. 显性比较优势指数（RCA）的比较①

显示性比较优势指数（Revealed Comparative Advantage，RCA）是指一国总出口中某类商品出口所占比重相对于世界贸易总额中该类商品贸易所占比重的大小。

表 3-12 主要出口国显示性比较优势指数值显示，泰国、越南、厄瓜多尔、格陵兰、孟加拉国的虾产品 RCA 指数均大于 10，表明它们在虾产品出口方面具有超强的竞争力；印度、印尼、阿根廷、墨西哥的 RCA 指数也均大于 1.25，具有较强的竞争力；相比之下，在这 10 国当中，中国显示性比较优势指数最低。尽管如此，自 2000 年以来，中国出口的虾产品显性比较优势指数均大于 1，说明中国虾产品出口在国际市场上具有一定的比较优势。从动态变化来看，各主要出口国表现不一，相对而言，中国 RCA 指数比较稳定，印尼则有逐步加强的趋势。

表 3-12　世界虾产品主要出口国显示性比较优势指数变动情况

年份	泰国	中国	越南	印尼	印度	厄瓜多尔	格陵兰	孟加拉国	阿根廷	墨西哥
1990	21.43	5.55	23.01	12.01	10.55	67.69	318.95	44.55	2.14	2.46
1991	21.72	3.31	38.77	11.73	10.99	80.96	367.10	39.00	2.69	2.46
1992	23.45	3.38	40.04	10.26	11.10	84.20	371.37	32.42	5.80	2.19
1993	23.58	2.00	40.96	10.19	12.32	74.08	357.70	36.78	5.29	2.63
1994	24.10	1.38	35.43	9.99	13.95	62.79	326.30	43.94	3.38	2.39
1995	23.71	1.16	26.58	9.44	10.67	77.44	368.32	37.27	1.63	2.89
1996	24.05	0.77	19.72	9.26	12.02	65.65	394.97	38.25	1.84	2.47
1997	22.83	0.81	23.10	8.36	12.01	88.99	346.52	27.46	0.91	2.39
1998	22.92	0.67	26.04	9.23	11.95	112.21	362.15	25.79	3.46	2.27
1999	22.85	0.72	24.32	8.62	12.77	79.37	371.25	25.03	2.97	1.81
2000	22.73	1.01	25.69	8.51	12.43	32.63	356.89	28.55	5.51	1.61

---

① RCA$_{ij}$ = $(X_{ij}/X_{wj})/(X_{it}/X_{wt})$，式中，RCA$_{ij}$ 表示 i 国 j 类产品的显示性比较优势指数；X_{ij} 表示 i 国 j 类产品的出口额；X_{it} 表示 i 国所有产品的出口额；X_{wj} 表示世界 j 类产品的出口总额；X_{wt} 表示世界所以产品的出口总额。一般认为，RCA 指数大于 2.5，表示该类产品具有极强的出口竞争力；RCA 指数介于 1.25～2.25 之间，表示有较强的竞争力；RCA 指数介于 0.8～1.25 之间，表示具有中等竞争力；RCA 指数小于 0.8 则表示竞争力较弱。

续表

年份	泰国	中国	越南	印尼	印度	厄瓜多尔	格陵兰	孟加拉国	阿根廷	墨西哥
2001	20.09	1.00	26.76	9.08	10.93	35.85	323.55	32.14	8.32	1.50
2002	16.29	1.21	27.74	8.59	11.59	32.8	367.46	29.01	6.30	1.15
2003	14.36	1.34	31.76	8.18	10.13	29.96	342.02	28.26	8.58	1.25
2004	13.44	1.36	32.00	9.13	8.22	32.57	309.93	32.33	4.78	1.42
2005	13.11	1.16	33.16	8.67	7.97	36.51	443.53	47.56	1.69	1.26
2006	14.92	1.18	29.76	9.41	7.11	39.98	425.09	28.70	6.80	1.14
2007	14.94	1.01	30.64	7.57	6.38	42.25	340.22	43.98	5.00	1.31
2008	14.98	1.12	28.33	8.63	6.42	36.77	300.36	37.47	1.03	1.42
2009	15.22	1.16	32.46	7.24	6.33	35.62	298.12	30.34	3.20	1.22
2010	15.04	1.20	34.29	6.89	6.85	34.99	301.13	29.89	3.67	0.93
2011	14.98	1.22	32.90	6.92	7.53	32.60	—	33.23	2.32	0.90

资料来源:世界各国出口贸易额占世界总出口额的比重出自联合国贸易和发展委员会在线数据库(UNCTAD),各国虾产品进出口规模数据来源于联合国商品贸易统计数据库(Un Comtrade,2015)。

第四节　本章小结

从上述的分析中可以看出:

1. 中国虾产品产量占世界虾产品总量的 40% 左右,具有绝对的优势。然而,其捕捞虾的产量构成中,经济价值较低的日本毛虾占 50% 左右的比例,使得中国捕捞虾仅仅具有"量"的优势而已。而自 2003 年以来,养殖虾产量一直保持世界第一的地位并连续刷新纪录表明中国养殖虾供给能力已达到一定的水平。

2. 与世界虾产品其他生产国显著不同的是,中国是世界虾产品供给国的同时也是虾产品的主要消费国,城镇居民年人均虾产品消费量曾达 1.59千克/年·人,但城乡居民家庭较高的恩格尔系数以及伴随 2008 年金融危机爆发而出现我国社会消费品零售额的持续下降、住宿与餐饮销售额大幅度下降的现象,说明我国的食品消费市场尚不稳定,受经济波动影响较大。

3. 在世界虾产品市场供给和需求共同增长的双重推动下,国际虾产品贸易规模快速扩张,价格也趋向稳定。然而,进口国市场的高度集中(主要是美国、日本、韩国和欧盟)和出口国市场的相对分散,带来主要生产国为争夺有限市场份额的激烈竞争。

4. 作为世界第一大生产国,中国虾产品贸易在国际市场上绩效平平,出口价格的优势并没有在多大程度上转化为现实的竞争力。对于养殖虾出口外向度达 40％的中国虾产业而言,如何将"量"的优势转化为竞争优势,是当前及未来一段时间内迫切需要解决的问题。

比竞争对手更加有效地满足消费者的需求是竞争取胜的法宝。不同的国别市场,消费者需求有着显著的差异,那么,中国虾产品主要出口市场上的消费者对中国虾产品的需求呈现出怎样的规律? 本书后续的第四章至第七章将分别对美国、日本、欧盟和韩国虾产品市场需求作详细分析。

第四章 美国虾产品市场需求分析

20 世纪 80 年代中期以来,由于追求健康的潮流高涨以及日本式饮食的流行,美国虾产品需求持续增长,而美国国内生产的虾产品远远满足不了市场的旺盛需求,质优价廉的进口虾产品填补了美国供给市场的缺口,进口量呈现持续上升的态势,并于 1997 年超过日本,成为世界上最大的虾产品进口国[①],此后一直保持这一地位。

中国在 20 世纪 90 年代初曾是美国虾产品进口市场最大供应国,市场份额达 20％左右,然而由于 1993 年养殖虾白斑病的爆发,供给能力受挫,市场份额迅速下降。而亚洲地区其他国家如泰国、越南、印尼和南美洲地区国家厄瓜多尔、墨西哥在此期间迅速扩大对美出口规模,并发展成为美国虾产品进口市场的主要供应国。进入 21 世纪以来,中国养殖虾生产虽已恢复世界第一大国的地位且出口美国市场虾产品的规模也已达到 20 世纪 90 年代最高水平,但市场占有率却已落到第四的位置。

知己知彼,方能百战不殆。在竞争激烈的市场中寻找新的成长空间,不仅需要了解进口国市场的需求特点,更需要了解竞争对手所具有的优势和劣势。鉴于此,本章以进口需求理论为引导,借助于联合国粮农组织渔业统计数据库(FAO,FishStatJ)、联合国贸易统计在线数据库(UN Comtrade)、美国国家海洋与大气管理局海洋渔业服务部在线数据库(NOAA's NMFS)、美国国际贸易委员会贸易数据库(USITC)等机构提供的虾产品需求研究相关时间序列数据,采用定性与定量相结合并以定量为主的研究方

---

① 1997 年,美国虾产品进口总量为 29.43 万吨,日本为 29.34 万吨。

法对美国虾产品市场需求作详细的分析,旨在科学地揭示美国虾产品市场需求的本质,把握美国消费者对中国虾产品需求的规律,同时进一步明确竞争对手的虾产品对我国虾产品的替代(或影响)程度,以期为我国虾产品出口企业改善其在美国市场的绩效提供理论参考。

第一节 美国虾产品消费市场特点

一、人均消费变化趋势

美国水产品的消费量在经过 20 世纪 80 年代上半期的快速增长后,1987 年人均消费量达到 16.2 磅的高点,此后虽有所下降,但整个 90 年代人均年消费量均保持在 15 磅左右的水平。进入 21 世纪以来,美国人均水产品年消费量出现扩大趋势,至 2004 年达到 16.6 磅的水平,此后保持相对稳定。

与此相比,近 30 年来,美国市场虾产品的消费则保持了持续增长态势。图 4-1 显示了自 1980 年以来美国虾产品人均年消费量变化情况。从图中可以看出,1980 年美国人均年消费虾产品仅为 1.4 磅,至 1987 年增长到 2.4 磅;在 1989 年和 1990 年出现略微波动后,1991 年迅速恢复原有消费水平;且自 1996 年起,美国虾产品消费出现新的高潮,至 2001 年美国人均年消费量达 3.4 磅,首次超过金枪鱼人均年消费 2.9 磅的水平,从而成为美国人均年消费量最大的水产品种,到 2006 年人均年消费量达到 4.4 磅,而后略有变动,但人均年消费量均在 3.6 磅以上。同期,虾产品消费量占水产品总消费量的比重由 1980 年的 11.20% 上升到 2011 年的 28%,而后略有下降,但仍占四分之一强。虽然在 2007 年受成本上升从而带来虾产品价格上升的影响,虾产品消费出现小幅度下降,但 2008 年市场需求迅速恢复。虾产品已经成为美国普通家庭最受欢迎的水产品,远超过金枪鱼的消费量。

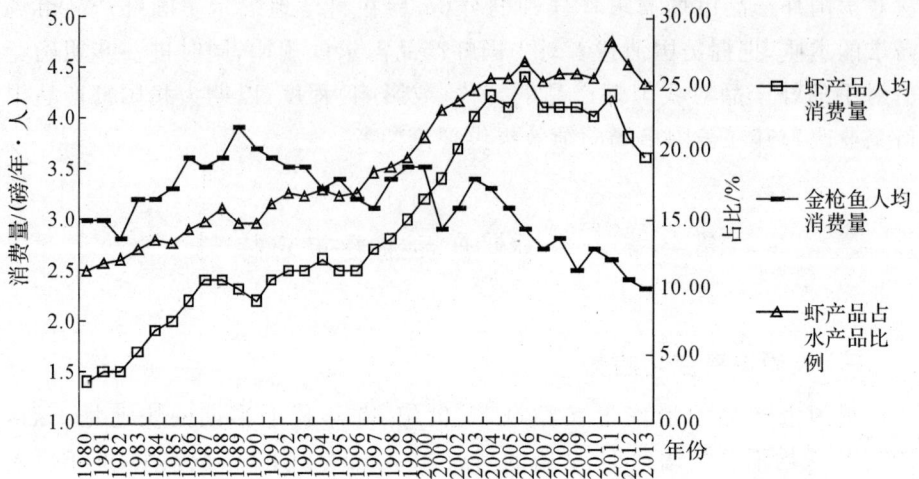

图 4-1   美国人均虾产品消费量变动趋势①

资料来源:美国渔业统计年鉴 2013。

二、市场供应品组成结构

作为虾产品的主要消费国,美国同时也是西半球主要的虾产品生产国之一。2012 年美国虾产品生产产量为 13.72 万吨,约占全球总量的 1.8%,居中国、泰国、印尼、印度、越南、墨西哥、加拿大、厄瓜多尔、格陵兰之后,是世界第十大虾生产国。

美国本土虾(占市场供给总量的 8% 左右②)以捕捞为主(2011 年占总产量的 97.88%),养殖虾产量不高。表 4-1 反映了自 1990 年以来美国本土虾产品生产产量的波动情况。捕捞虾主要有褐对虾(*Penaeus aztecus*)、白对虾(*P. setiferus*)、桃红对虾(*Penaeus duorarim*)、长额虾属(*Pandalus spp*)和

①   美国渔业统计局在计算可食用水产品重量时,关于虾产品有如下的规定:将所有的虾产品(包括商业捕捞或养殖以及进口各种类别)鲜活重量折算成"去头净重"(HEAD-OFF WEIGHT),其中来自南大西洋和墨西哥港湾捕捞虾的转换因子(CONVERSION FAC-TORS)为 0.629;太平洋和其他海域的捕捞虾为 0.57;进口的面包虾为 0.63;带壳无头虾为 1.00;去壳生虾为 1.28;罐装虾为 2.52;其他为 2.40;出口新鲜和冷冻虾产品转换因子为 1.18;罐装虾为 2.02;转口贸易的新鲜和冷冻虾为 1.00。因此其人均消费量即为人均可食用净重。

②   美国本土虾占市场供应总量比例=(美国本土虾产量×转换因子)/[(美国本土虾产量*转换因子)+进口量-出口量]比重×100%。数据来源于美国渔业统计年鉴。

仿长额虾属(*Pandalopsis spp*),其中褐对虾和白对虾产量占优。墨西哥湾、北卡罗来纳到佛罗里达的南部沿大西洋地区是主要产地。在 20 世纪 90 年代期间,美国捕捞虾产量一直在 14 万吨左右波动,进入 21 世纪以来,捕捞量出现下降,至 2007 年下降到 105031 吨,而后又出现资源恢复现象,2011年捕捞量达到 143167 吨,然后好景不长,2012 年和 2013 年再度下降。

表 4-1　美国本土养殖虾和捕捞虾产量的变动情况

年份	捕捞量(吨)	养殖量(吨)	总产量(吨)	年份	捕捞量(吨)	养殖量(吨)	总产量(吨)
1990	158963	900	159063	2002	143694	4026	147720
1991	146887	1600	148487	2003	142261	4577	146838
1992	154537	2000	156537	2004	139830	4731	144561
1993	134903	3000	137903	2005	118336	3645	121981
1994	128197	2000	130197	2006	145230	2973	148203
1995	139223	1000	140223	2007	105031	2278	107309
1996	143736	1300	145036	2008	118466	1950	116516
1997	131657	1200	132857	2009	138451	1724	136727
1998	125990	2000	127990	2010	119014	1349	117665
1999	137973	2098	140071	2011	143167	1161	142006
2000	150812	2163	152975	2012	137249	1291	138540
2001	147133	3564	150697	2013	—	—	128375

资料来源:1990—2012 年数据来自联合国粮农组织渔业统计数据库(FAO,Fishstat J,2014)。2013 年数据来自美国渔业统计年鉴 2013。

美国对虾规模化养殖起始于 1984 年,养殖面积不大,但单位面积产量都很高,每公顷一般可产虾 2.25 吨,主要养殖品种是南美白对虾(*Penaeus vannamei*),此外还有少量的红额角对虾(*P. stylirostris*)和白对虾(*P. setiferus*),分精养和半精养两种(其主要区别在于是否对水体进行机械增氧)。养殖区域主要集中在德克萨斯州,占总产量的 80% 以上,另外,在南卡罗莱纳州和夏威夷也有部分养殖虾生产。在对虾养殖生产中,通过应用最佳管理生产(Best Management Practices,BMPs),来保障对虾产品质量和实现对虾养殖对环境的友好性,同时应用 HACCP(Hazard Analysis and Critical Control Point)原理来控制对虾苗种和养殖生产中的病毒危害。但鉴于养殖成本、养殖场地,以及美国相关政策法规的限制,美国养殖虾产量较低。

　　由此可见,相对于其市场需求而言,美国虾产量不高,巨大的市场需求而带来的市场空缺要由国外进口的质优价廉的虾产品来填补。

　　图 4-2 展示了自 1990 年以来美国虾产品市场供应品的组成结构。1982 年之前,美国市场虾产品消费以本国生产的品种为主;1982 年至 1986 年期间,进口逐渐开始增多,总消费量中进口虾与国产虾相当;从 1986 年开始,进口量超过本国产量并逐步扩大。同时,进口虾价格的下滑无形中更加促进了虾产品的消费(尤其是 2002 年之后)[1],进而促进虾产品进口规模的快速扩张。近几年来,进口虾产品占市场供应品的比重均保持在 90% 以上。

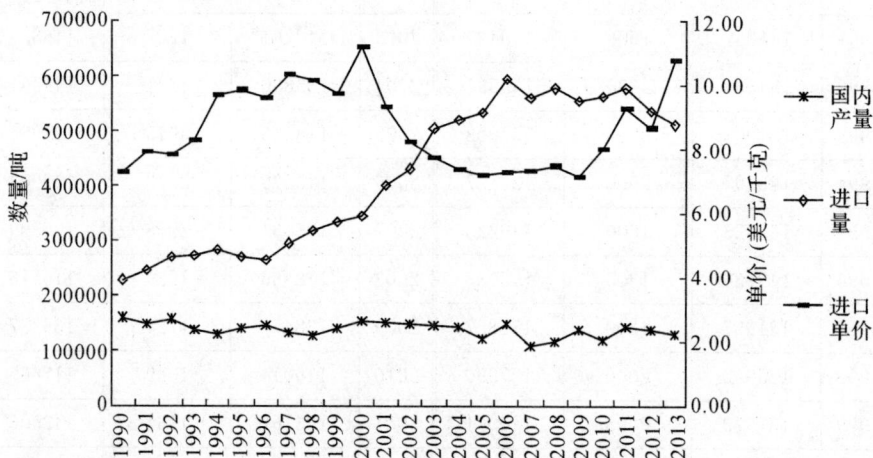

图 4-2　美国虾产品市场供应品组成结构

　　资料来源:贸易数据来自联合国商品贸易统计数据库(UN Comtrade,2014);国内产量数据来自美国渔业统计年鉴。这里国内产量为指鲜活当量,进口量则是各种产品形式进口量直接加总获得,未通过折算系数换算。

---

[1]　Cheng 和 Capps(1988)利用美国 1960 年至 1985 年时间序列数据,选用对数线性函数模型,对虾类、蟹类、贝类、鳕鱼和比目鱼的收入或支出弹性以及自价格弹性进行研究,结果表明虾类的收入弹性为 0.04,自价格弹性为 -0.70,即价格下降 1%,则虾产品消费量将增加 0.7%。另外在 Steven Levitt 博士 2007 年 8 月组织的一次关于 "Why do We Eat So Much Shrimp in the USA?" 的调查结果显示:虾产品消费量的增长除了因为其健康营养、烹饪简单等特性外,低价是促使消费者更多消费虾的主要原因之一。

第二节　美国虾产品进口市场特征

美国虾产品进口需求的不断扩大为虾产品主要生产国出口创汇提供了有利的条件,同时也加剧了主要供给国之间为争夺有限市场份额的竞争,而竞争的加剧促使主要供应国不断改进虾产品的出口结构、改善产品品质,以更好地满足美国消费者的多样化需求。本节主要陈述美国虾产品进口市场的现状及历史演变规律。

一、进口虾产品结构

(一)进口虾产品的分类

在世界海关组织协调编码系统 6 位数的基础上,美国海关对进口虾产品分类作了更详细的规定(10 位数 HTSUSA 编码),具体如表 4-2 所示。

在进口虾产品关税征收方面,美国除了对含鱼肉的虾制品进口征收 5% 的关税外,对其他虾产品进口都实行零关税。

表 4-2　美国海关对虾产品的分类(HTSUSA)

虾产品分类(大类)	细分类别(10 位编码)	
冷冻虾及虾仁 (030613)	0306130003	冷冻带壳虾,小于 15 粒/磅
	0306130006	冷冻带壳虾,15～20 粒/磅
	0306130009	冷冻带壳虾,21～25 粒/磅
	0306130012	冷冻带壳虾,26～30 粒/磅
	0306130015	冷冻带壳虾,31～40 粒/磅
	0306130018	冷冻带壳虾,41～50 粒/磅
	0306130021	冷冻带壳虾,51～60 粒/磅
	0306130024	冷冻带壳虾,61～70 粒/磅
	0306130027	冷冻带壳虾,大于 70 粒/磅
	0306130040	冷冻去壳虾
未冻虾及虾仁 (030623)	0306230020	未冻带壳虾(新鲜/干制/盐制/腌制)
	0306230040	未冻去壳虾(新鲜/干制/盐制/腌制)

续表

虾产品分类（大类）	细分类别（10 位编码）	
虾制品 （160520）	1605200510	含其他鱼肉的虾制品，密封包装
	1605200590	含其他鱼肉的虾制品，其他
	1605201010	冷冻的虾制品，密封包装
	1605201020	面包虾
	1605201030	其他冷冻的虾制品
	1605201040	罐装虾
	1605201050	其他虾制品

资料来源：美国国家海洋与大气管理局国家海洋渔业服务部（NOAA's NMFS）。

（二）进口产品类别结构变化趋势

从美国虾产品历年进口总量来看，除少数年份（1995 年、1996 年和 2007 年之后）出现波动有所回落以外，总体保持上升态势。进口量从 1990 的年 22.80 万吨上升到 2011 的年 57.7 万吨（2012 年有所回落，为 53.47 万吨，2013 年继续回落，仅为 50.89 万吨，至 2014 年基本恢复，进口量为 56.87 万吨），年均增长 4.52%。

从进口的产品大类来看，冷冻虾及虾仁是美国进口虾产品的主要类别，占绝对优势。从历年变动的趋势来看，冷冻虾及虾仁和虾制品绝对数量都有了极大的增长，其中冷冻虾及虾仁从 1990 年的 21.07 万吨上升到 2012 年的 41.97 万吨，增长了 99.19%；而虾制品则从 1.22 万吨上升到 11.31 万吨，增长了将近 10 倍之多。与此相比，未冻虾及虾仁则呈现下降趋势，从原来的年均进口 5000 吨左右下降到 2012 年的不足 2000 吨。从历年进口虾产品组成结构来看，冷冻虾及虾仁所占比例由 1990 年的 92.42% 下降到 2012 年的 78.49%；虾制品则从原来的 5.35% 上升到 2012 年的 21.15%，年均以 14.35% 速度快速增长；未冻虾及虾仁在 2012 年仅占进口总量 0.36% 的比重。

从冷冻虾及虾仁内部变动结构来看，主要有冷冻带壳虾和冷冻去壳虾[①] 两大类，在进口量上冷冻带壳虾略占优势（具体详见表 4-3）。根据美国海关统计分类标准，冷冻带壳虾根据其规格的大小又可以细分为 9 个类别，从表 4-4 各细分类别历年变动趋势以及在冷冻带壳虾总量构成比例来看，小规格

---

① 冷冻带壳虾（green headless）是国际市场上常见的主要虾产品，虾的尾部通常有完整的六个节肢，留有虾壳、虾尾和肠线。冷冻去壳虾（peeled）即前述的冷冻带壳虾多一道去壳工序，但一般不去肠线（即 p. u. d.）。美国消费者认为冷冻带壳虾因为保留了外壳所以能够保持虾的鲜味，因此较受市场欢迎。

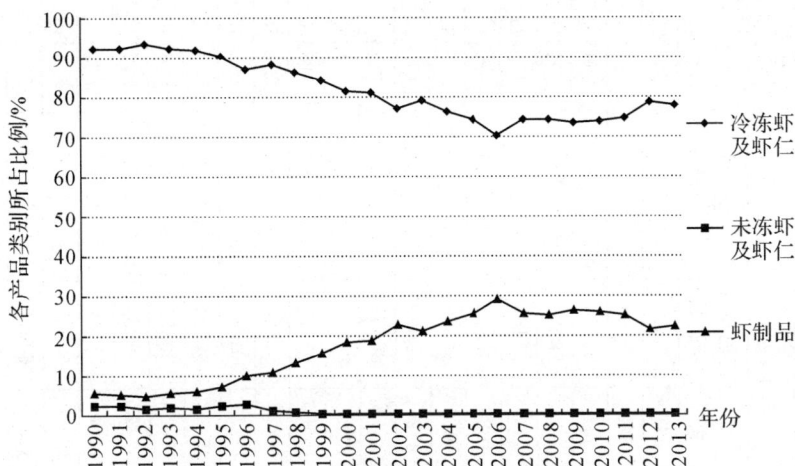

图 4.3　美国进口虾产品类别构成比例及演变趋势

资料来源：UNCOMTRADE,2015。

冷冻带壳虾(指每磅大于 60 粒以上的,或者说每千克大于 110 粒的)所占比重相对低一些①,中等规格的(指每磅 31～40 粒)高一些,其他类别则基本接近,没有明显差别。

从未冻虾及虾仁内部结构变动来看,1990—1998 年期间带壳未冻虾进口量远高于去壳未冻虾,1996 年时曾高达 7070 吨,但 1998 年之后进口量迅速下降,在 350～950 吨上下波动,2011 年又有所增加,达 1295 吨;去壳未冻虾及虾仁进口量小且波动不大,但 2005 年起进口量有所提高,维持在 1000～1400 吨左右。

从虾制品内部结构变动来看,进口量依次为其他冷冻虾制品、面包虾、密封包装的虾制品、含鱼肉的虾制品(包括密封包装和其他)、罐装虾和其他虾制品。其中,其他冷冻虾制品进口量增长速度较快,由 1990 年的 6531 吨上升到目前的 10 万吨左右(2006 年曾高达 11.66 万吨),是美国虾产品进口市场第三大进口类别;面包虾进口量在 2004 年后得到快速提高②,目前进口量在 4 万吨左右;其他类别的虾制品进口量不大。

---

①　2008 年每磅 60～70 粒的冷冻带壳虾增长比例最高,达 24.3%。

②　为规避美国商务部和美国国际贸易委员会提起的虾反倾销诉讼的影响,中国及时改变出口美国的产品结构:减少冷冻虾及虾仁出口,增加面包虾出口。关于虾反倾销诉讼案见本章"市场准入和规制"部分详细介绍。

表 4-3 美国进口虾产品中不同类别进口量的变化情况

年份	冷冻虾及虾仁		其中:		未冻虾及虾仁		虾制品					其中:			总进口量(吨)
	进口量(吨)	占总量(%)	冷冻带壳虾	冷冻去壳虾	进口量(吨)	占总量(%)	进口量(吨)	占总量(%)	含鱼肉虾制品	密封包装虾制品	面包虾	其他冷冻虾制品	罐装虾	其他虾制品	
1990	210713	92.42	144345	66368	5076	2.23	12203	5.35	581	89	146	6531	4416	440	227992
1995	244775	90.29	142599	102176	6509	2.40	19819	7.31	212	232	645	15094	2980	656	271103
1996	230346	87.12	137173	93173	7642	2.89	26407	9.99	188	127	214	23714	1616	548	264395
1997	259507	88.17	153238	106269	3213	1.09	31598	10.74	240	130	204	28528	1642	854	294318
1998	271920	86.12	152670	119250	3084	0.98	40737	12.90	298	268	280	37468	1545	878	315741
1999	279910	84.27	155505	124405	1519	0.46	50720	15.27	441	495	1038	45832	1336	1578	332149
2000	281788	81.52	152788	129000	1483	0.43	62415	18.06	610	211	1919	56585	1658	1432	345686
2001	324187	80.86	199506	124681	1538	0.38	75199	18.76	587	148	3221	67099	1938	2206	400924
2002	331127	77.03	206128	124999	1594	0.37	97134	22.60	552	713	4514	86651	1849	2855	429855
2003	398315	78.90	248589	149726	1277	0.25	105270	20.85	368	1732	8757	88367	1772	4274	504862
2004	395371	76.27	244243	151128	1214	0.23	121793	23.50	761	3037	16556	96952	1398	3079	518378
2005	395491	74.32	247857	147634	1472	0.28	135195	25.41	3323	1003	44572	83590	1459	1248	532158
2006	417954	70.49	255668	162286	1983	0.33	173004	29.18	2643	1243	49252	116645	1983	1238	592941
2007	414574	74.20	235982	178592	1870	0.33	142287	25.47	1794	1206	36491	99934	1637	1225	558731
2008	428184	75.59	244493	183691	1974	0.35	136328	24.07	2246	3105	37868	90533	1325	1251	566486
2009	406449	73.60	221870	184579	1912	0.35	143844	26.05	3668	3218	37427	96827	1500	1204	552206
2010	414851	73.97	225982	188869	1752	0.31	144212	25.71	2213	2272	41576	95119	1547	1485	560815
2011	430048	74.55	222860	207189	2389	0.41	144399	25.03	1725	2571	43866	92968	1121	2147	576836
2012	419703	78.49	220250	199453	1925	0.36	113125	21.15	1207	1289	37899	69672	1655	1403	534753
2013	395732	77.76	197784	197948	1453	0.29	111716	21.95	1219	7046	36898	63231	1981	1341	508901

资料来源：NOAA'S NMFS，2015。

表 4-4 美国进口虾产品中不同规格的冷冻带壳虾构成比例及时序变化规律

年份	小于15粒/磅 量(吨)	%	15~20粒/磅 量(吨)	%	21~25粒/磅 量(吨)	%	26~30粒/磅 量(吨)	%	31~40粒/磅 量(吨)	%	41~50粒/磅 量(吨)	%	51~60粒/磅 量(吨)	%	61~70粒/磅 量(吨)	%	大于70粒/磅 量(吨)	%
1990	29547	20.47	17480	12.11	15041	10.42	15041	10.42	23254	16.11	17740	12.29	11129	7.71	6221	4.31	8892	6.16
1995	12657	8.88	15172	10.64	15102	10.59	17522	12.29	26607	18.66	19772	13.87	15382	10.79	7449	5.22	12936	9.07
1996	12830	9.35	16196	11.81	15308	11.16	17891	13.04	25053	18.26	15319	11.17	12288	8.96	6786	4.95	15502	11.30
1997	15284	9.97	15550	10.15	13129	8.57	15619	10.19	26894	17.55	19908	12.99	17398	11.35	9440	6.16	20016	13.06
1998	14959	9.80	16679	10.92	14804	9.70	16791	11.00	28346	18.57	16332	10.70	15861	10.39	9419	6.17	19479	12.76
1999	16500	10.61	18121	11.65	14492	9.32	16146	10.38	27323	17.57	17281	11.11	17092	10.99	9527	6.13	19023	12.23
2000	16356	10.71	16615	10.87	14033	9.18	15844	10.37	29005	18.98	16474	10.78	14093	9.22	9645	6.31	20723	13.56
2001	21184	10.62	22628	11.34	21428	10.74	26399	13.23	35709	17.90	20674	10.36	18608	9.33	12923	6.48	19953	10.00
2002	24853	12.06	22744	11.03	19870	9.64	19564	9.49	32441	15.74	21962	10.65	23665	11.48	18043	8.75	22986	11.15
2003	23622	9.50	25704	10.34	24348	9.79	30060	12.09	46257	18.61	28898	11.62	28469	11.45	20428	8.22	20803	8.37
2004	24377	9.98	22756	9.32	27085	11.09	30329	12.42	42333	17.33	28190	11.54	28540	11.69	20893	8.55	19740	8.08
2005	24424	9.85	23332	9.41	24408	9.85	32911	13.28	46514	18.77	31629	12.76	29597	11.94	18837	7.60	16205	6.54
2006	24515	9.59	19865	7.77	25952	10.15	34939	13.67	45350	17.74	34485	13.49	33387	13.06	20708	8.10	16467	6.44
2007	24712	10.47	20410	8.65	28447	12.05	32975	13.97	42752	18.12	29141	12.35	31047	13.16	14459	6.13	12039	5.10
2008	22794	9.32	21536	8.81	30217	12.36	34413	14.08	42477	17.37	31461	12.87	31741	12.98	17966	7.35	11888	4.86
2009	18259	8.23	16661	7.51	30699	13.84	35569	16.03	45196	20.37	29117	13.12	24156	10.89	13151	5.93	9062	4.08
2010	18423	8.15	19824	8.77	28221	12.49	34542	15.29	46886	20.75	28885	12.78	25163	11.13	14468	6.40	9571	4.24
2011	17845	8.01	20863	9.36	30072	13.49	30253	13.57	45497	20.42	28280	12.69	26773	12.01	13678	6.14	9598	4.31
2012	15114	8.09	20273	10.85	24212	12.95	29292	15.67	37367	19.99	23590	12.62	19145	10.24	10438	5.58	7473	4.00
2013	14399	7.72	19792	10.61	28302	15.17	28657	15.36	37074	19.87	24418	13.08	17970	9.63	9531	5.11	6479	3.47

资料来源:NOAA'S NMFS,2015。

二、主要来源国

(一)主要来源国国别结构及其市场份额变动情况

中国、泰国、印度、厄瓜多尔、印尼、越南(1994 年后)和墨西哥等是美国虾产品主要来源国。然而不同阶段,各供应国市场绩效表现不一,详见图 4.4(a—g)。

20 世纪 90 年代初,中国、厄瓜多尔和泰国分别占据美国进口市场前三甲位置(见图 4-4a),占美国虾产品进口总量的比重分别为 19.1%、19.1%、16.8%。然而,正如前文所指出的,1993—1994 年中国对虾养殖爆发了白斑综合征病毒(WSSV),产量锐减,从而导致在美国市场占有率降到最低点。图 4-4b 反映了这一时期中国虾产品在美国市场地位的变更。

90 年代中期,进口国别结构发生了较大变化,除厄瓜多尔与美国进口规模保持同步增长以外,从泰国、墨西哥、印度、巴拿马进口比例大幅度上升,而且泰国的优势地位日益凸显。

21 世纪初期,中国养殖虾生产已经得到基本恢复,出口量逐步得以回升,在美国市场的市场份额在 2000—2002 年期间占 8.2%;在这一时期,厄瓜多尔的对虾生产也遭受病毒性疾病的危害,产量大幅减少,出口至美国的虾产品从 1999 年的 5.04 万吨下降到 2000 年的 1.91 万吨,市场份额大幅度下降;而此时越南对美国市场发动的进攻战初见成效,市场业绩开始显现;泰国继续保持它在美国虾产品市场占有率第一的优势地位。

2005—2007 年,尽管 2004 年的"美国虾反倾销案"使得泰国、厄瓜多尔、中国、越南均受到不同程度的影响,但这四国仍然稳居美国虾产品进口市场前五位,市场占有率分别为 32.3%、10%、9.7%、7.1%(见图 4-4d);而在 2004 年之前在美国虾产品市场上表现平平的印尼,由于没有被"反倾销案"波及,所以借此机会加大对美国的出口,成为美国进口市场第二大供应商。

2010—2012 年,尽管 2008 年由美国次贷危机引发的全球性金融风暴对世界经济产生了较大的影响,全球经济出现衰退现象,国际贸易额迅速下滑。美国进口虾产品市场却逆市而上,2011 年达到 57.7 万吨,2012 年略有下降。从来源国构成结构来看,主要来源国仍为泰国、印尼、越南、印度、中国、厄瓜多尔等,但在构成比例上有所变化,泰国占有率从 32.3%下降至 31.4%,墨西哥和中国也有不同程度下降;厄瓜多尔占有率则从 10%上升至 13.2%,同样,印度、印尼、越南等国市场占有率均有增长态势。

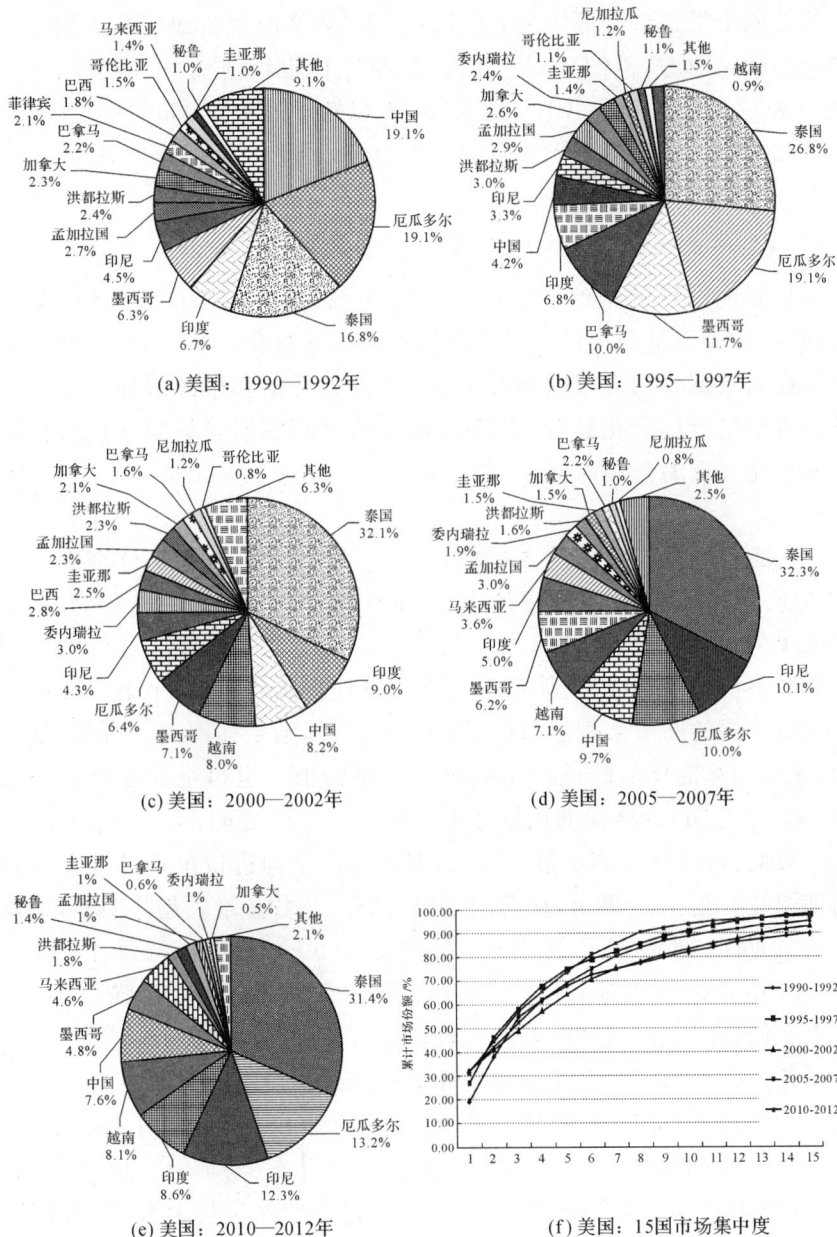

(a) 美国：1990—1992年

(b) 美国：1995—1997年

(c) 美国：2000—2002年

(d) 美国：2005—2007年

(e) 美国：2010—2012年

(f) 美国：15国市场集中度

图 4-4　美国虾产品进口来源国及其市场份额变动情况(a—f)

注：采用三年平均值来计算市场竞争强度，以平滑由于偶发因素造成的短暂波动而带来的影响。

资料来源：联合国商品贸易统计数据库(UN Comtrade,2014)。

从美国市场进口来源国来看,大约有 50 多个国家或地区与美国有虾产品的贸易往来业务,但图 4-4f 美国虾产品进口市场前 15 国的市场集中度 (CR_{15}) 表明,不同年份 CR_{15} 均在 90% 以上,其中,1995—1997 年高达 98.5%,2000—2002 年有所降低(为 92.9%),而后又迅速恢复,2010—2012 年 CR_{15} 为 97.71%。

(二)主要来源国与进口市场结构波动的同步性检验

为更好地理解美国市场虾产品主要来源国的进口量与价格的波动规律,有必要对进口量与价格两者之间的关系作一量化分析,标准差和方差就是衡量序列数据变动常用的指标之一[1]。首先对主要来源国虾产品进口量和进口价格进行标准化处理,以标准化后的时间序列趋势图来进行比较分析。标准化处理的公式为:

$$Z_i = (X_i - \overline{x}) / \sigma \tag{4.1}$$

式中,X_i 是进口量或价格的原始值;i 表示某一年度;$\overline{x}$ 和 σ 分别表示序列 X_i 的均值和标准差;Z_i 为原序列 X_i 标准化处理后的值。因为式(4.1)是原序列简单的线性转换,因此与原序列保持同分布。如果标准化后的值大于 0,说明观察值大于均值,其他依次类推。另外为比较方便,本书将标准化后的值以更直观的图形来表达(以零线为比较线),结果如图 4-5 所示(横轴为年份,纵轴为标准化后的进口量和进口价格的值),进口量标准化值介于 $-1.95 \sim 2.82$ 之间,价格标准化值介于 $-1.74 \sim 2.75$ 之间。

一般而言,价格与需求量成反比,那么进口量和进口单价是否也呈现相同的规律呢? 图 4-5a 显示,从泰国进口的虾产品数量增长趋势明显,而进口价格在不同时期出现反复波动:在经历 1990—1994 年持续上升之后,1995—2000 年达到相对平稳状态,2001 年之后出现大幅度下降,2005 年以来一直在低价位徘徊。厄瓜多尔也表现出与泰国进口虾类似的规律。

从各主要来源国的整体变动趋势来看,泰国、印尼的出口量与出口价格波动轨迹与美国进口的全部虾产品变化趋势相类似(用 4-1a、b、h),在 1990—2008 年期间进口量虽有波动,但保持上升态势;1994—2000 年期间,价格增长幅度不大,但变动较为频繁,而进口量依然保持上升态势,幅度较小;2000 年之后,价格急剧下降,至 2004 年之后相对稳定。同一时期,进口

---

[1] 即借助于休哈特控制图(Shewhart Control Charts)来进行比较分析。资料来源: Nelson, L. S. Standardization of Shewhart Control Charts. Journal of Quality Technology, 1989, 21(4):287-289.

量大幅度提高。说明在这一时期,进口量的增加是由价格的下跌而带来的。

从近 20 余年美国从印度(图 4-1g)进口的虾产品变化趋势来看,除了 2004—2008 年由于受反倾销案影响年进口量出现直线下降外,其他年份增长态势明显(2008 年反倾销税降至 1.69%,使得印度对美虾产品贸易迅速得以恢复),尤其是 2012 年,跃居成为美国虾产品第四大进口国,出口总量达到 6.56 万吨。

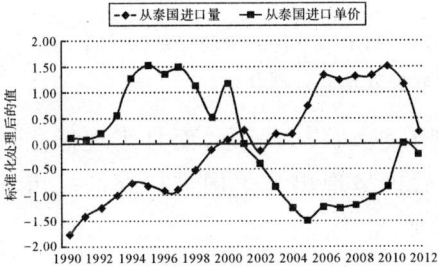

(a) 泰国

(b) 印尼

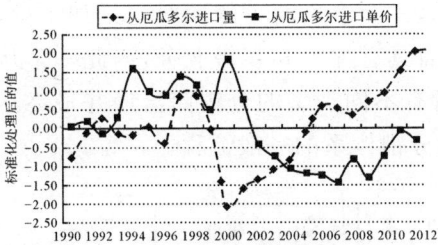

(c) 厄瓜多尔

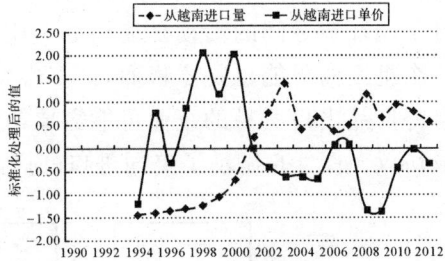

(d) 越南

(e) 墨西哥

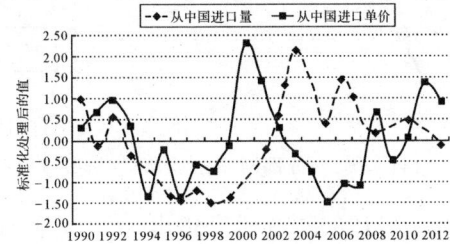

(f) 中国

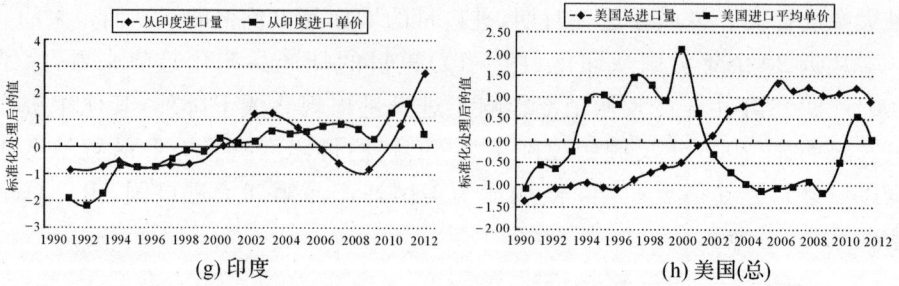

图 4-5　不同国家出口美国的虾产品出口量和出口单价的变动关系(a—h)
资料来源:作者根据相关数据利用 SPSS 软件处理后整理获得。

相比之下,越南、中国(图 4-5d、f)进口波动较为复杂,而且表现形式各异。而厄瓜多尔(图 4-5c)在 2003 年之后也呈现出与美国进口虾产品市场同步的变化规律,即价格下降,进口量增加。

三、市场流通渠道

美国进口虾产品的分销体系相对复杂,不仅因为通常需要多个环节,而且不同环节之间的活动是混杂的。比如,一个进口商可能同时也是加工商,一个批发商可能也是零售商,许多批发商具有加工和零售业务,因此一个从事虾产品出口贸易的企业可能需要与所有不同类型的分销商洽谈并最终达成协议。图 4-6 显示了美国进口虾产品分销体系的一般流程。

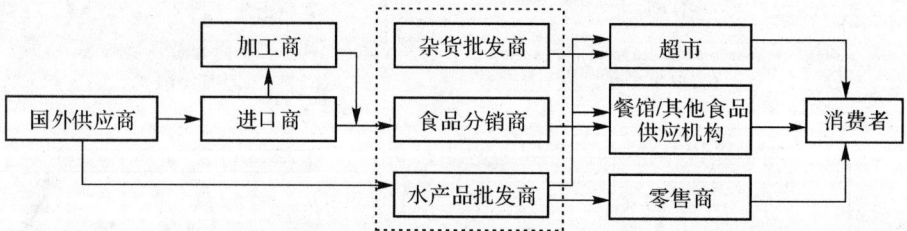

图 4-6　美国进口虾产品的分销体系
资料来源:商务部网站,中国虾产品出口指南,2005-11-24。

以往的一些研究指出,美国人倾向于在餐馆消费水产品,每年大约 70% 水产品是在家庭以外(away from home)场所消费的。但随着方便的、即食的产品(ready to eat or ready to cook)大量供应市场,超市贩卖的水产品越来越多,成为第二大销售渠道。伴随着生活节奏的加快以及人均可支配收入的增长,美国出现了在家消费那些“加工好的和有附加值”水产品的趋势。在 2001 年 9 月由佛罗里达大学食品与农业科学研究所组织的一次关于“美国东南部消费者虾产品偏好调查"的结果表明,几乎所有的被调查家庭都消费虾产品,其中有 84% 左右在家中消费。同时也有一些报道指出,自"9·11事件"后,美国家庭在家消费水产品的比例更是大幅度提高。

四、市场准入与规制

(一)反倾销税

正如前文所述,美国虾产品市场由国内供给和进口两部分构成,从而在根本上满足了美国虾产品市场不断增长的消费需求。然而,随着质优价廉的进口虾大量进入美国市场,美国虾捕捞者担心并认为大量涌进的进口虾挤占了他们的市场份额,并导致价格下跌,使得本国捕虾者面临失业的危险,因此,美国"南方虾产业联盟"于 2003 年 12 月 31 日正式向美国商务部和美国国际贸易委员会提起虾反倾销诉讼,要求对从泰国、中国、越南、印度、厄瓜多尔和巴西进口的冷冻和罐装虾征收反倾销税(商务部,2005)。经调查和应诉,最终确定对不同国家征收的反倾销税比率,具体如表 4-5 所示。

表 4-5 美国商务部公布的对不同国家征收的虾反倾销税率

受影响国家	反倾销税率
巴西	高达 67.8%
厄瓜多尔[a]	6.08%～9.35%
印度[b]	3.56%～27.46%
泰国[c]	5.56%～10.25%
中国	8.00%～113%
越南	12%～93%

注:a. 2013 年 7 月美国商务部将从厄瓜多尔进口虾产品的关税从 0% 提高至 11.68%;b. 中国远洋渔业信息网 2008 年 7 月 15 日发布消息,美国已将印度输美对虾的反倾销税降到 1.69%。c. 2013 年 8 月 12 日,美国外贸部(Foreign Trade Department)决定将泰国进口虾产品反倾销税降为 0。

资料来源:Josupeit, H. Shrimp Market Access. Tariffs and Regulations. FAO Globefish/ 2004-10-26.

受反倾销案影响,2005 年美国从中国、越南进口的虾产品急剧减少,导致中国、越南损失严重[①];而泰国因受印度洋海啸的影响被终止反倾销调查，在美国市场占有率没有受到影响，依然保持第一的地位；厄瓜多尔由于地缘优势，生产及运输成本最低，且税率最低，通过降低产品价格巩固了其原有的市场地位。与此同时，许多没有受到反倾销诉讼调查的国家，如印尼、孟加拉国、墨西哥、马达加斯加、委内瑞拉、阿根廷、智利、加拿大、洪都拉斯、奎亚那等国，纷纷借此机会加大对美国的出口力度，扩大市场份额。

（二）市场准入与进口检疫

关于虾产品的单独的法规和标准不多，对水产品的法规和要求都适用于虾产品。基于保障食品安全的角度考虑，世界各国纷纷加强对食品安全的监管力度，对食品的卫生安全指标也越来越严格。除世界卫生组织/联合国粮农组织（WHO/FAO）下属的国际食品法典委员会（CAC）发布的水产方面的标准和规定[②]外，作为技术强国和水产品进口大国，美国对进口水产品设置了标准苛刻的进口检疫制度。美国规定：（1）出口到美国的中国水产品企业首先必须通过美国国家检验检疫机构评审，取得输美产品的 HACCP 验证证书，并经美国食品和药物管理局（以下简称为 FDA）备案后才能进入美国市场。（2）FDA 对进口水产品实施严格的抽样检验制度，其中药物残留的抽查检测指标包括 221 类农药、抗生素、兴奋剂类等。2001 年 7 月以来，FDA 对来自中国的水产品的氯霉素检测加大了抽样比例，每只柜抽 6～12 个样，而且是做平行样，只有结果全部合格，才能通关，只要有一个不合格，整批产品就被判为不合格。2003 年 10 月，对虾类等水产品采用新的检测方

---

① 由于我国一直被美国视为"非市场经济"国家，按照美国反倾销法规定，不能按照我国企业自身的生产成本计算倾销幅度，而必须用"替代国"价格来计算，使得我国在反倾销应诉中处于不利地位（商务部，2005）。2009 年 8 月 5 日，中美两国在华盛顿进行的首轮中美战略与经济对话联合成果情况说明中指出，美方承认中国在市场改革方面不断取得的进展，并将切实考虑中方利益，通过中美商贸联委会（JCCT）以一种合作的方式迅速承认中国市场经济地位。但迄今为止，美国仍对中国和巴西的虾产品征收高反倾销税。

② 相关的国际标准主要有：（1）《食品中污染物和毒素含量通则》（Codex General Standard For Contaminants and Toxins in Food）；（2）《食品中农药最大残留量标准》（Codex Maximum Residue Limits for Pesticides）；（3）《兽药最大残留限量》（List of Codex Residue Limits for Veterinary Drugs）；（4）《食品中农药残留量最大限量标准和食品中添加剂残留最大限量标准》（Codex Maximum Residue Limits for Pesticides/ Extraneous Maximum Residue Limits in or on Foods）；（5）《罐装虾标准》（CODEX STAN 37：Codex Standard for Canned Shrimps or Prawns）；（6）《速冻虾标准》（CODEX STAN 92：Codex Standard for Quick Frozen Shrimps or Prawns）。

法,新增加了对硝基呋喃代谢残留的检测,氯霉素的检测限量由 1ppb 改为 0.3ppb。2005 年 4 月起,出口到美国的水产品实行"原产地标签制度",所有产品必须标明原料、产地和生产方式(捕捞或养殖)等,但加工虾如面包虾、鸡尾酒虾除外。

由于从 2002 年开始,美国 FDA 对中国输美的冻虾等水产品实行"逢柜必检",不断提高贸易技术壁垒,这使得中国出口冻虾的企业"谈虾色变"。2007 年 6 月,从中国出口到美国的海产品中,其中有 5 种海产品(包括虾产品)被美国 FDA 认为含有未经许可的药物残留而被禁止进入美国市场,从而导致同年 7 月到 9 月虾产品出口降低到自 2003 年以来的最低点。为解决贸易争端,中国监管局(AQSIQ)与美国食品药品监督管理局(FDA)进行了多次磋商,并在 2007 年 12 月举行的第三次"中美经济战略对话"会议上签订《中美食品和饲料安全协议》备忘录,双方就如何加强水产品安全检验和可追溯性制度、更大程度的信息共享体系等达成了一系列协议①。

第三节　美国虾产品进口需求的 General 模型估计

本章第一节、第二节详细陈述了美国市场虾产品的消费和进口情况,但对于出口国——中国而言,我们更加关注美国虾产品市场进口需求弹性,因为它能提供更加有价值的信息。本节主要研究目标是借助于差异化进口需求系统模型对美国虾产品进口需求弹性作出可靠的估计。

从已有的文献来看,对美国虾产品需求市场的定量研究起始于 20 世纪 70 年代 Doll(1972)对墨西哥湾虾产品船舷交易价格计量分析,此后,Adams (1987)、Houston 等(1989)、Keithly 等(1993)从不同角度借助于不同数据探寻影响供给和需求主要因素,以及与供求密切联系的价格的决定因素等。

随着进口虾产品的增加,美国国内生产者和理论研究者更加关注进口

①　尽管如此,2008 年中国出口美国的虾产品同比下降 18% 左右。据报道,2008 年在液态奶中发现三聚氰胺事件增加了国外消费者对中国食品安全问题的质疑,从而使得中国虾产品在美国市场的销售造成了一定程度的负面影响。而且中国三聚氰胺"毒"奶粉事件发生后,美国食品药品监督管理局(FDA)大大提高了对中国出口食品的抽检频率和抽检量,仅虾、贝等水产品的抽检量就提高了 10 倍。资料来源:农博网水产频道(http://www.aweb.com.cn)/2009 年 4 月 14 日。

虾产品是否或者在多大程度上会对国内虾产品生产者福利状况产生影响，相关的实证研究从两个方面展开：一是通过对虾产品消费购买行为的实地调查来了解虾产品消费及进口虾与自产虾偏好的相关信息，调查结果分析表明，基于新鲜度、安全因素考虑，消费者更加愿意购买本地产的虾产品①。二是从经济计量分析的角度研究进口虾对自产虾的替代影响，Alison(2002)利用来源差异化进口需求 AIDS 模型的研究结果指出，对于同种类别同样规格的虾产品，尽管来源不同但消费者很难觉察到它们之间的质量区别，也就是说不同来源的同类虾产品替代性较强；价格的变化对进口需求支出和需求量都有较大的影响。Poudel(2008)发现，亚洲和南美洲养殖虾产品进口量每增加 10%，墨西哥港湾虾产品交易价格将分别下降 3.5%和 2.2%；另外，中美洲养殖虾产量的提高也对墨西哥港湾虾产品交易价格有显著影响。

从以上分析中不难看出，已有的对美国市场虾产品需求的研究主要考虑的是虾产品消费的影响因素和进口对本国自产虾的影响程度，而本书关注的是，在美国虾产品进口市场上对来自中国的虾产品的需求规律，了解美国消费者总支出的变动对中国虾产品的影响，并进一步了解主要竞争对手泰国、越南、厄瓜多尔、印尼、墨西哥等国家的虾产品交叉价格弹性，依此判断竞争对手的产品对我国出口美国虾产品的影响程度。为达成这个目标，本节首先对研究对象的数据来源、性质和一些基本统计信息作一陈述；接着根据差异化进口需求系统模型选择标准，选择并确定美国虾产品进口需求弹性估计的实证模型；然后根据选定的需求系统模型借助于计量分析工具 EViews 和 SAS 软件，对模型参数作出估计并计算出支出弹性、自价格弹性和交叉价格弹性；最后对结果进行分析。

一、数据说明

在综合考虑所需数据的可获得性、准确性、全面性，以及本书研究目的的基础上，对美国虾产品市场进口需求研究的数据区间界定在 1998 年 1 月至 2013 年 12 月，共 192 组样本值。研究采用的原始数据均源自美国国家大气和海洋局国家海洋渔业服务部在线数据库(NOAA's NMFS)月度统计数据。其中各国家/地区出口到美国的虾产品价格均指美国从各国家/地区进口虾产品的到岸价格(C.I.F，包括货物价值、保险、运费，以及到岸前发生的

---

① 然而，正如美国学者 Dore(2000)所指出的，在实际购买的过程中消费者会选择大小相近但价格相对便宜的品种，也就是出现消费者调查中"陈述性偏好与显示性偏好"不一致的现象。

手续费等），进口单价通过进口额（单位为美元）除以进口量（单位为千克）得到。

美国进口的虾产品中有冷冻虾及虾仁、未冻虾及虾仁和虾制品。从不同来源国的进口总量来看，中国出口到美国的虾产品一直位居第四、第五的位置，但从不同类别虾产品进口量所占的比重来看，无论是冷冻虾及虾仁还是虾制品抑或未冻虾及虾仁，中国的优势均不是很明显。因此，对美国虾产品进口需求的弹性估计中将所有类别归为一类来分析。

图 4-7 显示，1998 年 1 月至 2013 年 12 月美国虾产品进口量月度变化情况。从月度数据历年的平均值来看，每年从 6 月开始进口量逐步开始提高，至 10、11 月达到最高峰，而后进口量开始下降至次年 4、5 月达到最低谷①。从月度历年进口量波动轨迹来看，2004—2005 年出现较大的跳跃，表现在 2 月进口量的大幅度上升之后，5 月、6 月、8 月和 9 月进口量出现急剧下降，这显然与美国"南方虾产业联盟"向美国商务部和国际贸易委员会提起虾反倾销案有关。

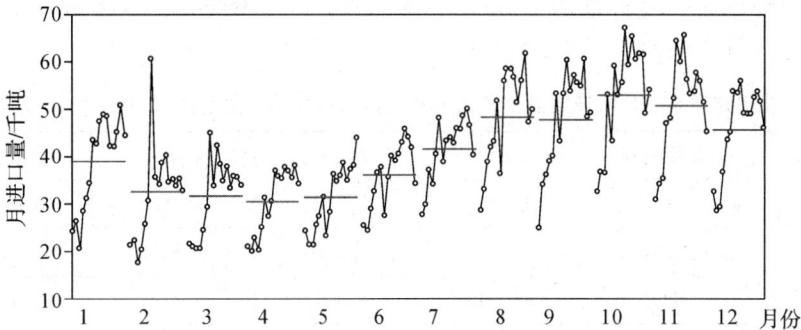

图 4-7 美国虾产品进口量月度变化情况（1998.01—2013.12）
资料来源：作者根据美国虾产品进口市场月度贸易数据通过 EViews 软件处理获得。

表 4-6 反映了 1998 年 1 月至 2013 年 12 月美国虾产品进口市场上主要来源国平均市场份额和平均单位价格信息。从支出份额来看，作为美国虾

---

① 从养殖虾的生长周期来看，每年的 4—5 月是养殖虾生长期，至 6 月后部分地区养殖虾开始上市，至 8—9 月后则是大规模上市，美国虾产品进口量的波动轨迹表明，进口量与供给有直接关系。

产品第一大来源国的泰国始终保持其优势地位[①],输美虾产品占美国虾产品进口总额的 31.26％,最高时曾高达 46.75％;越南、厄瓜多尔、印尼、印度、中国则分别占据了第二至第六的位置,因此在对美国虾产品进口需求弹性估计时将这 6 个国家(即中国与其主要的五大竞争对手)作为主要分析对象,将其他来源国如洪都拉斯、委内瑞拉、马来西亚、墨西哥、孟加拉国等统一归类到"其他国家",即合并为一个变量。从平均进口单价来看,越南因其出口至美国的虾产品以优质大规格虾为主,平均单位价格最高,其次是泰国和印尼,中国出口单价最低。

另外,由于美国也是世界虾产品的主要生产国之一,产量接近 10 万吨左右(根据美国渔业统计年鉴关于不同虾产品形式之间转换比率,折合成"去头净重"约 6 万吨),同时美国每年也出口一定数量的虾产品(近两年在 1 万多吨,最高时也曾达 2 万多吨),以此估计美国虾产品的自给率在 8％左右。但正如本章前述部分所指出的,基于美国本土虾产品在消费中所占比重不高,且美国本土虾产品的销售月度数据不可得性,为便于分析,这里假定美国虾产品的消费量等于进口量,即自产量不影响进口量,满足本土虾与进口虾弱分离的假设条件。

表 4-6   美国虾产品进口市场主要来源国市场份额与价格的描述性统计(1998.01—2013.12)

变量	来源国别	均 值	标准差	最小值	最大值
	中国	5.9164	1.2735	3.2684	10.0729
	厄瓜多尔	7.9535	1.8344	4.6639	11.1194
	印尼	9.9949	1.8344	5.3153	13.9455
平均 单价	印度	7.9711	1.2358	5.0755	11.0481
	泰国	9.8721	1.8735	5.6828	13.9540
	越南	12.9097	2.4166	8.7800	19.4855
	其他国家	8.2976	1.7676	5.9350	12.3717

①   受养殖对虾早期死亡综合征等多种因素影响,2014 年度泰国出口美国虾产品大幅减少。由 2013 年的 8.42 万吨下降为 2014 年的 6.46 万吨,位于印度、印尼、越南及厄瓜多尔之后(NOAA's NMFS,2015)。

续表

变量	来源国别	均　值	标准差	最小值	最大值
支出份额	中国	0.0510	0.0455	0.0061	0.1700
	厄瓜多尔	0.0993	0.0740	0.0220	0.3025
	印尼	0.0521	0.0202	0.0209	0.2360
	印度	0.0773	0.0322	0.0027	0.2644
	泰国	0.3354	0.0637	0.1304	0.4675
	越南	0.0863	0.0555	0.0061	0.1903
	其他国家	0.1768	0.0595	0.0291	0.53715
总支出		329.4731	96.9617	171.0354	670.6108

资料来源:作者根据美国虾产品进口市场月度贸易数据整理获得。

二、实证模型的选择与确定

(一)实证模型的选择

根据本书第二章第二节关于进口需求模型的选择和估计方法的介绍,在对美国虾产品进行进口需求弹性估计之前,首先要对美国进口需求月度数据与差异化进口需求模型(Rotterdam 模型、CBS 模型、一阶差分 AIDS 模型、NBR 模型和 General 模型)进行适宜度检验,从而确定美国虾产品进口需求系统弹性估计的最佳实证模型。美国虾产品进口需求系统包括"中国"、"泰国"、"印尼"、"越南"、"厄瓜多尔"、"印度"和"其他国家"7 个方程式。考虑到由于支出份额加总性限制而带来的误差项协方差矩阵的奇异性,在系统估计时去掉"其他国家"方程,该方程的待估计参数由齐次性和对称性等限制式推算而得。

表 4-7 显示了美国虾产品进口需求系统模型间极大似然函数估计结果。由于 General 模型是 Rotterdam 模型、CBS 模型、一阶差分 AIDS 模型及 NBR 模型的嵌套表达式,因此可以以似然比检验值作为模型选择的标准。似然比检验统计值为未受限制模型(即 General 模型)与受限制模型的似然函数对数值之差的两倍,且该检验值属 χ^2 分布,自由度为未受限制模型的自变量与受限制模型自变量个数之差,这里为 2,即 $LR \sim \chi^2(2)$。从似然比检验统计值来看,General 模型和 NBR 模型较为符合美国虾产品进口需求系统特征。但从 General 模型的估计参数 δ_1 和 δ_2 的值来看,$\delta_1 = 0.9623$(t 值为 10.2415)和 $\delta_2 = -0.4562$(t 值为 -3.2021),可知 δ_1 显著异于 0 且

与 1 也显著差异（(δ_1-1) 的 t 统计值也大于 1），δ_2 也显著异于 0，依此判断只有 General 模型适用于需求系统模型的估计。再从五种模型系统加权 R^2（System Weighted R-Square）来看，General、Rotterdam、CBS、一阶差分 AIDS 及 NBR 模型分别为 0.8972、0.7330、0.3401、0.4243 和 0.7790，General 模型、Rotterdam 模型和 NBR 模型拟合优度较好。基于以上分析，在美国虾产品差异化进口需求弹性估计时采用综合性模型，即融合了其他四种模型的 General 模型比较切合实际。

表 4-7　美国虾产品进口需求系统模型极大似然函数估计结果

	General 模型	Rotterdam 模型	CBS 模型	阶差分 AIDS 模型	NBR 模型
似然函数对数值 logL(.)	1898.96	1869.50	1893.65	1895.22	1897.78
似然比检验统计值	—	58.92***	10.62***	7.48**	2.36

注：（1）似然比（LR）检验的自由度为 2；在 1%、5%、10% 的显著性水平下，卡方临界值分别为 9.21、5.99、4.61。（2）***、**、* 分别表示在 1%、5%、10% 水平下显著。

（二）实证模型的确定

General 模型是 Barten（1993）在其发表在《实证经济学》（*Empirical Economics*）杂志上一篇关于《消费者分配模型：函数形式的选择》文章中首次提出的，由于模型综合了其他进口需求系统的优点，得到后来研究者们的推崇（Schmitz & Seale，2002；Arunachalam，2008）。美国虾产品进口需求 General 模型中，其主要来源国中国、泰国、印尼、越南、厄瓜多尔、印度分别以这些国家国际代码来表示，分别为 CN、TH、ID、VN、EC、IN，其他国家以 ROW 表示。由此包含常数项和季节虚拟变量的 General 模型表达式为：

$$w_h^{us} d\log q_h^{us} = \alpha_h^{us} + (d_h^{us} + \delta_1 w_h^{us}) d\log Q$$
$$+ \sum_k [e_{hk}^{us} + \delta_2 w_h^{us}(\delta_{hk} - w_k^{us})] d\log p_k^{us} + \sum_l \gamma_{hl}^{us} D_{lt}$$

$$(4.2)$$

根据本文第二章第二节所述，式（4.2）也可以表示为：

$$w_h^{us} d\log q_h^{us} = \alpha_h^{us} + d_h^{us} d\log Q + \delta_1 w_h^{us} d\log Q$$
$$+ \sum_k e_{hk}^{us} d\log p_k^{us} + \delta_2 w_h^{us}(d\log p_h^{us} - d\log P) + \sum_l \gamma_{hl}^{us} D_{lt}$$

$$(4.3)$$

式(4.3)中,上标 us 表示美国,h 和 k 表示虾产品来源地;w_h^{us} 表示来自 h 国的虾产品平均支出份额;p_h^{us} 和 q_h^{us} 分别表示来自 h 国的虾产品的价格和数量;$d\log q_h^{us} = \log(q_{h,t}^{us}) - \log(q_{h,t-1}^{us})$;$d\log Q = \sum_h w_h^{us} d\log q_h^{us}$ 为 Divisia 数量指数;$d\log p_k^{us} = \log(p_{k,t}^{us}) - \log(p_{k,t-1}^{us})$;$D_l$ 是月度哑变量;δ_1、δ_2、α_h^{us}、d_h^{us}、e_{hk}^{us} 和 γ_{hl}^{us} 为待估计系数。

需求系统方程式(4.3)包括 7 个需求方程,满足零次齐次性($\sum_k e_{hk}^{us} = 0$)、对称性($e_{hk}^{us} = e_{kh}^{us}$)、加总性($\sum_h \alpha_h^{us} = 0, \sum_h d_h^{us} = 1 - \delta_1, \sum_h e_{hk}^{us} = 0, \sum_l \alpha_{hl}^{us} = 0$)限制条件。

General 模型需求系统方程弹性值分别由下式计算而得(Barten,1993):

支出弹性:$\eta_h^{us} = d_h^{us} / w_h^{us} + \delta_1$。

斯勒茨基(补偿)自价格弹性:$\varsigma_{hh}^{us} = e_{hh}^{us} / w_h^{us} + \delta_2(1 - w_h^{us})$;交叉价格弹性:$\varsigma_{hk}^{us} = e_{hk}^{us} / w_h^{us} - \delta_2 w_k^{us}$)。

古诺(非补偿)自价格弹性:$\varepsilon_{hh}^{us} = e_{hh}^{us} / w_h^{us} - d_h^{us} + \delta_2 - w_h^{us}(\delta_1 + \delta_2)$;交叉价格弹性:$\varepsilon_{hk}^{us} = \varsigma_{hk}^{us} - \eta_h w_k$。

三、结果与分析

(一)自变量的内生性检验

表 4-8 描述了美国虾产品进口需求系统方程的待估参数估计结果。由于 General 需求函数的应变量为 $wd\log q$,因此,自变量 $d\log Q$ 与误差项之间可能为非独立关系,即自变量 $d\log Q$ 可能是内生于模型中的。Theil(1976)提出对此检验方法:如果 $d\log Q$ 为外生的,则 $\text{cov}(\varepsilon_h, \varepsilon_k)$ 是 Slutsky 系数项的倍数,即 $\text{cov}(\varepsilon_h, \varepsilon_k) = \alpha\pi_{hk}$。因此,利用 General 模型估计而得的参数 π_{hk} 为自变量,$\text{cov}(\varepsilon_h, \varepsilon_k)$ 为应变量。以最小二乘法(OLS)对方程进行回归,得回归方程式为:$\text{cov}(\varepsilon_h, \varepsilon_k) = 0.0000(0.1299) + 0.0120(4.0385)\pi_{hk}$,括号内为 t 统计值。由此可知 π_{hk} 显著异于 0,且 $\text{cov}(\varepsilon_h, \varepsilon_k)$ 约为 Slutsky 系数项的 0.12 倍,模型不存在自变量内生性现象。

(二)参数估计

表 4-8 中美国虾产品进口需求 General 模型估计参数及 t 统计值结果显示:

(1)"泰国"和"越南"方程式的常数项在 10% 显著性水平下异于零("越

南"方程式则 Sig.＜0.05），说明在美国虾产品进口市场上，来自亚洲国家泰国和越南的虾产品消费的影响因素中，存在除了价格因素之外的如消费者习惯或偏好的改变、支出等其他因素的干扰；其中"泰国"方程式常数项为正，意味着美国消费者对来自泰国的虾产品形成偏好，而且有强化的倾向，而越南则相反。

（2）支出系数均为正且在 1%显著性水平下异于零，说明当总预算每增加 1%，对中国、厄瓜多尔、印尼、印度、泰国、越南和其他国家的预算份额分别可显著增加 0.03%、0.03%、0.04%、0.06%、0.38%、0.12%和 0.13%。

（3）Slutsky 系数显示"中国"、"厄瓜多尔"、"印尼"方程式自价格效果不显著，"印度"和"泰国"方程式自价格系数在 1%显著性水平下显著异于零并为负值；印尼与印度之间交叉价格效应显著为负，即产品有明显的互补关系，其他交叉价格效应均不显著。

（4）季节虚拟变量的参数估计结果相对较为复杂，在"中国"方程式中，第一季度与第四季度显著负相关，第三季度与第四季度显著正相关，说明中国虾产品供给与本国虾产品收获的季节性有较强关联；从厄瓜多尔的季节虚拟变量显著性水平（第一季度在 10%显著性水平下为正值，第三季度在 1%显著性水平下为负值）可以看出，厄瓜多尔对美虾产品供给在第一季度和第四季度相对较多，而第三季度则最低；印尼与厄瓜多尔较为相似；"泰国"方程式中季节虚拟变量系数虽有正值和负值但均不显著，说明泰国对美虾产品供给四季较为平稳；越南在第二季度与第四季度显著正相关，其他季度系数均为正但不显著。

（三）弹性比较

表 4-9 列出了虾产品进口需求 General 模型在 1998 年 1 月至 2013 年 12 月期间以样本平均值计算的来自来自中国、厄瓜多尔、印尼、印度、泰国、越南和其他国家的虾产品的支出弹性和价格弹性。

表 4-9 显示，美国虾产品进口总支出对印度和泰国富有弹性，支出弹性值分别为 1.8095 和 1.7097，对中国、厄瓜多尔、印尼、越南和其他国家的虾产品缺乏弹性，弹性值分别为：0.3309、0.8807、0.5027、0.7289 和 0.9761。支出弹性值的大小表明美国虾产品进口总支出每增长 1%，对印度和泰国虾产品的进口量分别增长 1.81%和 1.71%，而对中国虾产品的进口量增加仅 0.33%，说明美国消费者对来自泰国和印度虾产品的商品性价比的综合评价比较高，比较愿意为性价比高的来自泰国和印度的虾产品增加支出。从 6

个主要来源国支出弹性值大小来看,来自中国支出弹性值最小,即意味着在美国消费者对虾产品总支出的增长中国获益最小,同时也说明中国虾产品尚未能在美国消费者心目中建立一个良好的品牌形象①。

从斯勒茨基(补偿)价格弹性来看,中国、厄瓜多尔、印尼、印度、泰国、越南和其他国家虾产品的自价格弹性均为负值,属于正常商品,即价格上涨会使各自出口量下降,价格下降则出口量增加;但自价格弹性值均小于1,说明各来源国虾产品对价格变化缺乏弹性。

从古诺(非补偿)价格弹性来看,没有剔除收入效应的厄瓜多尔、印度、泰国、越南虾产品的自价格弹性变化较大,尤其是印度和泰国(印度自价格弹性为 1.05,略高于单位弹性,泰国为 -0.7815),印度和泰国虾产品的自价格弹性的收入效应比较大,这也可以从这两国的支出弹性值较高现象得到进一步验证。

表 4-9 也显示不同来源国虾产品的交叉价格弹性均小于 1,缺乏弹性。从中国方面来看,中国虾产品与印尼、印度交叉价格弹性为负,说明出口虾产品品种类别方面存在一定的互补关系;中国与厄瓜多尔、泰国、越南交叉价格弹性均为正值,说明中国虾产品与这三个国家虾产品存在一定的替代效应。其中,中国与泰国的交叉价格弹性值($\zeta_{cn\_th}^{us} = 0.0352, \zeta_{th\_cn}^{us} = 0.1897$)说明,泰国虾产品价格的变动对中国虾产品的出口量的影响力大于中国虾产品价格的变动对泰国虾产品出口量的影响力;与厄瓜多尔、越南交叉价格弹性值($\zeta_{cn\_ec}^{us} = 0.0443, \zeta_{ec\_cn}^{us} = 0.0707; \zeta_{cn\_vn}^{us} = 0.1124, \zeta_{vn\_cn}^{us} = 0.1879$)大小,同样反映了厄瓜多尔、越南虾产品对中国产品的较强的替代影响。因此,在美国进口市场上,相对于"他国"对中国虾产品的影响而言,中国虾产品对"他国"虾产品的影响较弱。

---

① 中国出口美国的虾产品中多次查出药物残留、抗生素超标等负面新闻使得美国消费者对中国虾产品产生不信任感。而 2008 年中国市场液态奶"三聚氰胺事件"更是雪上加霜,认为来自中国食品是"不安全"的比例更是大幅度上升。

表 4-8　美国虾产品进口需求模型：General 模型参数估计结果

变量		中国	厄瓜多尔	印尼	印度	泰国	越南	其他国家
常数项		0.0011 (0.2734)	0.0062 (1.5703)	0.0022 (0.5910)	0.0042 (1.4306)	−0.0068⁻ (−1.9753)	−0.0103** (−2.4292)	−0.0087 (2.2807)
价格系数	中国			−0.0179 (−1.4474)	−0.0011 (−0.2649)	0.0110 (0.6451)	0.0109 (0.9945)	0.0434 (2.2807)
	厄瓜多尔		0.0042 (0.1457)	0.0001 (0.1349)	0.0075 (0.3132)	0.0058 (0.1605)	−0.0272 (−1.5310)	−0.0688* (−1.9371)
	印尼		−0.0081 (−0.8321)	−0.0055 (−1.0976)	−0.0211* (−1.8902)	0.0170 (0.1286)	0.0295 (1.3333)	0.1042** (2.3971)
	印度				−0.0058* (−2.1943)	0.0039 (−0.2819)	0.0108 (0.5135)	−0.0042 (−0.1646)
	泰国					−0.1261*** (−5.3526)	−0.0074 (−0.5973)	−0.0733 (−1.4153)
	越南						−0.0135* (1.9602)	−0.01136 (−0.5842)
	其他国家							−0.0587
支出项		0.0292*** (4.3721)	0.0322*** (5.0506)	0.0437*** (6.2763)	0.0568*** (14.9288)	0.3781*** (10.6713)	0.1207*** (10.4661)	0.1388
季节虚拟变量 1		−0.0119** (−3.2050)	0.0095* (1.6837)	0.0133** (2.4661)	−0.02234* (−1.8261)	0.0028 (0.2651)	0.0079 (1.3177)	−0.0107
季节虚拟变量 2		0.0062 (1.1007)	−0.0079 (−1.4492)	−0.0019 (−0.3640)	−0.0381*** (−3.1743)	−0.0025 (−0.2403)	0.0227*** (3.9124)	0.0025
季节虚拟变量 3		0.0128** (2.4904)	−0.0182** (−3.1180)	−0.0092* (−1.6487)	0.0113 (0.8806)	−0.0065 (0.5842)	0.0085 (1.3526)	0.0020
系统加权 R^2					0.8982			
δ_1					0.9623			
δ_2					−0.4562			

注：(1)括号内为 t 统计值；(2)***表示 Sig.<0.01；**表示 Sig.<0.05；*表示 Sig.<0.10。
资料来源：作者根据美国虾产品进口需求不同市场来源国进口需求的 General 模型回归求得。

表 4-9　美国虾产品进口需求模型：General 模型的支出弹性和价格弹性估计

		中国	厄瓜多尔	印尼	印度	泰国	越南	其他国家
支出弹性		0.3309	0.8807	0.5027	1.8059	1.7097	0.7289	0.9761
斯勒茨基（补偿）价格弹性	中国	-0.5948	0.0707	-0.3086	-0.0190	0.1897	0.1879	0.7483
	厄瓜多尔	0.0443	-0.0853	0.0011	0.0810	0.0626	-0.2937	-0.7430
	印尼	-0.2057	0.0011	-0.0632	-0.2425	0.1954	0.3391	1.1977
	印度	-0.0132	0.0900	-0.2533	-0.7911	0.0468	0.1297	-0.0504
	泰国	0.0352	0.0186	0.0544	0.0125	-0.4034	-0.0237	-0.2345
	越南	0.1124	-0.2804	0.3041	0.1113	-0.0763	-0.1392	-0.1171
	其他国家	0.1610	-0.2553	0.3866	-0.0156	-0.2720	-0.0423	-0.2178
古诺（非补偿）价格弹性	中国	-0.6227	0.0262	-0.3504	-0.0590	0.0396	0.1414	0.6189
	厄瓜多尔	0.0242	-0.1174	-0.0290	0.0522	0.0455	-0.3273	-0.8362
	印尼	-0.2349	-0.0454	-0.1069	-0.2844	0.0382	0.2903	1.0622
	印度	-0.1934	-0.1977	-0.5236	-1.0500	-0.9245	-0.1718	-0.8879
	泰国	-0.0350	-0.0934	-0.0508	-0.0883	-0.7815	-0.1410	-0.5604
	越南	0.0679	-0.3514	0.2374	0.0475	-0.3161	-0.2136	-0.3238
	其他国家	0.1044	-0.3457	0.3017	-0.0969	-0.5771	-0.1370	-0.4809

资料来源：作者根据美国虾产品进口市场不同来源国进口需求的 General 模型回归系数计算求得。

第四节 本章小结

美国是世界上最大的虾产品进口国,虾产品已经成为美国普通家庭最受欢迎的水产品,人均年消费量居所有水产品之首。而近几年美国进口虾产品总量变动趋势表明,美国虾产品总体需求已趋于稳定。作为美国进口虾产品的传统供给国——中国受到了来自亚洲地区的泰国、越南、印尼、印度和南美洲地区的厄瓜多尔、墨西哥等国的挑战,市场竞争异常激烈。

然而在这场竞争中,由于受多方因素影响,中国并没有赢得其应有的地位。从对美国虾产品进口需求弹性估计结果与分析中可以看出,(1)美国消费者对来自泰国的虾产品已经形成一定的消费偏好,且相对于中国、厄瓜多尔、印尼、越南虾产品均缺乏弹性而言,美国市场对来自印度和泰国的虾产品的需求富有弹性。(2)美国市场对虾产品总支出的增加会极大地提高泰国、印度虾产品的进口量,其次是厄瓜多尔、越南和印尼,而中国的受益率最低。(3)尽管从进口总量而言,中国在美国市场上地位较为稳固,但交叉价格弹性值表明,来自不同国家的虾产品在美国市场的交锋中,中国处于弱势地位,即中国虾产品价格的变动对其他来源国影响不大,而其他来源国价格的变动将对中国虾产品的进口量会产生较大的影响。

第五章　日本虾产品市场需求分析

　　日本是水产品消费大国,进口量居全球第一①。虾产品是日本消费者偏好的水产品种,进口额占所有进口水产品种之最。由于受经济不景气的影响,曾经是世界虾产品第一大进口国(1997 年之前)的日本,近年来虾产品进口规模几乎没有出现大的增幅,进口量一直保持在 28 万吨上下的水平。然而受金融危机等诸多因素影响,自 2007 年起日本进口虾产品出现下降的趋势,虽然 2011 年进口量恢复至 28.46 万吨,但随后又出现下降,2014 年降至 22.31 万吨。这与当前世界虾产品贸易规模快速增长势头形成鲜明的对比。

　　日本是我国虾产品传统出口市场,也是我国最重要的虾产品出口市场之一。然而,从近年来我国虾产品在日本市场的绩效来看,表现平平,且自 2008 年起中国出口日本的虾产品开始出现持续疲软现象,至 2014 年,日本从中国进口的虾产品仅 1.94 万吨。面对此景,我们不禁要问:日本虾产品市场是否真的如许多专家所预言的需求已经处于饱和状态? 如果答案是肯定的,那么又如何解释越南虾产品在日本虾产品进口市场上市场份额节节攀升现象? 是价格问题还是产品的品质问题抑或是消费者的偏好已经悄然发生转移? 对这些问题的科学回答直接关系到我国虾产品能否在日本市场获取新的竞争优势。

　　鉴于此,本章从日本虾产品消费变化趋势及市场供求历史变迁规律的分析入手,在对日本虾产品进口市场上进口产品结构与主要来源国结构变

----

　　①　进口额美国居第一,2011 年美国进口水产品总额为 177.46 亿美元,日本为 173.41 亿美元。

化作详细地剖析之后,利用日本财务省贸易统计数据库(TSOMOF)中有关日本与其进口虾产品主要来源国之间贸易量和贸易额月度数据,采用差异化进口需求 CBS 模型,借助于计量分析工具 EViews 和 SAS 统计软件,对进口需求模型各参数值进行估计,由此计算得出日本虾产品进口总支出对不同来源国(产地)、不同产品形式的虾产品的支出弹性、自价格弹性和交叉价格弹性,从而了解日本消费者对中国虾产品需求的变动规律,对中国在日本虾产品进口市场上主要竞争对手供应的虾产品偏好程度,并进而明了日本虾产品需求市场的总体特征,为中国虾产品出口企业制定日本市场"绩效改进计划"提供依据。

第一节　日本虾产品消费市场特点

一、消费偏好

日本是人均虾产品消费量最高的国家之一,人均年消费量 3 千克左右。与其他虾产品进口国相比,日本消费者以偏爱大规格的虾产品而著称,尤其是大规格的斑节对虾、捕捞墨吉对虾深受消费者青睐。小规格的虾(尤其是小规格的南美白对虾)在日本寿司店使用较多,或者用于制作杯面和甜点。然而,由于受金融危机影响,偏好大规格进口虾产品的日本消费者在对虾的品种与规格大小的选择上出现了一些改变:人们开始更多地选择中等规格及以下的斑节对虾(如 21～25 粒/磅或更小)或南美白对虾(FAO Globefish,2009)。同时,从近年来日本进口的虾产品的品种类别来看,去壳去肠线(peeled & deveined,简称 p&d)的南美白对虾和南美白对虾的加工调理食品(ready to cook)也逐渐被日本家庭接受,虾制品进口比例的增加(从 2000 年 11.53％上升至 2014 年的 25.97％)就是一个明证。

从日本虾产品消费的季节偏好来看,日本消费者有在主要节假日(如樱花节、黄金周、盂兰盆节和新年等[①])大量消费虾产品的习惯。从虾产品的消费场所来看,日本市场虾产品主要在家庭和餐饮店消费(过去餐饮店消费占 70％～80％的比重,目前下降到 50％左右)。

---

① 　日本樱花节:3 月 15 日至 4 月 15 日;黄金周:4 月 29 日至 5 月 5 日;盂兰盆节:8 月 15 日左右,是日本民间最大的传统节日,日本各企业均放假 7～15 天;新年:12 月 29 日至 1 月 3 日。

二、市场供求的历史变迁

作为虾产品消费大国,日本捕虾业历史悠久,主要品种有日本对虾(Penaeus japonicus)和其他虾类(Natantian decapods nei),产量最高时曾达8.7万吨(1963年),然而,由于自然资源的衰竭以及劳动力成本的上升,日本捕捞虾产量逐年下降,2012年仅1.48万吨,为历史最低水平(FAO,2014)。

国内产量的下降和国内需求的不断攀升,以及自1961年以来日本全面推进贸易自由化政策的实施,日本虾产品需求市场冷冻生虾进口迅速增长。图5-1显示了日本自实施贸易自由化政策以来,日本虾产品供给市场上本国产量、进口量以及汇率变动情况。下面结合图5-1对日本市场虾产品的供求状况作一分析。

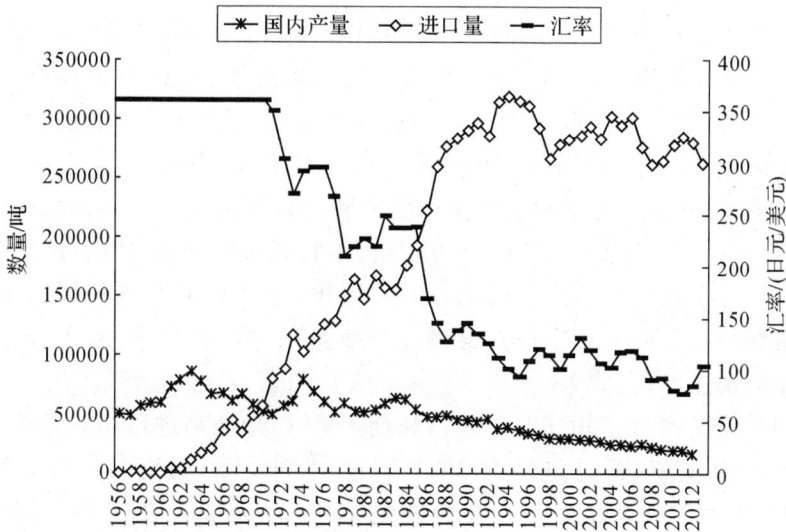

图5-1　日本虾产品进口时序变动趋势

资料来源:进出口贸易数据来自联合国商品贸易数据库(UN Comtrade,2015);产量数据来自联合国粮农组织渔业统计数据库(FAO,Fishstat Plus,2014);日元兑换美元数据来自日本统计年鉴"Foreign Exchange Rates"。

1961—1971年。1961年,尽管日本本国虾产量达73500吨,日本依然从韩国和中国进口了4058吨虾产品。在这一时期,虾产品被日本人民认为是奢侈品,虾产品的价格相当高。尽管如此,市场需求增长依然迅猛,进口量同步增长,而1971年固定汇率制改为浮动汇率制的政策,更是加速了进口增长的步伐。

1972—1983年。在这一时期,由于1973年的第一次石油危机、1977年开始的200海里水域经济专属区制度开始实施,以及1979年的第二次石油危机的影响,虾产品进口平均价格波动幅度较大。然而,70年代后期冷冻食品消费浪潮的兴起,使得冷冻虾产品成为当时市场上最受欢迎的加工食品,而此时在外就餐消费方式的流行也使得虾产品需求大幅度增加。

1984—1989年。1984年,中国大陆和台湾地区养殖虾产量开始出现大幅度增长,加上日元升值(从1985年的238.54日元/美元升为1986年的168.52日元/美元),日本虾产品进口增速加快。进口虾的品种从80年代之前基本以捕捞虾为主,逐步转为捕捞虾和养殖虾并重,而此时因为中国台湾地区斑节对虾养殖量的大幅度上升,从而成为日本市场在这一时期的主要进口品种。然而1988—1989年间,由于过度养殖造成虾病大面积爆发,台湾地区养殖对虾产量锐减。日本转向从东南亚国家进口虾产品。

1990—1995年。80年代后期,日本国内以股票、房地产和其他资产价值暴涨为特征的"泡沫经济"、通货膨胀等刺激了人们追求奢侈品和高档物质享受的生活方式。伴随着1991年的利率上调,泡沫破灭,随之而来的是长时间的经济衰退,对消费品的国内生产和进口都造成了一定的影响,1992年虾产品进口有所降低。然而,1993年由于日元再度升值,使得虾产品进口得以恢复并迅速增长。这一时期,印尼、泰国、印度和中国以较低的价格供应养殖虾产品并成为日本虾产品的主要供给国家,从而也带来了家庭消费虾产品的快速增长。

1996—2006年。由于日本经济长期不景气,虾产品进口增长趋势受阻,市场需求出现萎缩,进口量由1994年的318995吨(历史最高点)下降到1998年的266458吨,而后虽有所恢复,但年进口量一直在30万吨左右徘徊。

2007年以来,受2007年美国次贷危机而引发的全球金融危机影响,以及日元升值而导致的日本国内产品出口规模难以扩大等诸多因素干扰,经济总量再度出现下滑,2008年虾产品进口规模跌至近年来最低量,为26.26万吨。

2009年及之后,日元升值后再度贬值(从2008年的103.37日元/美元升为2011年的79.81日元/美元,然后又降为2013年的105.37日元/美元),因此,尽管虾产品国际市场价格上涨并未对日本造成影响,但是在多种因素共同夹击下,进口量从2011年的28.46万吨,又下降至2014年的

22.31万吨。据彭博社报道,从近十年日本市场虾产品消费情况来看,日本市场虾产品消费已趋于稳定,短暂的经济波动不会对虾产品进口造成太大的影响。

第二节　日本虾产品进口市场特征

从前文对日本虾产品市场的消费特点分析中可以看出,日本市场虾产品需求的满足大多依靠进口来实现。因此,有必要通过分析日本进口虾产品结构、主要来源国、市场流通体系和市场准入,全面把握日本虾产品进口市场的主要特征。

一、进口虾产品结构

(一)进口虾产品的分类及进口关税

日本海关对进出口商品采用9位制编码,即6位HS编码+3位国内代码。其中,前面6位编码根据国际协调编码系统确定,进口和出口的同类商品编码都一致,后3位国内代码则根据实际情况作调整,所以有可能出现虽然出口和进口的是同一种商品但国内代码不一致现象,因此相应的进出口编码的手册也是不一样的(日本海关,2009)。

日本海关针对不同的虾产品征收不同的进口关税,其中未冻虾及虾仁为4%~6%;熟制虾为4.8%;冷冻虾及虾仁为4%;罐装虾为6%。但针对不同来源国征收的税率又有一些调整,具体如表5-1所示。

从表5-1日本海关对进口虾产品的分类及征收的关税比率可以看出,对享受最惠国待遇的WTO成员方进口的冷冻虾、活/新鲜/冷藏的虾征收1%从价税,对最不发达国家则免税;虾制品的从价税在多边贸易谈判乌拉圭回合(Uruguay Round of Multilateral Trade Negotiations)确定为15%,并于1995年1月生效,后来日本将税率降低至4.8%,普惠制税率为3.2%,最不发达国家免税。按照普惠制的原则,所有发达国家对于原产于所有发展中国家(非歧视的)的商品,在最惠国待遇的基础上,对进口关税再进行削减或免除。对于与日本制定经济伙伴关系协定(EPA)的国家,进口关税采用全免或部分产品征收关税政策。

表 5-1　日本海关对虾产品的分类及关税征收比率

产品编码	产品描述	一般	WTO	GSP	LDC	新加坡	墨西哥	马来西亚	智利	泰国	印尼	布鲁内	东南亚联盟	菲律宾	单位
		关税				关税（EPA）									
0306.13.000	冷冻生虾	4%	1%		免税	免税	免税	免税	免税	免税	免税	免税	免税	免税	千克
0306.23.111 0306.23.119 0306.23.190	活/鲜/冷藏虾	4%	1%			免税		免税	免税	免税	免税	免税	免税	免税	千克
0306.23.200	干/盐渍/腌制虾	6%	5%	4%		3.3%		2.0%	2.7%	2.7%	3.3%	4.2%	4.2%	3.3%	千克
1605.20.011	冷冻熟虾烟熏虾	4.8%	(4.8%)	3.2%		3.2%		1.6%							
1605.20.019	熟制烟熏虾	6%	5.3%			免税		免税	免税	免税	免税	免税	免税	免税	千克
1605.20.021	寿司虾	6%	5.3%												
1605.20.029	制作或保藏虾，包括罐头					3.5%								4.4%	千克

注：LDC 为 Least Developed Countries，最不发达国家；GSP 为 Generalized System of Preferences，普通优惠制度（普惠制）；EPA 为 Economic Partnership Agreement，经济伙伴关系协定。

资料来源：日本海关（Japan Customs）。

（二）进口产品类别结构变化情况

从日本虾产品历年进口总量来看，在 1990—2014 年 17 年间虽有所波动，但总体变化不大。然而，2007 年后出现明显的下降趋势，至 2008 年进口量下降至 1990 年以来的最低水平，而后又逐渐恢复。

从进口虾产品分类别产量结构来看：（1）未冻虾及虾仁（包括活虾、鲜/冷虾、干/盐渍/腌制虾）进口数量不高，且下降趋势明显：进口量从 1990 年的 4399 吨下降至 2011 年的 2894 吨；占进口总量的比重在同一时期从 1.5% 下降至 0.96%。（2）冷冻生虾是日本进口的主要虾产品类别，但不论是其进口的绝对数量还是占总量的比重都呈现减弱的趋势，至 2011 年，进口量仅为 20.52 万吨，占进口总量的比重由 1990 年的 97.22% 下降至 2008 年的 73.77%。（3）虾制品（包括冷冻熟虾、熟制烟熏虾、寿司虾、制作或保藏虾和罐头）逐渐成为市场新宠，进口绝对数量和占进口总量比重均大幅度上升，其中，冷冻熟虾占进口总量的比重由 1990 年的 0.59% 上升到 2011 年的 7.86%；制作或保藏虾和罐装虾占总量的比重则由 1990 年的 0.53% 上升至 2011 年的 16.59%，进口量达 4.9 万吨；相比之下，尽管寿司虾 2011 年进口量仍仅为 3252 吨，但与之前年进口量 200 吨左右水平相比，增加了 10 多倍。

表 5-2　日本进口虾产品类别结构变化情况　　　　　单位：吨

年份	产品类别								
	活虾	鲜/冷虾	干/盐渍/腌制	冷冻熟虾	熟制烟熏虾	寿司虾	制作或保藏虾和罐头	冷冻生虾	合计
1990	2883	471	1045	1725	321	102	1557	283448	291552
1991	4359	367	1116	3561	378	184	2302	284493	296760
1992	3244	271	1026	4325	342	173	3312	272761	285454
$\overline{A}_{90-92}$（%）	**1.20**	**0.13**	**0.36**	**1.10**	**0.12**	**0.05**	**0.82**	**96.22**	**100**
1993	520	202	1195	5038	421	118	4558	300489	312541
1994	452	215	1742	5998	375	675	6562	302975	318994
1995	474	261	1515	8527	477	352	9538	292910	314054
1996	513	207	1727	8283	430	290	12367	288763	312580
1997	382	98	2128	9619	503	89	12751	267247	292817
$\overline{A}_{93-97}$（%）	**0.15**	**0.06**	**0.54**	**2.42**	**0.14**	**0.10**	**2.95**	**93.64**	**100**

续表

年份	产品类别								
	活虾	鲜/冷虾	干/盐渍/腌制	冷冻熟虾	熟制烟熏虾	寿司虾	制作或保藏虾和罐头	冷冻生虾	合计
1998	367	86	2349	10339	377	50	13984	238906	266458
1999	492	89	2207	10725	592	91	16160	247314	277670
2000	600	28	2711	11788	509	99	20009	246627	282371
2001	577	99	1704	14045	515	160	23980	245048	286128
2002	406	36	1875	13936	468	195	27678	248868	293462
$\overline{A}_{98-02}$(%)	**0.17**	**0.02**	**0.77**	**4.33**	**0.18**	**0.04**	**7.24**	**87.25**	**100**
2003	300	20	1977	13927	454	92	33361	233195	283326
2004	383	33	2351	16745	618	341	39688	241443	301602
2005	271	19	2008	17051	422	263	42195	232435	294664
2006	185	7	2036	18269	414	204	50016	229948	301079
2007	167	0	1579	17893	315	144	48162	207243	275504
$\overline{A}_{03-07}$(%)	**0.09**	**0.01**	**0.68**	**5.76**	**0.15**	**0.07**	**14.66**	**78.58**	**100**
2008	135	2	1761	19678	279	103	44031	196626	262615
2009	0.08	172	2937	20898	278	2213	41147	197574	265219
2010	0	140	2554	21563	255	1951	46592	205345	278400
2011	0	83	2811	23592	478	3252	49184	205216	284616
$\overline{A}_{08-11}$(%)	**0.01**	**0.04**	**0.92**	**7.86**	**0.12**	**0.69**	**16.59**	**73.77**	**100**

注:(1)"$\overline{A}_{90-92}$(%)"=(某产品类别1990—1992年平均值)/(1990—1992年总进口量平均值)×100,以此类推;(2)表中用黑体来凸显某产品类别所占比重较大幅度的变化。

资料来源:日本财务省贸易统计(TSOMOF),细分品种数据更新至2011年。

二、主要来源国

(一)主要来源国国别结构及市场份额变动情况

作为世界上虾产品主要进口大国,日本进口的虾产品中既有暖水虾品种也有冷水虾品种(占进口量的10%左右)。据日本海关统计显示,大约有60多个国家和地区与日本有虾产品贸易往来,且在不同时期虾产品主要进口国国别结构及其市场份额呈现不同的特征。图5-2显示了1990年至2012年日本虾产品进口市场主要来源国国别结构和市场份额的变动情况以及进口国的市场集中度变动趋势。

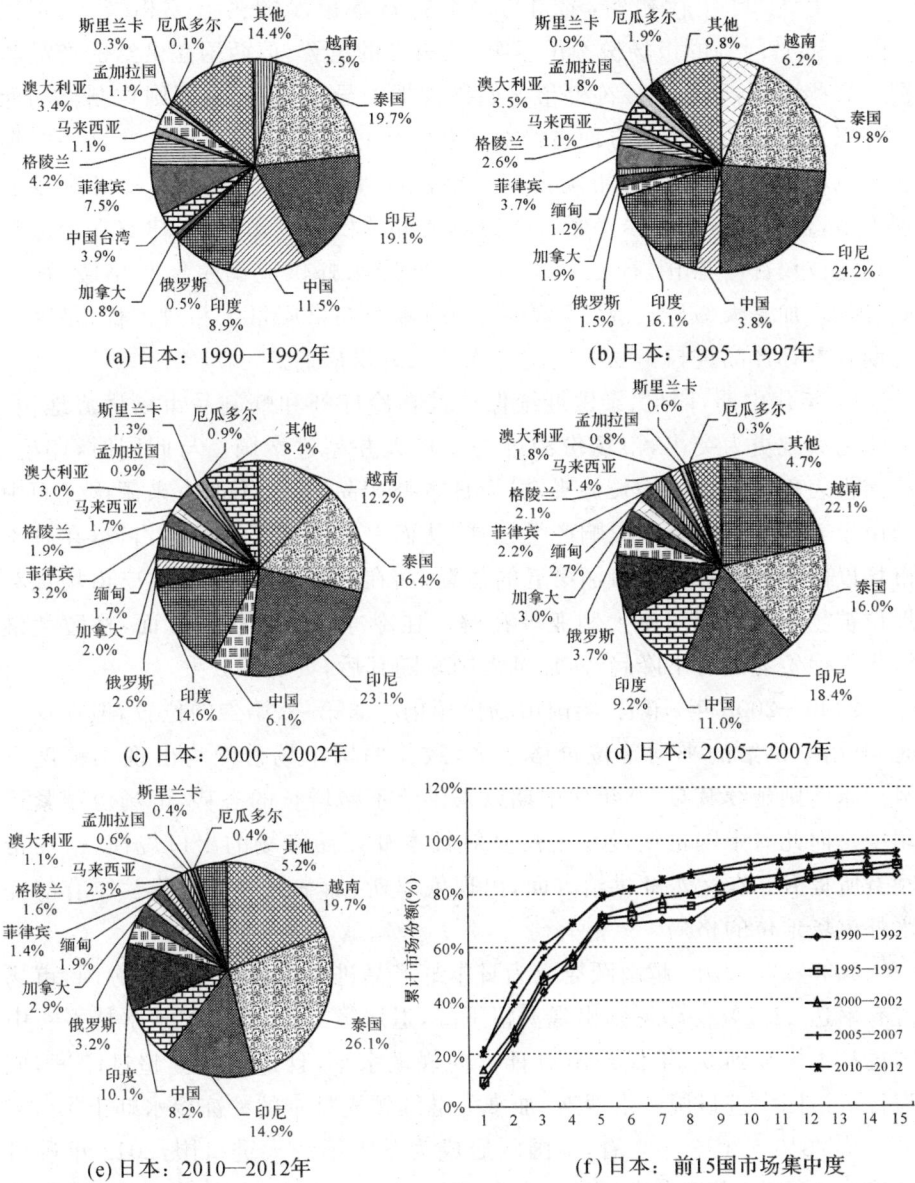

(a) 日本：1990—1992年

(b) 日本：1995—1997年

(c) 日本：2000—2002年

(d) 日本：2005—2007年

(e) 日本：2010—2012年

(f) 日本：前15国市场集中度

图 5-2　日本虾产品进口来源国及其市场份额变动情况（a—f）

注：采用三年平均值来计算市场竞争强度，以平滑由于偶发因素造成的短暂的波动而带来的影响。

资料来源：联合国商品贸易统计数据库（UN Comtrade，2014）。

20 世纪 90 年代初期,泰国与印尼在日本市场的占有率相当,分别以 19.7％和 19.1％的市场份额位居第一、第二的位置,但两国在供给的产品类别上有些区别:印尼在冷冻虾市场始终占据主导地位,而泰国则在制作和保藏虾以及冷冻熟虾供给方面占绝对优势。中国大陆和台湾地区在这一时期表现也不错,除在冷冻虾市场占有一定份额外,中国大陆在鲜/冷虾市场表现不俗,台湾地区则基本垄断日本市场活虾的供应。印度、菲律宾在冷冻虾市场地位仅次于泰国、印尼和中国。冷冻冷水虾供应国主要有格陵兰、挪威、冰岛、加拿大、丹麦、俄罗斯等,其中格陵兰在供应量上相对占优,是这一时期日本虾产品进口市场主要的冷冻冷水虾供应商。

90 年代中期,印尼、泰国继续保持其在冷冻虾和虾制品市场优势地位,但印尼表现更为突出,市场份额进一步扩大并超过泰国。与此同时,印度、越南也表现出强劲的增长势头,成为日本虾产品第三、第四大来源国。而中国由于养殖虾遭遇虾病影响产量锐减,从而严重影响了虾产品出口,在日本市场以微弱的优势居进口额第五的位置,而在活虾和鲜/冷虾供应市场优势地位被越南、菲律宾、澳大利亚等瓦解。在冷冻冷水虾供应方面,格陵兰继续领先但贸易额有下降趋势,加拿大则紧随其后,贸易额放大。

2000—2002 年,印尼、泰国市场份额仍稳居第一、第二的位置,但在这一时期,由于供给的平均单位价格下降,致使两国市场份额均出现小幅度下滑。越南则延续其自 90 年代中期以来供给不断增长的态势,市场份额紧逼印度。而此时中国也慢慢开始恢复对日本虾产品市场的出口规模,市场份额有所提升。在冷水虾供给方面,出现俄罗斯、加拿大取代格陵兰原有的冷水虾市场地位的格局。

2005—2007 年,越南跃居成为日本虾产品进口市场第一大来源国,市场占有率达 22.1％。印尼则出现大幅下降,退居第二位,而泰国基本持平。中国也基本恢复到 90 年代初出口日本的规模水平,且市场份额超过印度,成为日本第四大进口国。俄罗斯、加拿大继续领先日本的冷冻冷水虾市场。

从 2010—2012 年来看,泰国跃居成为日本第一大进口国,2012 年进口量接近 8 万吨,占日本当年进口总量的 28.47％,与此同时,中国、印尼市场份额出现较大幅度下降,越南略有下降,位居第二①。俄罗斯、加拿大仍是日

---

① 然而,从 UNCOMTRADE 最新发布的数据来看,2013 年和 2014 年,受本国产量锐减影响,泰国出口日本虾产品出现下降,分别降至 5.8 万吨和 3.7 万吨,相反越南乘胜追击,跃居成为日本市场第一大进口国。

本冷冻冷水虾市场的主要供给国,市场份额基本维持先前水平。从图5-2f前15国市场集中度(简称 CR_{15})可以看出,日本进口虾产品总量在维持基本不变的同时,进口市场仍趋于集中,2012 年 CR_{15} 达 93.44%,但出现略微扩散的迹象(1997 年时达 96.97%)。

(二)主要来源国与进口市场结构波动的同步性检验

从图 5-2 及其相应的分析中可以看出,尽管日本进口虾产品主要来源国国别结构在不同时期有些变动,但印尼、越南、泰国、印度、中国在日本的市场地位相对稳固,稳居日本虾产品进口市场前五位。冷冻生虾是日本虾产品进口市场的主要进口类别,为更好地理解主要来源国进口量及价格的波动规律,采用休哈特控制图(Nelson,1989)作进一步分析。

首先对各主要来源国进口量和平均进口单价时间序列数据做标准化处理[①],然后以标准化后的时间序列趋势图来进行比较分析。结果如图 5-3 所示,图中横轴表示时间,纵轴为标准化处理后的进口量和进口单价值。

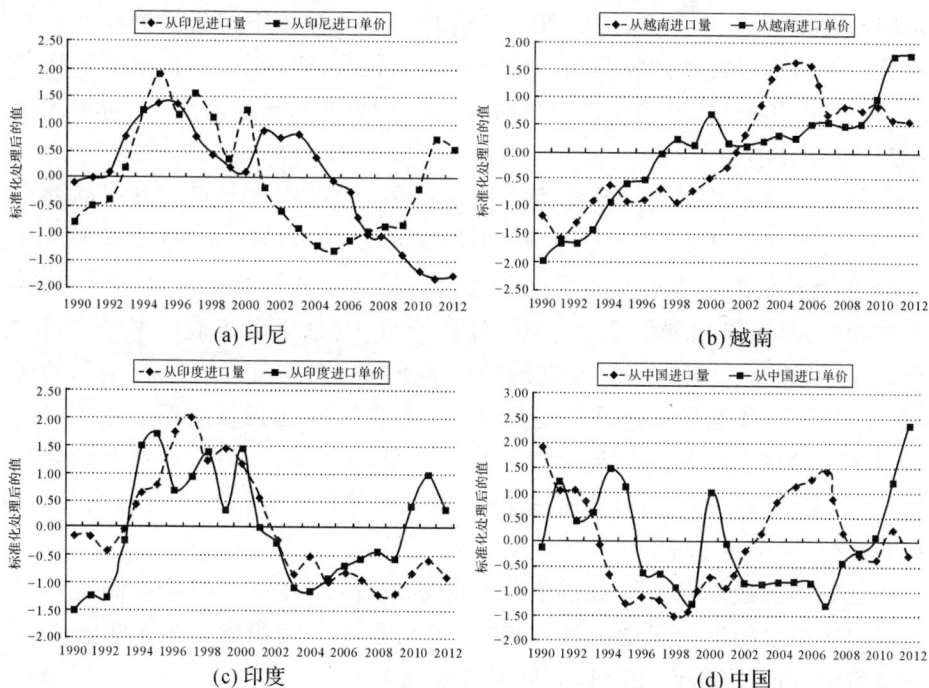

(a)印尼

(b)越南

(c)印度

(d)中国

---

① 数据标准化处理公式见第四章式(4.1)及其详细介绍。

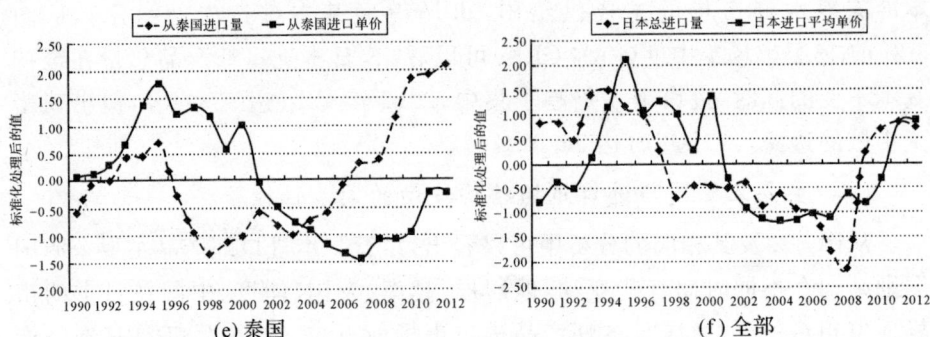

(e) 泰国　　　　　　　　　　　　　(f) 全部

图 5-3　不同国家出口到日本的虾产品出口量和出口单价的变动关系(a—f)

资料来源:作者根据不同来源国进口量和进口单价数据利用 SPSS 处理后整理获得。

从各主要来源国价格变化的趋势来看,印尼、印度、泰国与日本冷冻虾市场整体价格变动规律基本趋同,即表现为 1994 年之前不断上涨、1995—2000 年高位波动、2000—2004 年迅速下跌,以及 2004 年之后相对稳定。而越南则表现为 2000 年之前的不断上升,2001 年小幅度下降后又继续回升的趋势。中国出口日本的虾产品价格波动幅度较大,在 2007 年小幅度下降之后,从 2008 年开始,价格出现明显回升,至 2012 年达到最高值(平均单价为9.77 美元/千克)。

从各主要来源国进口量变动的趋势来看,印尼、印度与日本虾产品虾产品进口总量保持同步的变化规律。中国表现为 1999 年之前的持续下滑和2000 年及其后的逐步上升的变化轨迹,然而自 2008 年起,与出口单价持续上涨相比,出口量出现下滑,至 2012 年降至近 10 余年以来最低水平。与中国相反,泰国在 1994—1997 年期间进口量下滑的现象在 1998 年之后得到缓解,且自 2003 年起贸易量开始逐步放大,至 2012 年达到最高值。越南出口日本市场的冷冻虾产品贸易量增长势头明显,但可能由于受价格上涨的影响,2006 年和 2007 年出口量出现下降,此后可能由于价格一直保持高位,出口量保持 2007 年水平。

从各国的进口量和进口价格互为关系来看,没有体现出明显的进口量与进口单价之间反向运动关系,2000 年之后虽在一定程度上显示出价格与进口量的反向关系,但变动趋势仍不明显。

三、市场流通渠道

流通渠道是虾产品从生产商转移到消费者过程中所经历的一系列环节的组合。日本进口的虾产品主要由日本虾产品进口商或贸易公司从产地或来源国虾产品出口加工企业处,通过事先协商并签订买卖交易合同来实现。虾产品进入日本市场后大体上存在两种分销体系(见图 5-4):一是直接进入中心批发市场(东京 Tsujiki 市场是日本最大的批发市场),买卖交易行为由中间商(包括在中心批发市场经登记注册过的一级批发商和二级批发商)完成,然后经由批发商将商品销售给大众推销商、超市、零售商或食品服务商,最终到达消费者(这种分销体系也称为市场内分销);二是通过市场外的专业批发商来完成,因为买卖行为在中心批发市场外进行,因此也称之为市场外分销。也有些进口商将进口的产品直接送到超级市场、零售商和食品服务提供商,但这种分销方式相对较少(JETRO,2004)。

　在日本市场虾产品销售的过程中,不同规格的虾产品其销售终端有显著的不同。一般而言,大规格的虾(指每磅小于 16 粒的虾产品)主要供应饭店和餐馆;中等规格的虾(指每磅 16～25 粒)在日本传统饭店如日本料理(tempura)店和荞麦面(soba-noodle)店比较流行;小规格的虾常用来做天麸罗和寿司虾。另外,中等规格和小规格的虾通常在超市和零售店销售(Ling et al.,1998)。

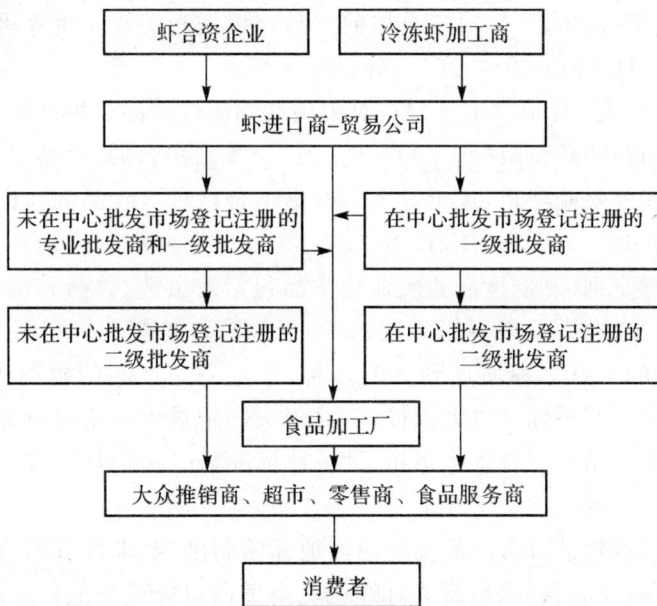

图 5-4　日本进口虾产品的分销体系

　资料来源:日本农产品贸易手册(JETRO,2004);商务部网站,中国虾产品出口指南,2005-11-24。

由于受 H1N1 甲型流感（在日本称为墨西哥流感），出于对健康的考虑，人们开始尽可能避免外出就餐，这对本来受金融危机影响已经出现疲软的饭店餐饮渠道消费的虾产品造成了较大的影响，而家庭就餐比例的提高使得超市里包括虾制品在内的冷冻食品销量迅速上升。

四、市场准入与规制

与进入美国市场一样，进入日本市场的虾产品必须符合联合国粮农组织下属的国际食品法典委员会（CAC）发布的水产方面的标准和规定，此外还必须符合日本食品卫生法规中对水产品的食品卫生要求。根据日本食品卫生法规相关要求，虾产品进口可分为三个阶段：（1）进口商把即将进口的虾产品样本送到由政府授权并经厚生省认证的 57 个检验机构进行检验；（2）检验通过后，进口商向厚生大臣（卫生部长）提交进口说明书（Notification Form for Importation of Foods），日本检验检疫机构将在产品通关前首先按照说明书进行审查，审查完毕后决定是否需要进一步对产品实施检查。（3）产品进入保税库后，日本卫生监督人员根据规定对相关项目进行检验，包括药物残留、抗生素等，对不合格的产品将根据相关规定责令进口商退回或监督报废（JETRO，2004；商务部网站，2005）。

2002 年 3 月，日本厚生省宣布对中国动物源性产品实施严格检查，并公布了 11 种药物的残留限量。2002 年 9 月，日本新出台的《食品卫生法》增加了农残、药残等限制项目，规定对多次检出不合格进口食品的地区将全面禁止进口。2006 年 5 月 29 日，日本正式实施《肯定列表制度》（Positive List System），"肯定列表"制度涵盖农业化学品包括杀虫药、兽药和饲料添加剂，针对进口食品、农产品中可能出现的 734 种农药、兽药和饲料添加剂，检测指标从原来的 1 万多种增加到 5 万多种，平均每一产品的检测指标达 300 个，单项指标的合格标准也大幅提高；对于未制定最大残留限量标准的农业化学品，其在食品中的含量不得超过"一律标准"，即 0.01ppb（艾红，2007；周祐等，2008）。

另外，日本对进口水产品实施原产地标签制度，要求所有出口到日本的对虾必须标明产品名称（是斑节对虾还是南美白对虾或其他）、生产方式（是捕捞还是养殖）和产地①（包括原产国名和具体产地名）。

---

① 据报道，在日本市场，产地标签翔实与否直接关系到产品销路好坏和价格高低。

第三节　日本虾产品进口需求的 CBS 模型估计

作为 20 世纪 90 年代世界虾产品最大进口国，日本虾产品进口需求的计量分析同样受到研究者的关注。Keithly 等（1993）利用 1965 年至 1989 年年度数据对日本虾产品进口市场进行了检验，发现日本虾产品进口自价格弹性较低而可支配收入弹性则较高；供给的价格弹性较低，且与世界总产量高度相关。Taya（1991）认为，日本进口虾价格主要与汇率、冷库虾产品存量以及时间趋势项有关，如 1984—1989 年汇率浮动对进口虾价格的影响就是很好的验证，同时季节因素影响显著。Miyazawa 和 Hirasawa（1992），Hirasawa（1995）假设日本虾产品的消费需求是人均收入和虾产品进口价格（C. I. F）的函数，由此而展开的研究结果表明，从 1981 年至 1991 年日本消费者对虾产品的需求有逐渐减弱倾向，且价格对虾产品消费的影响显著大于收入对虾产品消费的影响。Saowanee 等（1999）研究则认为，日本虾产品供给的自价格弹性、需求的自价格弹性和收入弹性都较小；期初存量对虾产品供给有一定的影响；同时季节分析结果表明，日本虾产品的消费与文化因素有关。Alison（2002）认为，日本市场对鲜活虾的支出弹性较高，而罐装虾则为负值（即所谓的吉芬商品，这进一步说明日本饮食文化与西方国家的差异）；价格的变化对需求支出和需求量都有较大的影响。Poudel（2008）对日本冷冻虾产品市场进口需求弹性研究中指出，价格和期初存量对日本虾产品的进口需求影响显著，弹性值分别为 -0.2187 和 -0.5032，收入弹性不显著，季节变化显著。

以上的研究成果表明，以往对日本虾产品进口需求的研究较多集中在世界虾产品供给总量（或产量）、进口价格、汇率、库存量甚至文化因素是否或者在多大程度上影响日本虾产品的需求方面，而对于消费者对不同来源的虾产品是否有不同的偏好，对来自于中国的虾产品反映如何，日本消费者虾产品总支出的变动在多大程度上会影响对中国出口的虾产品的需求等问题则很少涉及。这也是本节接下来要重点回答的问题。

一、数据说明

本节研究所采用的数据为 1999 年 1 月至 2011 年 12 月的月度数据[①]，共 156 组样本值。其中，日本进口虾产品贸易量和贸易额的数据来源于日本财务省贸易统计数据库(Trade Statistics of Japan Ministry of Finance, TSOMOF)，进口量单位为千克，进口额单位为千日元，单位价格通过进口额除以进口量而得。

日本进口的虾产品中有冷冻生虾、虾制品和未冻虾及虾仁三大类别，在其总支出中，冷冻生虾平均支出份额为 79.74%、虾制品为 19.25%、未冻虾及虾仁为 1.01%。从本章第二节分析中可知，虾制品增长趋势明显且来源国相对集中，又加上中国在冷冻生虾和虾制品供给方面也均占有一定的市场份额，因此，对日本虾产品进口需求估计时，将分别从三大类别虾产品及其不同来源国展开。

图 5-5 描绘了日本冷冻生虾和虾制品在 1999 年 1 月至 2011 年 12 月期间进口量的月度变动轨迹。从图中可以看出：(1)不同月份之间冷冻生虾进口量存在显著差异，7、8 月和 10、11 月进口量较高，2、3 月降至最低。(2)随着时间的推移，冷冻生虾进口下降趋势明显，这与虾制品上升势头形成鲜明的对比。(3)冷冻生虾需求的季节性明显，虾制品在不同的月度之间进口量基本接近。

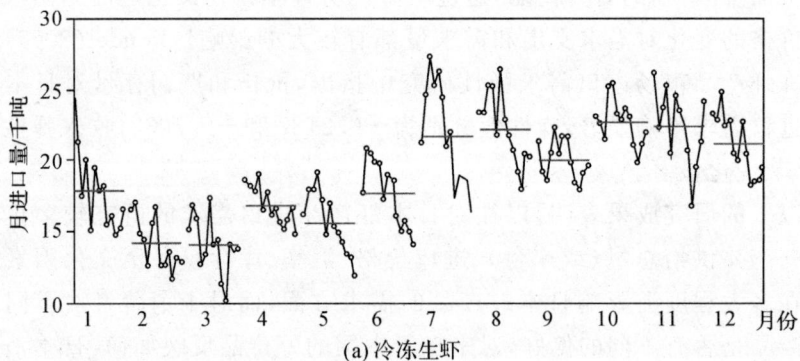

(a)冷冻生虾

---

① 日本财务省贸易统计数据库对各国进口虾产品的进口量和进口额数据最新更新至 2011 年 12 月。

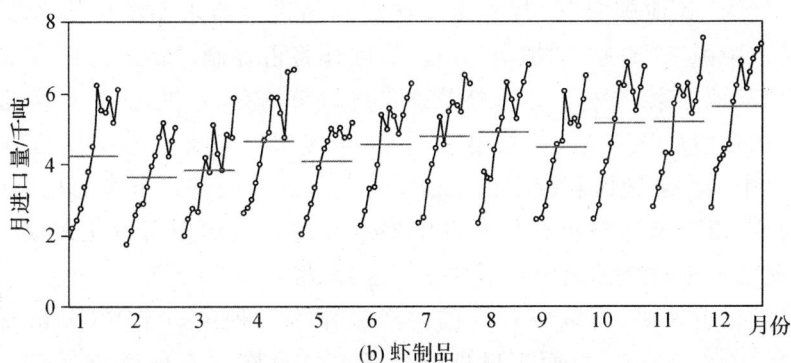

(b) 虾制品

图 5-5　日本冷冻生虾和虾制品进口量月度变化情况(1999.01—2011.12)

资料来源:作者根据日本进口市场月度贸易数据通过 EViews 软件处理获得。

　　在日本进口的虾产品中,冷冻生虾主要来源于印尼、印度、泰国、越南、中国,虾制品主要来源于泰国、中国、印尼、越南,表 5-3 描述了各主要来源国在 1999 年 1 月至 2011 年 12 月期间平均市场份额情况。

表 5-3　日本虾产品进口市场主要来源国市场份额描述性统计(1999.01—2011.12)

变　量	平均值	标准差	最小值	最大值
冷冻生虾	0.7974	0.0528	0.6863	0.9196
中国	0.0500	0.0214	0.0158	0.0968
印尼	0.1747	0.0402	0.1096	0.3207
印度	0.1073	0.0512	0.0439	0.2677
泰国	0.0834	0.0224	0.0473	0.1822
越南	0.1429	0.0411	0.0371	0.2413
其他国家	0.2392	0.0377	0.1807	0.3574
虾制品	0.1925	0.0523	0.0751	0.2984
中国	0.0266	0.0141	0.0022	0.0555
印尼	0.0252	0.0069	0.0122	0.0532
泰国	0.1006	0.0264	0.0496	0.1843
越南	0.0227	0.0188	0.0018	0.0661
其他国家	0.0330	0.0023	0.0018	0.0142
未冻虾及虾仁	0.0101	0.0041	0.0024	0.0204

资料来源:日本财务省贸易统计数据库(TSOMOF)。

　　在冷冻生虾进口需求系统中将分别建立"印尼"、"印度"、"泰国"、"越南"、"中国"方程式,而将冷水虾及相对市场份额较小的一些暖水虾供应国统一归类为"其他国家"方程式中。在虾制品进口需求系统中将分别建立"泰国"、"中国"、"印尼"、"越南"方程式,同样将占虾制品市场份额较低的来源国以"其他国家"统称。未冻虾及虾仁进口市场在 20 世纪 80 年代几乎完全被中国台湾地区垄断,后来由于受 80 年代末虾病害的影响供给有所减少,同时中国大陆地区和越南也开始加入到未冻虾及虾仁市场的竞争中,但总体而言,由于未冻虾及虾仁在日本虾产品进口总额中所占比例仅 1% 左右,因此这里未对来源国别和地区作一区分,将其归为一类。

从理论上来讲,可以将日本国内产量作为一种进口来源(Armington,1969;Winters,1984),然而这里进口市场单位价格并不是消费者实际支付的价格,因此很难以国内市场价格和进口量来计算市场份额,所以本研究假设日本国内虾产品与进口虾产品是可分离的(separability),即国内产量不影响进口量。

二、实证模型的选择与确定

(一)实证模型的选择

由于日本虾产品进口需求模型涉及三个类别虾产品以及它们不同的来源地(其中冷冻生虾有 6 个,虾制品有 5 个,冷冻虾及虾仁 1 个),加上截距项、支出份额项以及季节虚拟变量,因此在 General 模型的每一个方程中将包括 19 个待估计参数,Rotterdam 模型、CBS 模型、一阶差分 AIDS 模型、NBR 模型的每一个方程中包括 17 个待估计参数,需求系统包括 12 个方程。

从表 5-4 日本虾产品进口需求系统模型极大似然函数估计结果来看,在 10% 显著性水平下 Rotterdam 模型、CBS 模型、一阶差分 AIDS 模型、NBR 模型都被拒绝,但在 5% 显著性水平下 CBS 模型被接受,Rotterdam 模型、一阶差分 AIDS 模型和 NBR 模型仍被拒绝。从 General 模型的估计参数 δ_1 和 δ_2 的值来看,$\delta_1 = 1.1624$(t 值为 15.7573)、$\delta_2 = -0.0019$(t 值为 -0.6455),由此可知 δ_1 显著异于 0 而 δ_2 与 0 无显著差异,依此判断 CBS 模型适用于需求系统模型的估计。再从系统加权 R^2 来看,General 模型、Rotterdam 模型、CBS 模型、一阶差分 AIDS 模型及 NBR 模型分别为 0.9962、0.9207、0.9532、0.6743 和 0.8890,General 模型、Rotterdam 模型和 CBS 模型拟合优度较好。基于以上分析,在日本虾产品差异化进口需求弹性估计时采用 CBS 模型较为合适。

表 5-4 日本虾产品进口需求系统模型极大似然函数估计结果

	General 模型	Rotterdam 模型	CBS 模型	一阶差分 AIDS 模型	NBR 模型
似然函数对数值 logL(.)	5980.90	5906.34	5978.56	5952.72	5933.62
似然比检验统计值	—	50.88***	4.68*	56.36***	94.56***

注:(1)似然比(LR)检验的自由度为2;在1%、5%、10%的显著性水平下,卡方临界值分别为9.21、5.99、4.61;(2)***、**、*分别表示在1%、5%、10%水平下显著。

(二)实证模型的确定

CBS模型是由荷兰中央统计局 Keller 和 Van Driel（1985）在 Rotterdam 需求系统基础上,借助基于预算约束条件下追求效用最大化另一需求模型——Working 需求模型（Working,1943）开发出来的。Keller 和 Van Driel（1985）认为消费行为中边际消费倾向应该是变化的,在 CBS 模型中应以会随着预算份额变动的边际消费倾向替代 Rotterdam 模型支出项,由此带截距项和季节虚拟变量的具有变动边际消费倾向的 CBS 模型可以以下式表示:

$$w_{ih}^{jp} d\log q_{ih}^{jp} = \alpha_{ih}^{jp} + (\beta_{ih}^{jp} + w_{ih}^{jp}) d\log Q + \sum_j \sum_k \pi_{ih\_jk}^{jp} d\log p_{jk} + \sum_l \gamma_{ihl}^{jp} D_l \tag{5.1}$$

式(5.1)也可以表示为:

$$w_{ih}^{jp} (d\log q_{ih}^{jp} - d\log Q) = \alpha_{ih}^{jp} + \beta_{ih}^{jp} d\log Q + \sum_j \sum_k \pi_{ih\_jk}^{jp} d\log p_{jk} + \sum_l \gamma_{ihl}^{jp} D_l \tag{5.2}$$

式(5.1)、(5.2)中,上标 jp 表示研究对象为日本虾产品进口需求;下标 i 和 j 表示产品类型(在本节中表示冷冻生虾、虾制品和未冻虾及虾仁),h 和 k 表示产品来源地(这里包括各种产品类型的虾产品原产国);w_{ih} 表示来自 h 国的 i 产品平均支出份额;p_{ih} 和 q_{ih} 分别表示来自 h 国的 i 产品的价格、数量;$d\log Q$ 为 Divisia 数量指数;D_l 是月度哑变量;α_{ih}、β_{ih}、π_{ih_jk} 和 γ_{ihl} 是模型待估计参数。需求系统满足加总性、齐次性及对称性限制性条件。

CBS 模型需求系统方程弹性值分别由下式计算而得(Barten,1993):

支出弹性:$\eta_{ih}^{jp} = 1 + \beta_{ih}^{jp} / w_{ih}^{jp}$。

斯勒茨基(补偿)自价格弹性:$\varsigma_{ihih}^{jp} = \pi_{ihih}^{jp} / w_{ih}^{jp}$;交叉价格弹性:$\varsigma_{ih\_jk}^{jp} = \pi_{ih\_jk}^{jp} / w_{ih}^{jp}$。古诺(非补偿)自价格弹性:$\varepsilon_{ihih}^{jp} = \varsigma_{ihih}^{jp} - \eta_{ih}^{jp} w_{ih}^{jp}$;交叉价格弹性:$\varepsilon_{ih\_jk}^{jp}$

$$= \varsigma_{ih\_jk}^{ip} - \eta_{ih}^{ip} w_{jk}^{ip} \, 。$$

三、结果与分析

(一)自变量的内生性检验

与第四章美国虾产品进口需求的 General 模型一样,CBS 需求函数的应变量为 $wd\log q$,因此自变量 $d\log Q$ 与误差项之间可能有某种相关关系,即存在自变量 $d\log Q$ 是内生于模型的可能性。根据 Theil(1976)提出的检验方法[①],以 CBS 模型估计而得的 Slutsky 系数 π_{ihjk} 为自变量,$cov(\varepsilon_i, \varepsilon_j)$ 为应变量,以最小二乘法对方程进行回归,得回归方程式为:$cov(\varepsilon_i, \varepsilon_j) = 0.0000$ (0.0210)$-0.0023(-6.4392)\pi_{ihjk}$,括号内为 t 统计值。由此可知 π_{ihjk} 显著异于 0,且 $cov(\varepsilon_i, \varepsilon_j)$ 约为 Slutsky 系数项的 -0.0023 倍,模型不存在自变量内生性现象。

(二)参数估计

表 5-5 日本虾产品差异化进口需求 CBS 模型估计参数及 t 统计值结果显示:

(1)在冷冻生虾"印度"、"泰国"和"其他国家"方程式,以及虾制品"中国"、"泰国"、"越南"方程式中常数项均显著,这表明在日本市场上由这些国家供给的虾产品存在除价格及支出之外其他因素的影响,如消费者消费习惯或偏好发生变化等。其中,冷冻生虾"印度"方程式常数项在 1% 显著性水平下显著异于 0,且常数项系数为负值,表明由于消费偏好的改变,日本消费者对来自印度的冷冻生虾需求有递减的趋势;而泰国在 5% 水平上显著为正,说明消费者对泰国冷冻生虾需求有递增的倾向;虾制品方程式中,虽然常数项的系数表明日本消费者对中国、泰国和越南虾制品均有不同程度的偏好,但作为后来居上的越南表现尤为突出,可能成为中国在日本虾制品供给市场上强有力的竞争对手。

(2)模型中支出系数 β_{ih},在冷冻生虾"印度"、"印尼"、"泰国"、"越南"方程式和虾制品"印尼"、"泰国"方程式中显著,在"中国"方程式中均不显著。

(3)Slutsky 系数显示冷冻生虾"中国"、"印尼"、"泰国"和"其他"方程式自价格效应在 1% 的水平下显著为负,虾制品"中国"、"泰国"和"其他"方程式也在 1% 水平下显著为负。交叉价格系数中,中国冷冻生虾与印度冷冻生虾显著负相关,与印尼虾制品显著正相关,中国虾制品除与印度冷冻生虾存

① 详细见本文第四章第三节相关陈述。

在显著负相关外,与其他产品没有显著关系。

(4)季节虚拟变量参数估计的结果表明,冷冻生虾供应的季节性较为明显,而虾制品的供给虽略受季节影响,但总体供给在不同季节间较为稳定。其中冷冻生虾"中国"方程式季节虚拟变量参数符号表明中国冷冻生虾一季度与四季度存在显著的负相关关系,而二季度、三季度与四季度则显著正相关;相比之下,冷冻生虾"印尼"、"印度"方程式季节虚拟变量参数表明,印尼、印度对日冷冻虾产品一季度与四季度呈现显著正相关关系。

(三)弹性比较

表 5-6 列出日本虾产品进口需求 CBS 模型在 1999 年 1 月至 2011 年 12 月期间,以样本平均值计算的来自中国、印尼、印度、泰国、越南和其他国家的冷冻生虾,来自中国、印尼、泰国、越南和其他国家的虾制品以及全部未冻虾及虾仁的支出弹性和价格弹性。

表 5-6 显示,日本冷冻生虾进口总支出对印度、泰国和越南富有弹性,支出弹性值分别为 1.4848、1.1913 和 1.2514,对中国、印尼和其他国家支出缺乏弹性,支出弹性值分别为 0.8726、0.8135 和 0.9283,表明日本冷冻生虾进口总支出每增长 1%,对中国、印尼、印度、泰国和越南的进口量就分别增长 0.87%、0.81%、1.48%、1.19% 和 1.25%。日本虾制品进口总支出对中国和越南接近单位弹性,分别为 0.9967 和 0.9339,对印尼和泰国则缺乏弹性。日本未冻虾及虾仁进口总支出缺乏弹性。支出弹性值的大小是市场消费者对某种商品经过若干次消费后,所形成的对商品综合性价比排名高低的具体体现。对日本虾产品进口需求而言,印度一直以来都是日本冷冻生虾市场的主要供应商,消费者在某种程度上已经形成了一种消费偏好,而后来居上的泰国、越南冷冻生虾的产品声誉、品牌形象也逐渐深入人心。相比之下,中国目前冷冻生虾在日本市场上的表现一般。另外,中国虾制品支出弹性值相对较高也表明,日本消费者对来自中国的虾制品已形成一定的偏好,中国应加强在这方面的营销推广,以便建立良好的市场形象。

从斯勒茨基(补偿)价格弹性来看,自价格弹性均为负值,即价格上涨会导致各国出口总量的下降,属于正常商品。其中印尼、泰国冷冻生虾自价格弹性分别为 −1.0318 和 −1.7533,富有弹性,而中国、印度、越南和其他国家冷冻生虾自价格弹性值分别为 −0.4082、−0.5666、−0.4370 和 −0.3067,缺乏弹性。

表5-5　日本虾产品进口需求模型:CBS 模型参数估计结果（一）

变量	冷冻生虾						虾制品					未冻虾及虾仁
	中国	印尼	印度	泰国	越南	其他	中国	印尼	泰国	越南	其他	
常数项	-0.0013 (-0.7674)	-0.0055 (-1.2456)	-0.0115*** (-2.5842)	0.0050** (2.2824)	-0.0051 (-1.5952)	0.0095** (2.3623)	0.0022* (1.9532)	0.0010 (1.0206)	0.0031* (1.6673)	0.0025*** (2.8503)	0.0002 (0.3304)	0.0000 (-0.0661)
价格系数:												
冷冻生虾 中国	-0.0189*** (-2.8517)	0.0164 (1.3903)	-0.0217** (-2.4961)	0.0109 (1.4554)	-0.0095 (-1.1100)	0.0158* (1.7173)	-0.0047 (-1.33260)	0.0093*** (2.6854)	0.0044 (0.7032)	-0.0020 (-0.6792)	0.0025* (1.7923)	-0.0015 (-0.7576)
冷冻生虾 印尼		-0.2014*** (-4.8557)	0.0502** (2.3101)	0.0508*** (2.5979)	0.0028 (0.1285)	0.0410 (1.5994)	0.0053 (0.6488)	-0.0036 (-0.3828)	0.0015 (0.0897)	0.0157** (2.0061)	-0.0018 (-0.4952)	-0.0087* (-1.7550)
冷冻生虾 印度			-0.0353 (-1.4005)	-0.0025 (-0.2149)	-0.0295* (-1.8819)	0.0107 (0.5845)	-0.0128** (-2.2582)	-0.0019 (-0.3404)	-0.0040 (-0.3997)	0.0056 (1.1795)	0.0004 (0.1726)	-0.0070* (-1.9477)
冷冻生虾 泰国				-0.1457*** (-6.7825)	0.0429*** (3.1952)	0.0189 (1.3864)	0.0082 (1.3701)	-0.0034 (-0.4188)	0.0299** (2.2453)	0.0069 (1.0759)	0.0010 (0.4096)	0.0129*** (4.0367)
冷冻生虾 越南					-0.0272 (-1.2577)	-0.0203 (-1.2138)	-0.0000 (-0.0028)	-0.0029 (-0.4691)	-0.0070 (-1.6155)	0.0007 (0.1352)	-0.0015 (-0.5928)	0.0015 (0.4214)
冷冻生虾 其他						-0.0787*** (-3.0061)	0.0070 (1.1142)	0.0049 (0.7652)	0.0243** (2.0688)	0.0054 (0.9749)	0.0014 (0.5234)	0.0035 (0.9177)

注:(1)括号内为 t 统计值;(2)*** 表示 Sig. <0.01,** 表示 Sig. <0.05,* 表示 Sig. <0.10。
资料来源:作者根据日本进口市场不同来源国进口需求的 CBS 模型回归获得。

表 5-5　日本虾产品进口差异化需求模型:CBS 模型参数估计结果(二)

变量	冷冻生虾 中国	冷冻生虾 印尼	冷冻生虾 印度	冷冻生虾 泰国	冷冻生虾 越南	冷冻生虾 其他	虾制品 中国	虾制品 印尼	虾制品 泰国	虾制品 越南	虾制品 其他	未冻虾及虾仁
虾制品 中国							−0.0092*** (−2.6528)	0.0031 (1.0413)	0.0026 (0.5169)	−0.0003 (−0.1063)	0.0005 (0.4306)	−0.0005 (−0.3513)
虾制品 印尼								−0.0049 (−0.5905)	−0.0034 (−0.4574)	0.0011 (0.3054)	0.0021* (1.7994)	0.0023 (1.5516)
虾制品 泰国									−0.0488*** (−3.3269)	0.0008 (0.1373)	0.0011 (0.5068)	0.0017 (0.6308)
虾制品 越南										−0.0005 (−0.1205)	0.0004 (0.4219)	−0.0002 (−0.8977)
虾制品 其他											−0.0039*** (−6.0868)	0.0012** (1.9700)
未冻虾及虾仁												−0.0040
支出项	−0.0059 (−0.8842)	−0.0364** (−2.2020)	0.0604*** (3.6137)	0.0159 (1.9557)	0.0313*** (2.6573)	−0.0184 (−1.2517)	−0.0000 (−0.01620)	−0.0099*** (−2.6659)	−0.0284*** (−4.0620)	−0.0015 (−0.4676)	−0.0021 (−1.1771)	−0.0049* (−1.7838)
季节虚拟变量 1	−0.0067*** (−2.4969)	0.0176*** (2.6663)	0.0189*** (2.8786)	−0.0034 (−1.0469)	−0.0011 (−0.2448)	−0.0214*** (−3.5637)	−0.0040** (−2.4076)	0.0021 (1.4202)	−0.0022 (−0.7913)	0.0034*** (2.6260)	0.0009 (1.3163)	0.0027** (2.5144)
季节虚拟变量 2	0.0064** (2.3680)	−0.0027 (−0.4109)	−0.0011 (−0.1779)	−0.0105*** (−3.1865)	0.0166*** (3.5669)	−0.0006 (−0.1103)	−0.0001 (−0.0879)	−0.0013 (−0.8548)	−0.0030 (−1.0629)	−0.0014 (−1.0809)	−0.0003 (−0.3489)	−0.0013 (−1.1807)
季节虚拟变量 3	0.0096*** (3.7573)	0.0043 (0.6783)	0.0314*** (5.0062)	−0.0102*** (−3.2652)	0.0036 (0.7981)	−0.0258*** (−4.5521)	−0.0025 (−1.5824)	−0.0021 (−1.5014)	−0.0051* (−1.9064)	−0.0035*** (−2.8300)	0.0002 (0.3333)	0.0003 (0.2877)
系统加权 R^2	0.9532											

注:(1)括号内为 t 统计值;(2)** 表示 Sig. <0.01,*** 表示 Sig. <0.05,* 表示 Sig. <0.10。

资料来源:作者根据日本进口市场不同来源国进口需求模型回归获得。

表 5-6　日本虾产品进口差异化需求模型：CBS 模型支出弹性和价格弹性估计（一）

		冷冻生虾						虾制品					未冻虾及虾仁
		中国	印尼	印度	泰国	越南	其他	中国	印尼	泰国	越南	其他	
支出弹性		0.8726	0.8135	1.4848	1.1913	1.2514	0.9283	0.9967	0.5943	0.6659	0.9339	0.6719	0.5377
斯勒茨基（补偿）价格弹性：													
冷冻生虾	中国	-0.4082	0.3542	-0.4687	0.2354	-0.2052	0.3413	-0.1015	0.2009	0.0950	-0.0432	0.0540	-0.0324
	印尼	0.0840	-1.0318	0.2572	0.2602	0.0143	0.2100	0.0272	-0.0184	0.0077	0.0804	-0.0092	-0.0446
	印度	-0.1742	0.4029	-0.2833	-0.0201	-0.2368	0.0859	-0.1027	-0.0152	-0.0321	0.0449	0.0032	-0.0562
	泰国	0.1312	0.6113	-0.0301	-1.7533	0.5162	0.2274	0.0987	-0.0409	0.3598	0.0830	0.0120	0.1552
	越南	-0.0763	0.0225	-0.2369	0.3446	-0.2185	-0.1631	0.0001	-0.0233	-0.0562	0.0056	-0.0120	0.0120
	其他	0.0616	0.1598	-0.0417	0.0737	-0.0791	-0.3067	0.0273	0.0191	0.0947	0.0210	0.0055	0.0136
虾制品	中国	-0.2282	0.2573	-0.6214	0.3981	0.0008	0.3398	-0.4466	0.1505	0.1262	-0.0146	-0.0243	-0.0243
	印尼	0.3811	-0.1475	-0.0779	-0.1393	-0.1189	0.2008	0.1270	-0.2008	-0.1393	0.0451	0.0861	0.0943
	泰国	0.0518	0.0176	-0.0471	0.3518	-0.0824	0.2859	0.0306	-0.0400	-0.5741	0.0094	0.0129	0.0200
	越南	-0.0881	0.6916	-0.2467	-0.3040	0.0308	-0.2379	-0.0132	0.0485	0.0352	-0.0220	0.0176	-0.0529
	其他	0.3906	-0.2813	0.0625	-0.1563	-0.2344	0.2188	0.0781	0.3281	0.1719	0.0625	-0.6094	0.1875
未冻虾及虾仁		-0.1415	-0.6604	-0.6604	1.2170	0.1415	0.3302	-0.0472	0.2170	0.1604	-0.1132	0.1132	-0.3774

资料来源：作者根据日本虾产品进口市场不同来源国进口需求的 CBS 模型回归系数计算获得。

表 5-6　日本虾产品进口差异化需求模型:CBS 模型支出弹性和价格弹性估计(二)

古诺(非补偿)价格弹性:

	冷冻生虾						虾制品					未冻虾及虾仁
	中国	印尼	印度	泰国	越南	其他	中国	印尼	泰国	越南	其他	
冷冻生虾 中国	-0.4486	0.1839	-0.5774	0.1629	-0.3138	0.1173	-0.1195	0.1796	0.0209	-0.0630	0.0484	-0.0416
印尼	0.0464	-1.1906	0.1558	0.1926	-0.0869	0.0013	0.0104	-0.0383	-0.0615	0.0620	-0.0144	-0.0532
印度	-0.2429	0.1131	-0.4683	-0.1435	-0.4216	-0.4669	-0.1333	-0.0515	-0.1583	-0.0786	-0.0063	-0.0719
泰国	0.0732	0.3670	-0.1860	-1.8573	0.3604	-0.0937	0.0729	-0.0714	0.2534	-0.1114	-0.0200	0.1420
越南	-0.1342	-0.2218	-0.3929	0.2406	-0.3743	-0.4842	-0.0256	-0.0538	-0.1626	-0.0228	-0.0201	-0.0012
其他	0.0186	-0.0214	-0.1574	-0.0035	-0.1947	-0.5449	0.0082	-0.0036	0.0158	-0.0421	-0.0005	0.0038
虾制品 中国	-0.2743	0.0627	-0.7455	0.3152	-0.1233	0.0841	-0.4671	0.1262	0.0415	-0.0372	0.0179	-0.0348
印尼	0.3536	-0.2635	-0.1519	-0.1887	-0.1928	0.0483	0.1148	-0.2153	-0.1899	0.0316	0.0823	0.0880
泰国	0.0209	-0.1123	-0.1300	0.2964	0.1653	0.1150	0.0169	-0.0562	-0.6307	-0.0057	0.0087	0.0129
越南	-0.1313	0.5093	-0.3631	-0.3816	-0.0854	-0.4775	-0.0325	0.0257	-0.0441	-0.0360	0.0116	-0.0628
其他	0.3595	-0.4124	-0.0212	-0.2121	-0.3180	0.0463	0.0643	0.3117	0.1148	0.0472	-0.6137	0.1804
未冻虾及虾仁	-0.1664	-0.7653	-0.7274	1.1723	0.0746	0.1922	-0.0582	0.2039	0.1147	-0.1254	0.1098	-0.3831

资料来源:作者根据日本虾产品进口市场不同来源国进口需求的 CBS 模型回归回归系数计算获得。

从古诺（非补偿）价格弹性来看，没有剔除收入效应印度、越南、其他国家冷冻生虾自价格弹性变化较大，说明印度、越南和其他国家冷冻生虾自价格弹性的收入效应比较大，这也可以从三国的支出弹性值较高现象得到进一步验证。

表 5-6 也显示不同来源国虾产品的交叉价格弹性均小于 1，缺乏弹性。从中国冷冻生虾与其他来源国交叉价格弹性来看，中国冷冻生虾与印度、越南交叉价格弹性为负，表明中国出口的冷冻生虾与印度和越南出口的冷冻生虾在具体产品品种类别结构上有互补关系；中国与印尼、泰国和其他国家的冷冻生虾交叉价格弹性为正，说明存在一定的替代关系。然而，从交叉价格弹性值的大小来看，中国与"他国"①冷冻生虾的互补和替代程度却不一样，且"他国"价格的变化对中国进口量的影响较大。以中国与印尼冷冻生虾交叉价格弹性大小为例，在"印尼冷冻生虾"方程式中，对中国交叉价格弹性 $\zeta^{jp}_{fid\_fcn}=0.3542$ 远大于在"中国冷冻生虾"方程式中与印尼的交叉价格弹性 $\zeta^{jp}_{fcn\_fid}=0.0840$，这种现象同样表现在中国与泰国、其他国家的替代效应以及中国与印度和越南的互补关系上，说明在日本冷冻生虾市场上中国的影响力相对较弱。

从不同来源国的虾制品交叉价格弹性来看，中国与越南虾制品也存在一定的互补关系，而与印尼、泰国虾制品存在一定的替代效应。从虾制品交叉价格弹性值的大小来看，中国与印尼、泰国、越南之间的互补或替代强度相差不大，也就是说中国的虾制品在日本虾制品市场上与"他国"具有同样的影响力。

第四节　本章小结

作为传统虾产品消费大国，日本依然是世界虾产品进口市场的"中坚"力量。尽管经济将持续不景气的预期使得日本自 2005 年以来人口出现负增长的趋势，但食品支出占消费支出的比例相对稳定（恩格尔系数保持在 23％～24％左右）表明，在可预见的未来若干年内，日本虾产品消费仍将稳定在一定的水平。

进入 21 世纪以来，随着中国养殖虾产业的恢复与发展，中国在日本虾

---

①　这里是指印尼、印度、泰国、越南和其他国家的总称。

产品进口市场的市场份额得到逐步提高,但与其亚洲地区主要竞争对手越南、泰国、印尼、印度相比,中国虾产品的优势地位并不明显。同时,来自俄罗斯、加拿大等冷水虾生产国在日本市场开拓的成功意味着,中国虾产品在日本市场将面临更加激烈的竞争格局。

从日本虾产品进口需求的 CBS 模型弹性估计值来看,无论是从支出弹性还是从价格弹性角度考虑,中国出口日本的冷冻生虾均缺乏弹性。也就是说即使日本冷冻生虾进口总支出的大幅度增加对中国的"好处"依然不明显;中国冷冻生虾弹性值较低说明,在其他条件不变的前提下,价格同比上升对中国有利,而价格同比下降对中国不利。从日本近年冷冻生虾进口贸易的实际情况来看,对冷冻生虾进口增加支出的可能性较小反而有进一步下降的趋势,因此,鉴于竞争的激烈程度中国改善冷冻生虾市场绩效的空间也不大。而日本市场虾制品消费的兴起,以及中国虾制品在日本市场上存在微弱的优势,意味着中国虾产品出口企业如果能乘胜追击,借此扩大市场份额的话,可能会在日本市场赢得新的契机。

第六章　欧盟虾产品市场需求分析

　　欧盟市场是虾产品的传统消费市场。作为一个统一的大市场,欧盟从欧盟以外国家进口的虾产品与美国大致相当①。近年来由于美元贬值、反倾销以及药物残留超标等因素的影响,使得中国出口美国市场面临更多的困难;同时日本经济增长缓慢,也使得其对进口虾产品需求增长受到一定程度的抑制;而欧盟则保持强劲的增长势头。尤其是 2004 年 7 月欧盟决定对中国的对虾贸易实行解禁以来②,中国对欧盟出口的虾产品贸易规模呈直线上升态势,从而为中国虾产品的国际市场开拓提供了新的机会。然而由于亚洲其他虾产品主产国如泰国、印尼、印度、越南也开始转战欧盟市场以寻求新的市场机会,加之欧盟原进口国如厄瓜多尔、阿根廷、哥伦比亚、孟加拉国、摩洛哥、格陵兰、加拿大等的在位优势,中国在欧盟虾产品进口市场面临的竞争日趋激烈。

　　那么,欧盟市场虾产品需求现状如何? 各成员国各具有怎样的消费特征? 对中国虾产品消费又呈现出怎样的规律? 中国虾产品能够在多大程度上打开欧盟市场? 又如何在竞争激烈的市场中占领一席之地? 对这些问题

---

　　①　本章欧盟是指欧盟 27 国,虽然克罗地亚于 2013 年 6 月 29 日加入欧盟,但考虑到统计数据的延续性,暂时不将克罗地亚纳入研究范围。自 2005 年起,欧盟(27)从欧盟(27)外国家进口的虾产品超过美国,2005 年美国进口量为 52.88 万吨,欧盟(27)为 54.28 万吨。

　　②　2002 年 1 月,欧盟以我国兽药残留监控体系不能满足欧盟要求为由,暂停从我国进口包括水产品在内的所有动物源性食品。导致欧盟采取此项措施的原因之一,就是从中国进口的虾产品氯霉素超标。在中国政府、行业和企业的共同努力下,欧盟从 2002 年 6 月开始对我国动物源性食品分批予以解禁,虾产品也在 2004 年 7 月解禁。

的问答直接关系到我国虾产品能否在欧盟市场站稳脚跟并获得市场的认可。

鉴于此,本章首先对欧盟市场虾产品消费偏好、不同成员国的人均消费变化趋势以及市场供应品的组成结构作深入分析,以了解欧盟市场虾产品的消费特点;接着从欧盟整体和欧盟内部各细分市场两个层面分别考察虾产品进口结构和市场分布、主要来源国国别结构及变动趋势,以明晰欧盟虾产品进口市场特征;然后以世界虾产品第三大进口国(也是目前我国冷冻虾及虾仁最大的出口市场)西班牙为例,利用欧盟统计数据库(Eurostat)提供的相关月度数据,采用差异化进口需求 Rotterdam 模型,借助计量分析工具EViews 和 SAS 软件,对西班牙市场来自不同产地的虾产品进口需求进行定量分析,并由此掌握西班牙市场消费者对中国虾产品需求变化规律以及竞争对手对我国虾产品的替代或影响程度;最后对欧盟市场虾产品需求特征作一总结。

第一节　欧盟虾产品消费市场特点

作为世界上最大的区域性一体化组织,欧盟自成立以来经济保持持续增长态势,至 2014 年 27 个成员国中有 25 个国家人均 GNI(Gross National Income,per capita)超过 1 万美元(Worldbank,2015)[①]。良好的经济状况促使老百姓更加关注饮食的营养与健康,作为传统消费的水产品,由于其营养、美味特性正好迎合了当前消费者的需求,消费量直线上升,而虾产品正是其中一种市场需求增长较快的水产品。

一、消费偏好

与美国消费者偏好去头带壳虾不同,欧盟消费者偏爱整肢虾[②]。在市场上销售的整肢虾按虾体规格大小一般分成五类:大的(large)、加大的(extra large)、中等大的(medium)、特大的(jumbo)和奇大无比的(colossal),除此之外,零售商还会根据市场需求和当地消费者的偏好对虾产品进行必要的加工处理(Castellini et al.,2006)。同时,不同的成员国对虾产品的消费又存

---

① 世界银行 Atlas 法,2014 年罗马尼亚人均 GNI 为 9060 美元,保加利亚为 7960 美元。

② 整肢虾在美国市场大多数用于动物园或水族馆喂养珍贵哺乳动物。

在一些差异,如西班牙、法国和意大利的消费者更愿意选择规格相对较大的整肢虾,英国消费者则更喜欢小规格的去壳带尾虾等(Chemonics,2002)。另外,欧盟也是世界冷水虾的主要消费市场,在其消费的虾产品品种结构构成中冷水虾、南美白对虾和斑节对虾比例为 33∶33∶34(Gillett,2009)。

市场偏好的多样性决定了出口至欧盟的虾产品加工和保藏的方式与其他市场的差异。一般情况下,提供给欧盟市场的虾产品在捕捞(无论是野生捕捞虾还是养殖虾)后必须迅速在零下 18°的冷库里保存;但也有一些例外,如北欧冷水虾生产国——挪威,则是在捕捞后马上进行热加工,因此进入市场的是以冷冻熟虾为主(Castellini et al.,2006)。根据欧盟 2065/2001 法规规定,在欧盟市场上销售的虾产品实施原产国标签制度,也就是在销售终端消费者可以通过标签了解到所购买的虾产品的商业名称(还包括学名)、产地、生产方式等信息,比如"Penaeus Vannamei-Shrimp-Farmed-China"表示来自中国的、养殖的、南美白对虾。

二、人均消费变化趋势

作为一个统一的大市场,欧盟已经成为全球虾产品最大的消费市场,而作为经济最具活力的组织,欧盟虾产品消费市场被认为是最具发展潜力市场之一。

总体来看,近十年以来欧盟市场人均虾产品消费量呈现出不断增长的态势,然而由于各成员国经济发展水平的差异和消费偏好的多样性,对虾产品的消费表现不一。

西班牙是欧盟成员国中进口虾产品最多的国家,也是全球虾产品第三大进口国。由于靠海,西班牙人有吃海鲜的传统习惯,其年人均消费进口虾约 4 千克左右,是美国人均消费量的 2.09 倍,日本的 1.59 倍[①]。

法国在欧盟各成员国中虾产品消费中位居第二,人均年消费量约 2 千克左右,与美国相当。虾产品在法国水产品进口值中占 16%左右(三文鱼占 12%,金枪鱼占 11%),是法国水产品消费市场最受欢迎的品种之一。同时法国虾市场也是一个成熟的市场,从近年来看,新鲜熟虾市场较为稳定,但价格诱人、小包装的新鲜去壳熟虾以及冷冻面包虾对年轻目标顾客群体较

---

① 西班牙人均虾产品消费量达 4.17 千克,同年,美国为 4.4 磅(折合为 2 千克),日本为 2.63 千克。这里西班牙和日本的人均消费量以公式"(本国产量+进口量-出口量)/人口数"计算而得,是估计数。美国的人均虾产品消费量由美国官方出版的美国渔业统计年鉴提供。

有吸引力。

英国在欧盟虾产品消费市场排名第三,仅次于西班牙和法国。英国是一个岛国,本应是传统的海鲜消费国家,但其贵族气的用餐礼仪大大影响到海鲜的消费,人均消费进口虾在 1.2～1.3 千克左右。近年来进出口规模变动的趋势表明,英国虾产品消费增长后劲不足。

意大利位于欧洲南部半岛型国家,其虾产品消费不高,人均年消费量不足 1 千克,在欧盟成员国中排名第四。

德国作为欧盟成员国中人口规模最大的国家,其虾产品消费量不高,年人均消费量仅 0.6 千克左右,但增长势头非常迅猛。在由于受全球性金融危机的影响,欧盟其他成员国进口虾产品规模均有不同程度下降的情况下,德国依然保持进口量和进口额同步增长(尤其是来自亚洲的暖水虾)态势,市场潜力较大。

三、市场供应品组成结构

欧盟(27)市场消费的虾产品由欧盟各成员国本国生产和从欧盟外国家进口组成。作为世界主要的虾产品消费地区之一,欧盟(27)自身的生产能力有限,年均产量不足 10 万吨,且以捕捞为主,养殖虾所占比重极低(占总产量的 0.2% 左右)。

表 6-1　欧盟(27)虾产品生产产量情况　　　　单位:吨,%

国别	1990—2012 年均产量	2012 年产量	国别	1990—2012 年均产量	2012 年产量
西班牙	16979	7267 ↓	丹麦	9788	8078 ↓
德国	16131	16360 ↑	爱沙尼亚	9375	7576 ↓
荷兰	13395	16909 ↑	EU(27)合计	92865	88200
意大利	13013	12020 ↓	前 6 国比例	82.89	88.51

注:表中的产量指的是欧盟各国虾产品总产量,其中以捕捞为主,EU(27)国养殖虾年均产量为 232 吨(1990—2012),2012 年仅 163 吨。"↑"表示近三年产量有上升趋势,"↓"表示下降趋势。

资料来源:联合国粮农组织渔业统计数据库(FAO,FishStatJ,2014)。

欧盟(27)中,比利时、保加利亚、塞浦路斯、丹麦、爱沙尼亚、法国、德国、希腊、爱尔兰、意大利、拉脱维亚、立陶宛、马耳他、荷兰、波兰、葡萄牙、西班牙、瑞典和英国等 19 个成员国的渔民都在不同程度上开展虾捕捞业务,其中西班牙、德国、荷兰、意大利、丹麦、爱沙尼亚产量相对占优,占欧盟(27)总产量的 82.89%（具体见表 6-1）。捕捞品种主要有褐虾（*Cragon Cragon*）、北方大虾（*Northern prawn*）、深水玫瑰虾（*Deep-water rose shrimp*）和其他对虾类（*Penaeus shrimps nei*），其中深水玫瑰虾是欧洲市场捕捞虾中唯一的暖水虾品种。

养殖虾国家有西班牙、塞浦路斯、法国、希腊和葡萄牙，产量较低，总量在 200～300 吨左右徘徊，其中西班牙产量相对较高，占养殖总量的 50% 左右。养殖品种主要有印度白对虾（*India White prawn*）、日本明对虾（*Kuruma prawn*）、斑节对虾（*Giant tiger prawn*）、大西洋短沟对虾（*Atlantic ditch shrimp*）、普通对虾（*Common prawn*）和其他对虾类（*Palaemonid shrimps nei*）。

与美国和日本市场一样，巨大的消费需求而带来的市场空缺由欧盟外国家进口的虾产品来填补，进口虾产品占欧盟市场全部供给品的 90% 左右。从图 6-1 可以看出，欧盟（27）从欧盟外进口的虾产品从 1999 年的 34.67 万吨上升到 2012 年的 56.30 万吨（2007 年曾高达 61.81 万吨），年均增长 6.21%。而从 2000 年开始进口虾产品平均单价的波动情况来看（从 2000 年的 5.91 欧元/千克降到 2011 年的 5.49 欧元/千克），单价的降低可能是进口增加的原因之一。

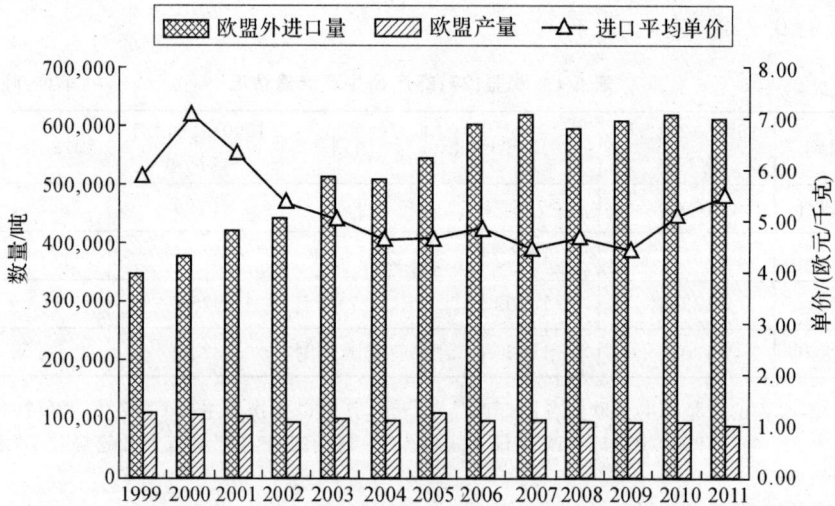

图 6-1　欧盟虾产品市场供应品组成结构

资料来源：欧洲统计数据库（Eurostat，2014）。

第二节　欧盟虾产品进口市场特征

从上述分析可以看出，进口虾产品在欧盟虾产品消费市场占据绝对主导的地位，因此有必要对欧盟虾产品进口市场概况作一梳理。同时需要指出的是，在虾产品贸易中，欧盟(27)不仅从欧盟外国家大量进口虾产品，而且欧盟内部各国家之间进出口贸易也比较活跃，因本文将欧盟(27)作为一个统一的区域性组织来分析，因此将欧盟内部虾产品贸易看作是区域内部的转移，在进口市场分析时关注焦点集中在欧盟(27)从欧盟外国家进口虾产品的情况。

一、进口虾产品分类及进口关税

欧盟对进口虾产品的分类采用的是世界海关组织《商品名称及编码协调制度的国际公约》(简称协调制度)HS编码，即将虾产品分为三类：冷冻的虾及虾仁(030613)、未冻的虾及虾仁(030623)和虾制品(160520)。在海关统计和关税征收方面，欧盟 2658/1987/EEC 法规要求所有成员国按照新的标准化的产品分类法即"联合目录"(Combined Nomenclature，简称为 CN)[①]执行。根据该法规要求，每一种进口或出口产品以 8 位编码来识别，即前面6 位编码与传统的协调制度 HS6 编码一致，第七、第八位是对产品的进一步说明，比如说 frozen penaeid shrimp 编码为 03061350。欧盟对进口的虾产品的详细分类及征收的关税税率见表6-2。

表 6-2　欧盟对虾产品的分类及进口关税

产品编码	产品描述	产品描述	关税
	03061310	冷冻长额虾属（如冷冻北方大虾）	
	03061330	冷冻褐虾	
030613	03061340	冷冻深水玫瑰虾	12.00%
	03061350	冷冻对虾类	
	03061380	其他冷冻虾	

---

①　该系统取代原来两种目录，即对外贸易统计中的共同海关关税(Common Customs Tariffs)和共同体贸易统计商品目录(the NIMEXE system，Nomenclature of Goods for the External Trade Statistics of the Commodity and Statistics of Trade between Member States)。

续表

产品编码		产品描述	关税
030623	03062310	未冻长额虾属(包括活的或冷藏的)	12.00％
	03062331	未冻褐虾	
	03062339	未冻对虾类	
	03062390	其他未冻虾	
160520	16052010	真空包装的虾制品	20.00％
	16052091	内容物不超过2千克直接包装的虾制品	
	16052099	其他虾制品	

资料来源:欧盟委员会关税联盟(TARIC)。

　　欧盟实行共同关税制度,执行统一关税税率和管理制度。成员国在欧盟内实行关税同盟,也就是从第三方进口的货物,在欧盟内实行统一的关税。一旦某种进口货物在某成员国进关后,即可在欧盟内部自由流动(商务部,2006)。对进口虾产品征收的关税税率如表6-2第三列所示,其中对进口的冷冻虾及虾仁和未冻虾及虾仁征收12％关税,对罐装虾征收20％关税。所有成员国在加入欧盟后一律将虾产品进口关税调整为12％～20％。但由于涉及其他因素,在关税征收时有特例,如:(1)非加太(非洲、加勒比、太平洋)地区国家组织(ACP)自欧盟成立之初,享受零关税。(2)从2005年1月1日起重新恢复(1999年被取消)泰国出口到欧盟国家的虾产品享受普惠制待遇,即将原关税为12％新鲜虾品种降低到4.2％,加工产品则从20％降低到7％,并且没有任何数量或配额限制[1],而2012年7月欧盟宣布取消GSP,泰国虾出口遭遇重创[2]。(3)从印尼进口的新鲜虾关税为3.5％,冻煮虾为7.5％[3]。

　　为更详细地记录海关进口的各种产品的信息,在欧盟2658/1987/EEC

---

　　① 欧盟再次削减泰国虾产品进口关税助虾行业发展,中国农业网,http://www.zgny.com.cn/2008-09-30。

　　② 欧盟委员会宣布实施新普惠制(GSP),而虾产品是泰国被欧洲宣布取消GSP关税优惠的57种产品之一。欧盟新普惠制对生虾产品征收12％的全额关税,原为4.2％;熟虾和虾加工产品征收20％全额关税,原来仅为7％。

　　③ 欧盟维持印尼虾低进口关税,中国渔业报,http://www.farmer.com.cn/wlb/yyb/yy7/200406220276.htm。

法规中介绍了欧共体一体化关税（ITEC）制度，ITEC 编码是一系列政策、制度、进出口税收信息等的综合体，即在原有的"联合目录"8 位编码的基础上加上两位 ITEC 编码，标明来源国及来源国在欧盟所享受的税收"待遇"。如图 6-3 中所示，海关编码 0306135000 最后两位数字为"0"表示来自阿根廷国家的冷冻虾不受限制，同时也不需要征收反倾销税①。

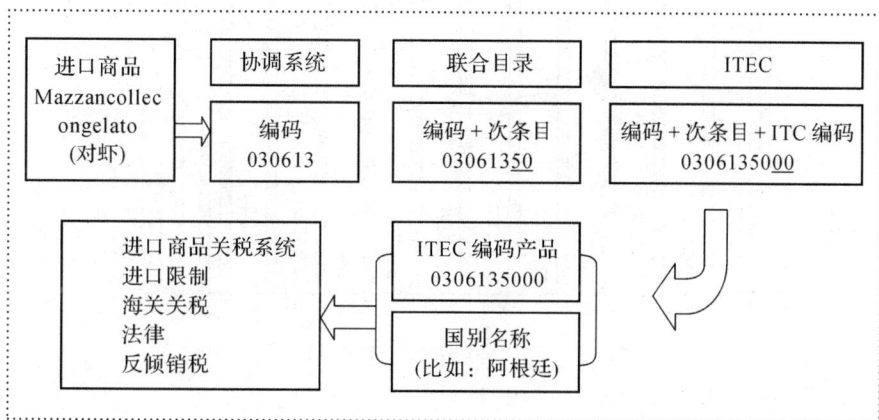

图 6-2　欧共体一体化关税编码（ITEC Code）示例
资料来源：欧盟委员会关税联盟（TARIC）。

二、进口虾产品结构与市场分布

（一）总体分析

1. 进口虾产品的类别构成

欧盟（27）进口的虾产品总量中，不同产品类别构成比例总体变化不大，其中冷冻虾及虾仁是主要进口类别，占总进口量的 75～80％左右，其次是虾制品，占 20～24％左右，未冻虾及虾仁所占比重较低，不到 1％。

与国际市场虾产品交易价格变化相一致，欧盟进口虾产品的价格经历下降、相对平稳、上升三个阶段，且近年来上升趋势明显。从不同产品类别的进口单价来看，冷冻虾及虾仁价格最低，1999—2004 年价格下降趋势明显，2004—2008 年相对稳定，平均为 4.57 欧元/千克左右，2008 年及之后单价出现较大幅度提高；其次是虾制品，略高于冷冻虾及虾仁，平均单价为 5 欧元/千克左右；未冻虾及虾仁所占比重较小，价格相对较高而且变化幅度较大。

---

①　在欧盟虾产品进口市场，由于欧盟本土生产的对虾产品较低，需要通过进口满足各成员国消费者的需求，因此未对进口虾产品征收反倾销税（Castellini et al.，2006）。

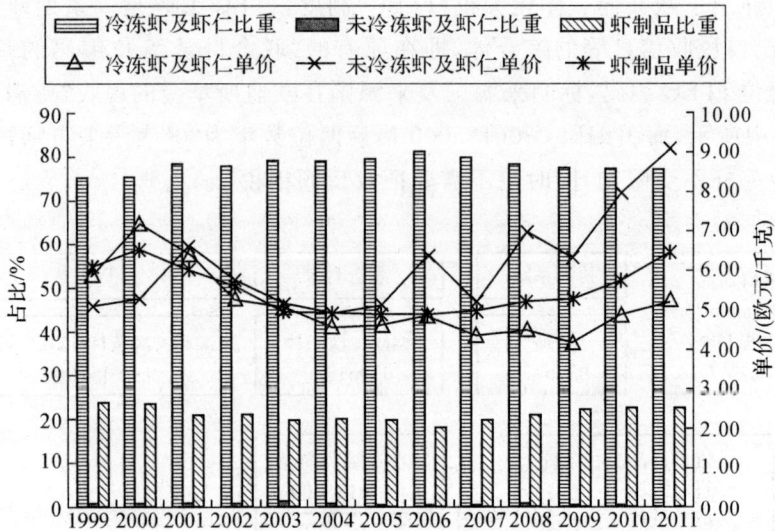

图 6-3　欧盟进口虾产品类别结构及各类别进口单价

资料来源:欧洲统计数据库(Eurostat)。

2. 进口虾产品的市场分布

从 2011 年欧盟从欧盟外国家进口的 61.20 万吨虾产品的国别分布来看,主要集中在西班牙、丹麦、法国、英国、意大利、比利时、荷兰、德国等 8 个国家,占进口总量的 94.42%。其中西班牙以占欧盟进口总量的 25.93% 的比重居各成员国进口的虾产品首位,丹麦、法国、英国所占比重也均超出 10%,具体如图 6-4 所示。

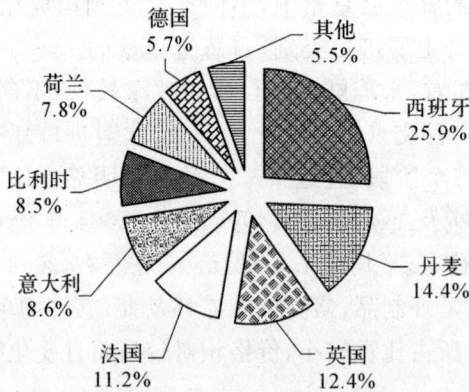

图 6-4　2011 年欧盟(27)进口虾产品的国别分布

资料来源:欧洲统计数据库(Eurostat)。

从各主要进口细分市场进口量的时间序列变动情况来看(见表 6-3):
(1)各细分市场进口量增长趋势比较显著,西班牙、丹麦、法国、英国、意大
利、比利时、荷兰、德国等 8 国是欧盟进口虾产品主要分布市场,占欧盟从欧
盟外进口虾产品总量的 95% 左右。(2)各细分市场不同时期进口量增减幅
度不一,以 2011 年为例,欧盟总体进口量略低于 2010 年,但丹麦、英国、意大
利和比利时则仍保持增长态势,分别比 2010 年上浮 7.19%、4.86%、1.55%
和 9.20%。(3)德国尽管近几年虾产品进口量有较大幅度增长,但与其他 7
个同盟国相比,仍处于较低水平。(4)欧盟其他成员国如葡萄牙、瑞典、希
腊、爱尔兰、奥地利等也从欧盟外国家进口虾产品,但数量相对较少。

表 6-3　欧盟内部各细分市场虾产品进口量时序变化情况　　　　单位:吨

	2000 年	2001 年	2002 年	2003 年	2004 年	2005 年	2006 年	2007 年	2008 年	2009 年	2010 年	2011 年
西班牙	97442	111426	100059	118726	119996	129769	156200	154478	145642	143181	148038	158688↑
丹　麦	77337	88260	99321	109280	112170	121910	126751	125719	109812	99600	96309	88219
英　国	62529	68285	70276	74467	73142	76211	71663	71417	63356	70210	72391	75916↑
法　国	32456	35433	37025	49856	52526	60910	67984	69483	68504	71676	78744	68351
意大利	27755	32123	27543	32054	32785	39082	48874	50576	48827	49916	51565	52369↑
比利时	18833	19696	26907	38283	41412	43683	53368	58064	60783	49184	47470	51839↑
荷　兰	29728	29094	46119	56080	37065	31086	32814	32401	40846	54529	49348	47661
德　国	13479	13738	10273	13069	15403	17345	19261	25994	31084	34789	35601	34808
其　他	19862	21412	21280	21444	21471	22773	24574	29954	28180	34579	37943	34121
总　计	379420	419466	438802	513257	505969	542768	601489	618086	597034	607663	617408	611971
CR8	94.77	94.90	95.15	95.82	95.76	95.80	95.91	95.15	95.28	94.31	93.85	94.42

注:"↑"表示与 2010 年相比,该细分市场 2011 年进口量依然保持上升的势头。
资料来源:欧洲统计数据库(Eurostat)。

从各细分市场虾产品进口的目的及进口后虾产品的流向来看,欧盟八
大主要虾产品进口国又可以分为两类:一类是进口虾产品主要用于满足本
国人民消费需求,如西班牙、法国、德国、英国和意大利;另一类则是进口后

用于再度销售以获利为目的,如丹麦、荷兰和比利时①。

图 6-5 描述了欧盟内部主要虾产品消费市场之间的贸易流向情况。从图中可以看出,欧盟内部各主要虾产品消费市场之间贸易往来非常活跃。丹麦、荷兰、比利时除了将其进口的虾产品大范围的销售到西班牙、法国、英国、德国、意大利之外,它们之间也有小额度的虾产品贸易发生。同时,在西班牙、法国、英国、德国和意大利之间也有小规模的虾产品贸易活动发生。

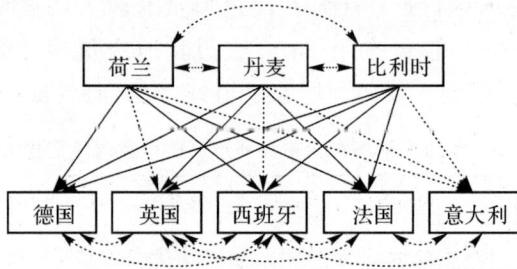

图 6-5　欧盟内部主要虾产品消费市场之间的贸易流动情况

注:图中虚线表示两国之间有虾产品贸易产生,但贸易量不大;实线表示贸易量较大;箭头表示贸易流向。

资料来源:作者根据相关资料整理得。

(二)分市场考察

1. 进口虾产品的类别构成

不同细分市场由于消费习惯和偏好的不同,进口虾产品的类别结构会存在较大的差异。如表 6.4 所示,西班牙以进口冷冻虾及虾仁为主,占总进口量的 99% 左右,未冻虾及虾仁和虾制品数量极低;丹麦进口虾产品中冷冻虾及虾仁占 60% 左右,虾制品接近 40%,未冻虾及虾仁很少;英国、荷兰、德国与丹麦在进口虾产品类别构成上相类似:未冻虾及虾仁进口极少,冷冻虾及虾仁与虾制品进口比例为 3∶2 左右,其中英国虾制品比例相对最高,接近 50%,荷兰进口的未冻虾及虾仁略高于其他成员国;法国、比利时、意大利基本以进口冷冻虾及虾仁为主,但也进口一定比例的虾制品。

---

①　在很多关于欧盟虾产品市场分析报告中,往往将丹麦、荷兰和比利时以虾产品出口国(尤其是丹麦,从进出口贸易规模来看是虾产品净出口国)的地位加以分析,所以很少对它们的进口情况作详细的分析。但我们认为,丹麦、荷兰和比利时本国产量都不高,从进出口贸易角度而言,它们首先是进口国,而且它们的出口市场也基本上是在欧盟成员国之间,因此也有必要对它们加以关注。

2. 不同类别虾产品单位价格比较

如表 6-4 所示,从 2011 年各细分市场平均进口单价来看,除丹麦略偏低之外,其他国家较为接近,均在 5.00～7.00 欧元/千克左右波动。从分类别单位价格来看,冷冻虾及虾仁和虾制品各市场之间也较为均匀[①],而未冻虾及虾仁在不同市场之间差异较大,从最低 3.54 欧元/千克到最高 53.78 欧元/千克,这主要是由于不同市场进口的未冻虾及虾仁其规格大小、品种等不同而引起的。

表 6-4　2011 年欧盟内部各细分市场进口产品类别构成及进口单价比较

国别	进口量(吨)	产品类别构成比例(%)			进口单价(欧元/千克)			
		冷冻虾及虾仁	未冻虾及虾仁	虾制品	冷冻虾及虾仁	未冻虾及虾仁	虾制品	总平均
西班牙	158688	98.92	0.07	1.01	4.97	3.54	6.78	4.98
丹　麦	88219	56.55	0.00	43.45	2.74	15.60	5.01	3.72
法　国	68351	90.90	0.05	9.05	5.72	27.08	6.77	5.82
英　国	75916	49.10	0.19	50.71	7.09	7.34	6.35	6.71
比利时	51839	88.91	0.03	11.06	5.97	6.56	6.20	6.00
意大利	52369	95.28	0.10	4.62	5.02	5.81	6.02	5.06
荷　兰	47661	57.25	0.14	42.61	5.44	10.99	8.88	6.91
德　国	34808	61.61	0.09	38.30	6.62	53.78	6.88	6.76
总　计	611971	77.04	0.18	22.78	5.20	9.09	6.45	5.49

资料来源:欧洲统计数据库(Eurostat)。

另外,正如图 6-5 所显示的丹麦进口的虾产品大多数属于转口贸易性质,即进口后直接或经过加工后出口到第三国(基本在欧盟内其他国家之间流转),而非本国消费,也就是丹麦进口商通过进口单位价格较低的虾产品,通过价值增值过程后再出口给法国、英国、德国等国家,以赢取利润。虽然荷兰、比利时也同样在大量进口虾产品的同时大量出口虾产品,但由于进口的虾产品品种、来源国等的差异,进口价格与其他成员国相差不大。

---

①　西班牙进口的虾制品单价也较低(3.72 欧元/千克),但由于西班牙进口的虾制品很少,所以不予重点关注。

三、主要来源国国别结构及变动趋势

（一）总体分析

与美国、日本市场相比，欧盟市场相对复杂，来源国国别多且分散。欧盟（27）市场所进口的虾产品包括暖水虾和冷水虾，其中暖水虾占 70％～80％左右，主要来自亚洲国家如中国、印度、泰国、孟加拉国、印尼、越南等和中南美洲国家厄瓜多尔、巴西等；冷水虾占总进口量 20％～30％左右，主要来源于格陵兰、加拿大、阿根廷、冰岛、挪威等。图 6-6 显示了欧盟 1999—2012 年进口虾产品的主要来源国及其市场份额变动情况。

从 1999—2012 年欧盟进口虾产品的主要来源国及其市场份额变动情况来看：（1）进口市场集中度（CR_{15}）有所提高，CR_{15} 由 1999—2000 年的 74.18％逐步上升至 2010—2012 年的 88.58％。（2）冷水虾品种甜虾（*Pandalus borealis*）主要供给国是格陵兰、加拿大、挪威和冰岛，供给量相对稳定，但市场份额在近年来有小幅度下降。冷水虾品种红虾（*Pleoticus muelleri*）则是阿根廷的主要供给品种。从冷水虾供给国的市场份额变动情况来看，各国的捕捞量的多少（或者说当年自然资源的丰度）直接决定其市场份额高低。（3）南美洲国家巴西市场份额波动幅度较大，在 2002—2006 年期间市场份额在 7.2％～7.4％之间波动，但从 2007 年开始在欧盟市场业绩迅速下跌，市场份额出现萎缩现象，至 2012 年，出口量不足百吨。厄瓜多尔在摆脱1999 年养殖虾白斑病困扰之后，市场份额不断扩大，并成为欧盟第一大供应国，2011 年出口欧盟近 9 万吨，2012 年略有下降，为 8.76 万吨。（4）非洲国家摩洛哥、马达加斯加、尼加拉瓜、莫扎比克所占份额不大，但供给比较稳定。（5）亚洲国家自 2004 年后开发欧盟虾产品市场战略效果显现，泰国、印度、印尼、越南市场业绩均有所提高。中国自 2004 年 7 月欧盟解除对中国虾产品禁令以来，市场也得到稳步发展。孟加拉国出口供给较为稳定，市场份额有了进一步的提高。

总体来看，各来源国市场份额的波动受两大因素影响较大：一是来源国的供给能力，即来源国当年虾产品的生产产量起着决定作用。二是进口市场规制，以泰国为例，欧盟对泰国虾产品进口的普惠制待遇的取消（1999 年之后）与恢复（2005 年起）直接决定泰国在欧盟市场绩效表现。同样，2002年 1 月欧盟以中国兽药残留监控体系不能满足欧盟要求为由，暂停从中国进口包括水产品在内的所有动物源性食品禁令，以及 2004 年 7 月对虾产品贸易解禁的决定也直接影响中国虾产品在欧盟市场的业绩。

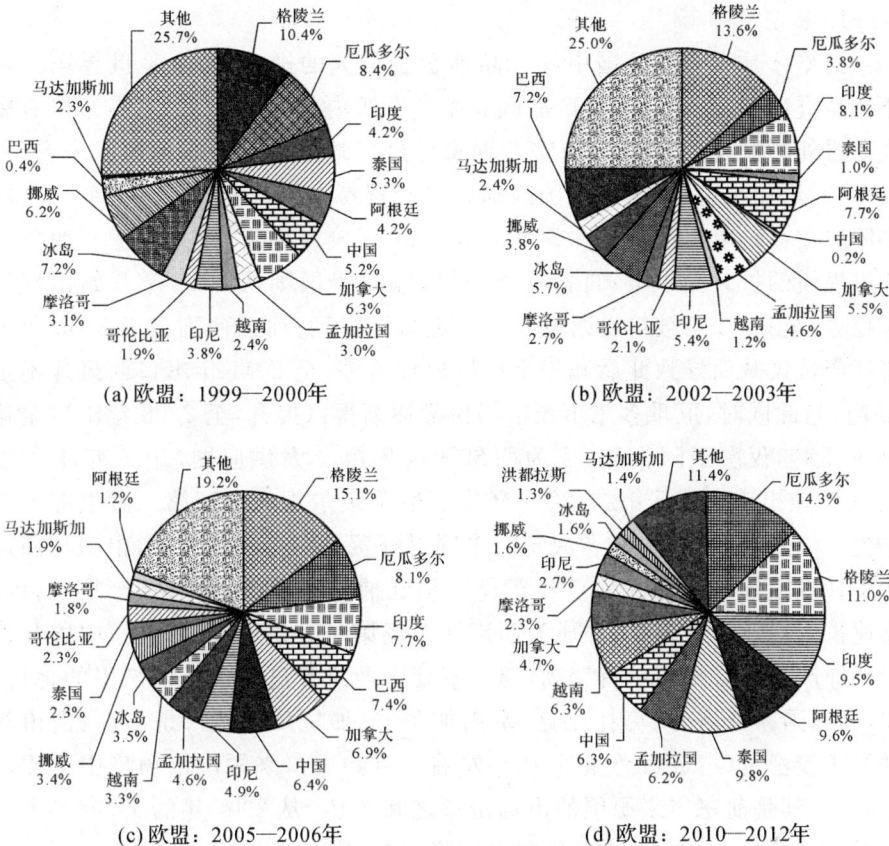

(a) 欧盟：1999—2000年

(b) 欧盟：2002—2003年

(c) 欧盟：2005—2006年

(d) 欧盟：2010—2012年

图 6-6 欧盟进口虾产品主要来源国及其市场份额变动情况(a—d)

资料来源：联合国商品贸易统计数据库(UN Comtrade,2014)①，

(二)分市场考察

正如第一节所述及的,欧盟内部各细分市场消费偏好存在一些差异,这种差异体现在其进口的虾产品品种类别和来源方面。

———————————

① 这里需要说明的是,在联合国商品贸易统计数据库(UN Comtrade,2013)中,欧盟(27)进出口数据是指欧盟(27)与欧盟外国家相关贸易记录,但具体细化到欧盟 27 个国家各自进出口贸易规模时,则包括该国与该国之外的所有国家的贸易,即不仅包括该国与欧盟外国家的贸易,也包括欧盟内国家,因此,欧盟(27)各国的贸易规模总额与欧盟(27)贸易规模数据不一致。

1. 西班牙市场

西班牙是欧盟成员国中虾产品消费量最大的进口国,也是世界第三大虾产品进口国,其进口的虾产品既有来自欧盟内部(大约15%左右),也有来自欧盟外国家。从2004—2012年西班牙进口虾产品来源国的情况来看(见表6-5),近年来,其主要来源国国别结构及贸易规模都发生了一些变化。具体体现在:(1)南美洲国家中阿根廷市场份额较为稳定,贸易量随着西班牙进口规模的扩大而扩大;哥伦比亚、委内瑞拉等国则从2010年开始出现下降趋势,至2012年被挤出西班牙十大进口国之列;而巴西则由于2003年养殖虾产量锐减而导致此后几年出口量出现萎缩,至2011年出口西班牙不足30吨;与此同时,厄瓜多尔市场市场份额逐渐得以提升,至2008年出口量达27.9千吨,仅次于阿根廷,成为西班牙市场第二大供应国,2009年中国以25.4千吨出口量暂居第二,2010年之后厄瓜多尔重新回到第二大供应国的位置。(2)2004年7月欧盟决定对中国对虾贸易实行解禁以来,中国与西班牙贸易规模逐步放大。2005年正逢阿根廷捕捞虾减产,中国虾产品出口商迅速扩大对西班牙出口,并成为西班牙市场第一大供应国。此后,中国与西班牙虾产品贸易规模虽有变动,但一直处于西班牙进口市场前三甲的地位。(3)非洲国家摩洛哥、莫扎比克、塞内加尔、尼加拉瓜虽然产量不高,但市场供给比较稳定(占进口总量的10%左右)。(4)进口来源国市场集中度逐步提高,尤其是前三甲来源国的市场份额之和(CR$_3$)从2004年的33.44%上升到2011年的61.26%,2012年略微下降,CR$_{10}$则接近80%。

表6-5　西班牙2004—2012年虾产品进口主要来源国及市场集中度变化情况

年份	主要来源国	CR$_3$	CR$_{10}$
2004	阿根廷(20.7)　巴西(17.8)　厄瓜多尔(10.0) 哥伦比亚　摩洛哥　洪都拉斯　荷兰　委内瑞拉　莫扎比克 比利时	33.44	57.90
2005	中国(26.5)　巴西(16.9)　厄瓜多尔(15.6) 哥伦比亚　摩洛哥　荷兰　阿根廷　洪都拉斯　莫扎比克 委内瑞拉	37.84	65.75
2006	中国(28.8)　阿根廷(24.9)　厄瓜多尔(19.5) 巴西　哥伦比亚　洪都拉斯　委内瑞拉　摩洛哥　荷兰 莫扎比克	40.78	69.14
2007	阿根廷(34.0)　中国(28.0)　厄瓜多尔(21.5) 哥伦比亚　洪都拉斯　摩洛哥　尼加拉瓜　莫扎比克　法国 荷兰	46.70	74.56

续表

年份	主要来源国	CR$_3$	CR$_{10}$
2008	阿根廷(28.5) 厄瓜多尔(27.9) 中国(27.1) 哥伦比亚 摩洛哥 尼加拉瓜 泰国 比利时 洪都拉斯 莫扎比克	50.06	79.86
2009	阿根廷(36.3) 中国(25.4) 厄瓜多尔(20.4) 泰国 哥伦比亚 尼加拉瓜 摩洛哥 比利时 洪都拉斯 委内瑞拉	50.29	74.84
2010	阿根廷(42.7) 厄瓜多尔(23.4) 中国(22.7) 泰国 哥伦比亚 尼加拉瓜 荷兰 摩洛哥 比利时 莫桑比克	52.05	75.48
2011	阿根廷(49.2) 厄瓜多尔(31.5) 中国(22.5) 泰国 尼加拉瓜 摩洛哥 印度 委内瑞拉 比利时 荷兰 塞内加尔	61.26	83.93
2012	阿根廷(42.2) 厄瓜多尔(28.7) 中国(18.4) 尼加拉瓜 塞内加尔 摩洛哥 印度 洪都拉斯 比利时 荷兰	58.54	79.49

注:(1)表中主要来源国从左到右各按照其出口量大小排序;(2)括号内为当年该来源国出口至西班牙的虾产品数量,单位为千吨;(3)CR$_3$ 和 CR$_{10}$ 是指进口量居前三位和前十位的国家分别占西班牙总进口量的比重。

资料来源:联合国商品贸易统计数据库(UN Comtrade,2014)。

尽管遭受全球性金融危机、欧债危机等经济事件影响,欧盟市场虾产品进口规模并未见明显萎缩现象,西班牙虾产品进口市场基本平稳,但 2012 年进口量与 2011 年相比有较大幅度下降,进口量与进口额分别下降了 9.42% 和 22.24%,同期,虾产品进口平均价格从 7.50 美元/千克下降到 6.44 美元/千克。

2. 法国市场

从法国虾产品进口来源来看(见表 6-6):(1)近五年来,厄瓜多尔在法国虾产品市场成长较快,自 2007 年起成为法国第一大进口国,此后一直保持这一竞争优势地位。而曾经是法国虾产品市场的主要供应商,在 2004 年出口量(为 2.41 万吨)占法国进口总量比重达 23.83% 的巴西,自 2005 年起,出口量逐年减少,至 2012 年供给量仅 67 吨,在法国虾产品进口总量几乎微不足道,仅占同期进口总量的 0.06%。(2)非洲国家马达加斯加的捕捞虾产品基本出口法国市场,自 2004 年以来由于捕捞量的下降,出口至法国的虾产品开始减少,退居第三,2011 年和 2012 年曾一度被泰国超越,但 2012 年重新回到第三的位置。(3)亚洲虾产品主产国中,印度、印尼、泰国、越南在法国市场的绩效表现良好,尤其是印度,得益于本国政府政策的支持,跃居成为法国第二大进口国。但作为世界第一大虾产品生产国的中国,在法国虾产品市场开拓方面略显落后,2012年年供给量仅200吨左右。(4)欧盟成员国荷兰、比利时、丹麦等国在法国市场的地位相对稳固,市场份额在13%左右。

与西班牙进口市场相类似,法国虾产品进口市场并未由于金融危机、欧债危机的影响,进口规模不降反而稳中有升。尽管虾产品进口平均价格从2009年的6.71美元/千克上涨至2010年的7.25美元/千克,到进口量依然达11.46万吨,为历史最高峰。从进口虾产品类别构成结构来看,未冻虾及虾仁保持90%左右的比重,未冻虾及虾仁比例在0.04%左右,虾制品所占份额有略微上升迹象,2012年提高到9.05%。

表6-6 法国2004—2012年虾产品进口主要来源国及市场集中度变化情况

年份	主要来源国	CR$_3$	CR$_{10}$
2004	巴西(24.1)　马达加斯加(11.7)　厄瓜多尔(7.1) 印尼　荷兰　印度　马来西亚　丹麦　比利时　越南	42.90	68.50
2005	巴西(22.5)　马达加斯加(10.3)　厄瓜多尔(9.1) 印尼　荷兰　印度　越南　丹麦　比利时　马来西亚	41.44	73.49
2006	巴西(17.6)　厄瓜多尔(12.3)　马达加斯加(9.6) 印度　印尼　荷兰　越南　比利时　丹麦　马来西亚	37.62	71.14
2007	厄瓜多尔(15.8)　巴西(13.4)　马达加斯加(9.4) 印度　荷兰　印尼　泰国　越南　比利时　哥伦比亚	35.91	68.09
2008	厄瓜多尔(19.5)　印度(10.1)　马达加斯加(9.3) 巴西　泰国　荷兰　越南　比利时　哥伦比亚　印尼	36.94	72.08
2009	厄瓜多尔(17.8)　印度(13.2)　马达加斯加(8.6) 泰国　荷兰　哥伦比亚　越南　比利时　委内瑞拉　印尼	36.45	68.87
2010	厄瓜多尔(24.5)　印度(12.5)　泰国(10.8) 马达加斯加　越南　荷兰　委内瑞拉　比利时　哥伦比亚　印尼	41.63	72.99
2011	厄瓜多尔(26.7)　印度(12.8)　泰国(8.9) 马达加斯加　荷兰越南　比利时　委内瑞拉　哥伦比亚　印尼	44.06	75.78
2012	厄瓜多尔(28.6)　印度(13.4)　马达加斯加(7.4) 泰国　荷兰　委内瑞拉　越南　比利时　哥伦比亚　丹麦	45.28	76.57

注:(1)表中主要来源国从左到右各按照其出口量大小排序;(2)括号内为当年该来源国出口至法国的虾产品数量,单位为千吨;(3)CR$_3$和CR$_{10}$是指进口量居前三位和前十位的国家分别占法国总进口量的比重。

资料来源:联合国商品贸易统计数据库(UN Comtrade,2014)。

3. 英国市场

英国是水产品大进大出国家,由于近年来英国虾产品出口大幅度下降,因此,尽管其国内消费依然保持增长态势,但虾产品进口量出现小幅度降低。从表6-6可以看出,英国虾产品来源国稳定且市场集中度相对较高。冰岛一直以来都是英国市场虾产品的主要供应国,然而由于产量减少,因此供应量也逐年下降,从2010年开始被挤出英国虾产品五大进口国之列,排名第六。亚洲国家泰国、印度、印尼、孟加拉国、越南等占据了冷冻虾市场65%左右的市场份额,泰国在虾制品市场开拓方面也取得了不错的业绩,并在2009年成为英国虾产品市场第一大供应国。从2006年开始中国也在不断加强出口力度,至2012年出口到英国虾产品数量也达到4000余吨,出口平均单价为6.54美元/千克,虽改变了原先低价形象,但总量规模依然有限。

表6-7 英国2004—2012年虾产品进口主要来源国及市场集中度变化情况

年份	主要来源国	CR_5
2004	冰岛(20.8) 印度(10.8) 孟加拉国(8.2) 丹麦(6.9) 印尼(6.1)	56.29
2005	冰岛(17.7) 印度(10.8) 孟加拉国(9.0) 印尼(8.5) 丹麦(8.0)	60.07
2006	冰岛(16.9) 印度(11.3) 丹麦(9.4) 印尼(8.3) 孟加拉国(6.2)	58.41
2007	冰岛(15.3) 印度(10.5) 泰国(9.3) 丹麦(9.3) 印尼(8.9)	60.91
2008	冰岛(13.4) 泰国(9.7) 印尼(8.7) 丹麦(8.5) 印度(7.6)	57.93
2009	泰国(13.2) 丹麦(9.8) 印度(8.6) 加拿大(8.3) 冰岛(7.9)	73.43
2010	泰国(17.0) 丹麦(9.4) 加拿大(9.1)印度(8.1) 印尼(8.0)	75.92
2011	泰国(19.6) 加拿大(9.4)印度(8.4) 丹麦(8.2) 孟加拉国(7.6)	72.16
2012	泰国(20.7) 加拿大(10.2)印度(8.6) 丹麦(7.0) 孟加拉国(6.3)	72.94

注:(1)表中主要来源国从左到右各按照其出口量大小排序;(2)括号内为当年该来源国出口至英国的虾产品数量,单位为千吨;(3)CR_5是指进口量居前五位的国家占英国总进口量的比重。

资料来源:联合国商品贸易统计数据库(UN Comtrade,2014)。

4. 欧洲其他主要进口市场

德国市场。德国进口虾产品总量虽然不高,但市场增长较快,2011年进口总量达6.25万吨,是2000年进口量的2.38倍。泰国和越南在德国虾产品市场表现良好,分别位于德国虾产品进口市场第一和第二供给国的位置。在扩大的消费需求中印度出口德国的虾产品也得到同步增长。作为德国虾产品市场第三大进口国,荷兰在德国未冻虾及虾仁进口中占据重要地位,占德国未冻虾及虾仁进口总量的 83.87%,在虾制品进口总量中也仅次于泰国。相比之下,中国自 2005 年以来出口德国的虾产品规模有所放大,但总量依然有限(2012 年出口量为 1779 吨)。

意大利市场。从近五年虾产品进口市场来看,意大利维持较快的增长速度,南美洲国家厄瓜多尔、阿根廷是其虾产品主要来源国,占其总进口量的 40% 左右。其次是欧盟国家西班牙和丹麦,西班牙以出口冷冻虾为主,而丹麦则在虾制品出口方面占优势。印度和中国也是意大利进口虾主要供给国,从增长趋势来看,虽然目前印度出口量依然远高于中国,而中国出口量却出现萎缩(2012 年仅 1622 吨)。

丹麦市场。与欧盟其他虾产品主要进口国不同,丹麦在大量进口的同时也大量出口,是虾产品净出口国家。以进口量而言,丹麦进口的虾产品位居欧盟第二,仅次于西班牙。从其进口来源来看,格陵兰、加拿大是其主要供给国,亚洲国家虾产品主产国在开拓丹麦市场上绩效平平,超过千吨的暂时还没有。丹麦主要出口市场在欧盟内部。

比利时市场。比利时与丹麦相同,虾产品进口后再度出口。从其进口来源来看,亚洲国家是其主要的进口市场,从印度、孟加拉国、印尼、泰国和中国五国进口虾产品占比利时进口总量的 60% 左右。比利时进口的冷冻虾平均价格为 7.48 美元/千克,然而除孟加拉国每千克达 9.20 美元之外,从亚洲进口的冷冻虾价格总体低于平均水平,其中中国出口到比利时的价格最低。此外,中南美洲国家厄瓜多尔出口比利时的冷冻虾产品也占有较大市场份额。

从以上各细分市场主要来源国的分析中可以看出,厄瓜多尔在欧盟市场开拓取得了较好的成绩,已逐步成为西班牙、法国、意大利、德国和比利时虾产品进口最大的供应国,而中国除了在西班牙市场业绩相对较好外,其他市场开拓绩效平平。正如中国工商联水产业商会吴湘生(2004)副秘书长所指出的"厄瓜多尔虾出口采取'撒芝麻盐'的策略,遍地开花结果",取得了较好的市场业绩。

四、市场准入与规制

基于保障食品安全的角度考虑,欧盟在水产品进口方面设置了除关税贸易壁垒之外的一系列法规、条例,可以说欧盟的技术要求是世界上最严格的[①]。相关规定有:(1)欧盟 91/493/EEC 指令（即水产品投放市场卫生条件规定）,要求从第三国进口到欧盟的水产品,不论是新鲜、冷冻、罐装、腌制、熏制或是干货,它的生产、加工、包装和储藏设施都必须获得相关国家的认证机构认定（商务部,2005）。(2)欧盟 95/328/EC 法令,该法令规定所有进口的水产品必须附有卫生健康证明;欧盟对进口水产品质量和卫生要求全面推行 HACCP 制度。(3)检验检疫规定,对进口水产品需要检测新鲜度化学指标、自然毒素、微生物指标等,每一项检测都有相应的标准。欧盟对抗生素的检测尤为严格,呋喃唑酮检测限为 1ppb,氯霉素检测限仅为0.3ppb。同时在《欧盟食品及饲料安全管理法规》中,实行对已经准入欧盟市场的食品安全问责制,从而进一步加强了对进口水产品的控制管理。(4)2005/34/EC 决议,对从第三国进口的动物源性产品中检出药物残留作出了新的规定,对于检出有禁用物质残留,但残留量低于欧盟制定的最低执法限量的情况,也将被记录在案。一旦在 6 个月内同一来源、同一禁用物质出现 4 次或以上的记录时,欧盟委员会将向输出国进行通报并采取销毁或退回的措施（商务部,2005）。

除了以上各种市场准入规制外,欧盟 104/2000EC 法规指出,允许根据不同的标准对每一种进入欧盟的产品设定最低指导价,如果从第三国进口的产品在海关申报时价格低于规定指导价,那么该国将失去关税减免（全部或部分）的所有好处。该法规的实施主要是为了防止出现可能会严重影响欧洲生产商利益而导致的欧盟市场不稳定的现象（Castellini et al.,2006）。

同时,自 2005 年 4 月起,欧盟原产国标签法生效,用于零售的水产品必须在标签上注明商业名称、生产方式（如"捕捞于……"、"养殖"等）、捕捞区域（指明确的捕捞区域）。同时,为提高产品的可追溯性以及对整个市场的控制——从船只到销售终端——有关的贸易、生产方式、捕捞区域的信息必须在标签上标出。

---

① 　关于虾产品的单独的法规和标准不多,对水产品的法规和要求都适用于虾产品。

第三节　欧盟虾产品进口需求的 Rotterdam 模型估计：以西班牙为例

西班牙是世界虾产品第三大进口国，也是欧盟(27)成员国中进口虾产品最多的国家。自 2004 年 7 月欧盟对中国虾产品贸易解禁以来，中国出口西班牙的虾产品数量直线上升，并迅速跃居成为西班牙进口虾产品的主要来源国。2011 年中国出口到西班牙市场的冷冻虾及虾仁达 2.25 万吨，占中国冷冻虾及虾仁出口总量的 14.15％，高于中国冷冻虾及虾仁第二大出口国——日本(为 2.13 万吨)。西班牙虾产品进口市场在中国虾产品出口中扮演着日益重要的角色。

正如本章"人均消费变化趋势"中所指出的，西班牙人均虾产品消费量远高于美国和日本，但就西班牙虾产品进口市场学术研究关注度而言，却远不及美国和日本，且国外已有的相关研究，也基本以欧盟整体市场定性分析为主，定量研究也只是在与美国、日本市场作比较分析才有所提及，而专门对西班牙虾产品进口需求的研究更是鲜见于笔端。鉴于西班牙市场在中国冷冻虾及虾仁出口中的重要地位，吴湘生(2004)在《后倾销时代国际虾类市场的基本走势判断》中对西班牙市场 2004 年之前虾产品消费需求特点进行了分析；周井娟(2009)则针对西班牙虾产品进口结构波动及市场规制特征进行细述并提出了改善市场绩效的相关建议。然而，这些研究对于我们真正认识西班牙虾产品进口需求的本质特征是远远不够的。

鉴于此，本节借助于差异化进口需求 Rotterdam 模型，利用西班牙与主要来源国之间的贸易数据，分析西班牙虾产品进口需求现状，了解西班牙消费者对中国虾产品的支出弹性、中国虾产品的自价格弹性以及与主要竞争对手产品交叉价格弹性，进一步明晰西班牙虾产品市场的贸易格局和西班牙消费者对中国虾产品的需求规律。

一、数据说明

西班牙虾产品进口需求弹性估计使用的是来自欧洲委员会欧盟统计数据库(Eurostat)的月度数据[1]，该数据库记录了自 1995 年以来欧盟各成员国

---

① 截至 2015 年 2 月，月度数据更新至 2011 年 12 月(EUROSTAT,2015)。

与世界各国之间进出口商品贸易的数量和金额。考虑到受虾产品氯霉素超标事件的影响，欧盟曾一度中断与中国的虾产品贸易（从 2002 年 1 月至 2004 年 6 月），至 2004 年 7 月才得以恢复正常，因此，基于研究的目标取向，本节主要分析中国与西班牙虾产品贸易正常化以来，西班牙消费者对来自中国虾产品消费偏好情况，以及中国与主要竞争对手产品的替代程度，将研究的数据区间限定在 2004 年 7 月至 2011 年 12 月，关注此期间西班牙市场对来源多样化的虾产品进口需求弹性。另外，本节所提到的关于西班牙的月度进口量和进口额均指西班牙与欧盟外国家之间的贸易，不包括欧盟内部的交易。各国（或地区）出口到西班牙的虾产品价格均指到岸价格（C. I. F Value，包括货物价值、保险、运费，以及到岸前发生的手续费），进口单价通过进口额（单位为欧元）除以进口量（单位为千克）得到。

从图 6-7 西班牙进口虾产品月度变化折线图可以看出，不同月份进口量差异较大：每年的 2 月份是西班牙进口虾产品最低谷，而后持续上升至当年 11 月份达到顶峰，12 月份开始至次年 2 月又出现下降趋势。而从月度历年变化轨迹来看，与进口总量变化路径较为相似，即 2006 年之后出现小幅度下滑态势，但不同的月份表现不一，在 2007 年和 2008 年的 1 月、2 月、5 月、10 月和 11 月进口量出现持续下降，而 3 月、4 月、6 月、7 月、8 月和 9 月在 2007 年出现小幅度下滑之后，2008 年又得以恢复。近五年月度进口量中，10 月、11 月进口量超过相对较高。

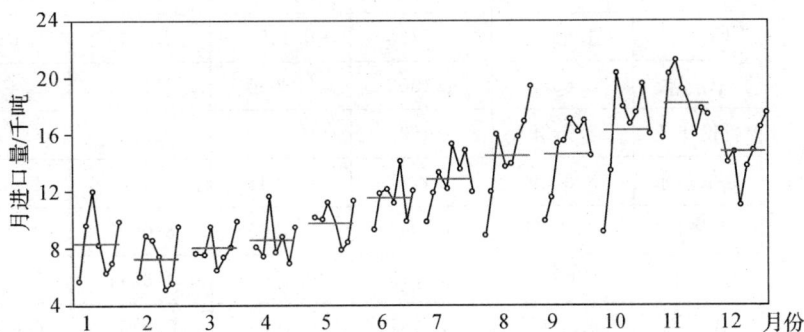

图 6-7　西班牙虾产品进口量月度变化情况（2004.07—2011.12）
资料来源：作者根据西班牙进口市场月度贸易数据通过 EViews 软件处理获得。

表 6-8 反映了 2004 年 7 月年至 2011 年 12 月期间，西班牙虾产品进口市场主要来源国的平均支出份额和平均单价。从市场份额来看，近两年，阿根廷、中国和厄瓜多尔均略有增长，相反，原先在西班牙市场占有一定优势

地位的巴西虾产品,2011 年进口量仅 24 吨,市场份额大幅缩小,而印度、泰国等亚洲国家则加大出口力度,根据西班牙消费者需求特点,出口适销对路产品,市场份额逐步放大。从各主要来源国虾产品平均单价来看,阿根廷和摩洛哥出口至西班牙的捕捞虾价格远远高于中国、厄瓜多尔、哥伦比亚养殖虾;中国虾产品的价格最低且波动幅度较大。从西班牙虾产品进口月支出金额来看,平均每月支出超过 0.6 亿欧元,但月度支出波动较大,最高时达 1.13 亿欧元(2006 年 11 月),最低时仅 0.22 亿欧元(2010 年 2 月),这与图 6-7 所显示的进口量月度变动直接相关。

表 6-8　西班牙虾产品市场主要来源国市场份额与价格的描述性统计

变量		均值	标准差	离散系数	最小值	最大值
支出份额	阿根廷	0.2278	0.1082	0.4750	0.0069	0.3932
	印　度	0.0149	0.0029	0.1946	0.0008	0.1404
	中　国	0.1188	0.0471	0.3965	0.0145	0.2270
	哥伦比亚	0.0376	0.0171	0.4548	0.0145	0.0872
	厄瓜多尔	0.1217	0.0479	0.3936	0.0371	0.2199
	摩洛哥	0.0910	0.0499	0.5484	0.0389	0.2623
	其　他	0.3887	0.1135	0.2920	0.2208	0.5946
平均单价	阿根廷	6.8697	2.5606	0.3727	4.1806	13.9861
	印　度	4.6350	0.6725	0.1451	2.5814	5.0342
	中　国	3.6693	1.1302	0.3080	2.7667	9.4068
	哥伦比亚	3.7729	0.4609	0.1222	2.9915	4.9534
	厄瓜多尔	3.8709	0.4037	0.1043	3.3642	4.6201
	摩洛哥	12.4451	5.3944	0.4335	8.0990	18.1325
	其　他	5.0825	0.5619	0.1106	4.3541	7.0649
	全　部	4.9642	0.5281	0.1064	3.9850	6.0733
总支出		61323265	22505864	0.3670	22919168	1.13E+08

注:标准差与平均数的比值称为离散系数,记为 CV。离散系数可以消除单位和(或)平均数不同对两个或多个资料变异程度比较的影响,反映单位均值上的离散程度。

　　正如"主要来源国分市场考察"部分所提到的,西班牙虾产品进口来源国相对较为分散,但来源国市场集中度有进一步提高的趋势。从平均支出份额来看,在进口规模上相对占优的有中国、阿根廷、印度、厄瓜多尔、哥伦比亚和摩洛哥等国家,其中阿根廷、中国和厄瓜多尔平均支出份额均超过10%。因此,在以西班牙为代表的欧盟虾产品进口需求弹性估计时,将阿根廷、厄瓜多尔、摩洛哥、哥伦比亚、印度五个国家①,作为中国在西班牙虾产品进口市场主要竞争对手来分析,而将进口量相对较小的国家如泰国、洪都拉斯、尼加拉瓜、荷兰、法国、莫桑比克、委内瑞拉、比利时、塞内加尔和古巴等统称为"其他国家",作为一个变量纳入模型分析中。

西班牙本国产虾产品产量不高,自给率稳定在5%左右,但正如前文所指出的,由于贸易数据和国内数据性质的非统一性,通常假定进口量不受国内产量的影响,不考虑进口产品与本土产品之间的替代关系。另外,从西班牙进口的虾产品类别构成来看,冷冻虾及虾仁占据绝对的优势地位(占进口总量比重均在99%左右),为便于分析,同时为减少模型估计时参数的数量,因此未将未冻虾和虾仁、虾制品纳入模型分析中。

二、实证模型的选择与确定

(一)实证模型的选择

依据上述西班牙虾产品进口需求弹性估计所涉及的相关数据的详细说明,西班牙进口需求系统包括对7个不同来源国冷冻虾及虾仁差异化进口需求的参数估计和弹性比较,因此进口需求系统 General 模型的每一个方程将包括14个待估计参数(包括截距项、3个季节虚拟变量、1个支出项、7个Slutsky 价格项和 δ_1、δ_2),Rotterdam 模型、CBS 模型、一阶差分 AIDS 模型、NBR 模型的每一个方程包括12个待估计参数,需求系统包括7个方程。

从表6-9西班牙冷冻虾及虾仁进口需求系统模型极大似然函数估计结果来看,在5%显著性水平下 CBS 模型、一阶差分 AIDS 模型、NBR 模型都被拒绝,只有 Rotterdam 模型被接受。从 General 模型的估计参数 δ_1 和 δ_2 的值来看,$\delta_1 = 0.1916$(t 值为 1.0964)$\delta_2 = -0.0149$(t 值为 -0.5826),由此可知 δ_1 和 δ_2 与 0 无显著差异。由此可以确定 Rotterdam 模型为符合西班牙冷冻虾及虾仁数据性质特征的差异化进口需求模型。

---

① 从西班牙进口总量和总额来看,泰国出口西班牙的虾产品年度总量和总额均高于印度,但月度之间分布不均,甚至部分月份没有交易产生。所以,考虑到数据比较的完整性和可比较性,此处将泰国列入"其他国家"范围进行研究。

表 6-9　西班牙冷冻虾及虾仁进口需求系统模型极大似然函数估计结果

	General 模型	Rotterdam 模型	CBS 模型	一阶差分 AIDS 模型	NBR 模型
似然函数对数值 logL(.)	710.69	709.52	706.26	706.03	705.59
似然比检验统计值	—	2.34	8.86**	9.32***	10.20***

注:(1)似然比(LR)检验的自由度为2;在1%、5%、10%的显著性水平下,卡方临界值分别为9.21、5.99、4.61;(2)***、**、* 分别表示在1%、5%、10%水平下显著。

(二)实证模型的确定

本书第二章已经对 Rotterdam 模型作了详细的介绍,该模型最早是由 Theil(1965),及 Barten(1964;1969)提出的,近年来,在来源差别化农产品进口需求估计中得到广泛应用(Barnett,1979;Borooah,1985;Seale et al.,1992;Arunachalam,2008)。包含截距项和季节虚拟变量的西班牙冷冻虾及虾仁进口需求 Rotterdam 模型可表示为:

$$\bar{w}_{fh}^{es} d\log q_{fh}^{es} = \alpha_{fh}^{es} + \theta_{fh}^{es} d\log Q + \sum_k \pi_{fhk}^{es} d\log p_{fk}^{es} + \sum_l \gamma_{fhl}^{es} D_l \tag{6.1}$$

式(6.1)中,上标 es 是西班牙国家国际代码简称,表示该模型是针对西班牙虾产品进口市场的。下标 f 表示产品类型,即表示冷冻虾及虾仁;h 和 k 表示产品来源地,这里表示中国、阿根廷、厄瓜多尔、哥伦比亚、摩洛哥、印度和其他国家[①];$\bar{w}_{fh}^{es} = (w_{fh,t}^{es} + w_{fh,t-1}^{es})/2$ 表示来自 h 国的冷冻虾及虾仁的平均支出份额;p_{fh}^{es} 和 q_{fh}^{es} 分别表示来自 h 国的冷冻虾及虾仁的价格、数量;$d\log Q = \sum_f \sum_h w_{fh}^{es} d\log q_{fh}^{es}$ 为 Divisia 数量指数;D_l 是月度哑变量;α_{fh}^{es}、θ_{fh}^{es}、π_{fhk}^{es} 和 γ_{fhl}^{es} 是模型待估计参数。系统需求方程满足加总性、关于价格是零次齐次的,并且满足 Slutsky 对称性,即:$\sum_h \alpha_{fh}^{es} = 0$,$\sum_h \theta_{fh}^{es} = 1$,$\sum_h \gamma_{fhl}^{es} = 0$;$\sum_h \pi_{fhk}^{es} = 0$;$\pi_{fhk}^{es} = \pi_{fkh}^{es}$。

Rotterdam 模型需求系统方程弹性值分别由下式计算而得(Barten,1993):

---

① 这里意味着由于冷冻虾及虾仁产地、品牌、市场声望等的不同,消费者偏好也会不一样,因此将来自不同国家(或地区)的同类别冷冻虾及虾仁视为来源差异化的、互相竞争的产品。

支出弹性：$\eta_{fh}^{es} = \theta_{fh}^{es} / w_{fh}^{es}$。

斯勒茨基（补偿）自价格弹性：$\varsigma_{fh}^{es} = \pi_{fh}^{es} / w_{fh}^{es}$；交叉价格弹性：$\varsigma_{fhk}^{es} = \pi_{fhk}^{es} / w_{fh}^{es}$。

古诺（非补偿）自价格弹性：$\theta_{fh}^{es} = \pi_{fh}^{es} / w_{fh}^{es} - \theta_{fh}^{es}$；交叉价格弹性：$\theta_{fhk}^{es} = \pi_{fhk}^{es} - \theta_{fh}^{es} w_{fk}^{es} / w_{fh}^{es}$。

三、结果与分析

（一）自变量的内生性检验

由于 Rotterdam 需求函数的应变量 $wd\log q$，与自变量 $d\log Q$ 可能存在某种内在的关系，即 $d\log Q$ 可能是内生于模型的。根据 Theil(1976) 提出的检验方法，如果 $d\log Q$ 是外生变量，那么 $\mathrm{cov}(\varepsilon_h, \varepsilon_k)$ 应该是 Slutsky 系数 π_{hk} 倍数。因此以 $\mathrm{cov}(\varepsilon_h, \varepsilon_k)$ 为应变量，估计参数 π_{hk} 为自变量，利用最小二乘法进行估计，得到回归方程式为：$\mathrm{cov}(\varepsilon_h, \varepsilon_k) = -0.0000(-0.2547) - 0.0047(-2.2083)\pi_{hk}$，括号内为 t 统计值。由此可知 π_{hk} 显著异于 0，且 $\mathrm{cov}(\varepsilon_h, \varepsilon_k)$ 约为 Slutsky 系数项的 -0.0047 倍，因此西班牙冷冻虾及虾仁 Rotterdam 需求系统中不存在自变量的内生性现象。

（二）参数估计

表 6-10 显示了西班牙虾产品差异化进口需求 Rotterdam 模型参数估计结果，从表中可以看出：

（1）"阿根廷"方程式的常数项在 1% 显著性水平下，显著异于零且为正值，说明长期以来，西班牙消费者对阿根廷野生红虾已经形成一种消费偏好，且对该产品的需求有递增的趋势。

（2）支出系数均为正，且均在 1% 显著性水平下显著异于零，说明当西班牙虾产品总预算每增长 1%，对阿根廷、印度、中国、哥伦比亚、厄瓜多尔、摩洛哥和其他国家的预算份额分别可显著增加 0.19%、0.04%、0.08%、0.06%、0.07%、0.11% 和 0.44%。

（3）Slutsky 价格系数显示，印度和摩洛哥冷冻虾及虾仁自价格效应分别在 5% 和 10% 显著性水平下显著异于零，中国与印度、厄瓜多尔与哥伦比亚冷冻虾及虾仁交叉价格效应在 10% 显著性水平下显著异于零。

（4）虽然图 6-7 显示西班牙冷冻虾及虾仁总进口量在不同季节变动较大，但在 Rotterdam 进口需求系统参数估计结果中，"中国"、"哥伦比亚"、"厄瓜多尔"、"印度"方程式中季节虚拟变量均不显著；阿根廷季节虚拟变量在 1% 显著性水平下显著异于零，且系数为负说明阿根廷虾产品出口量的规模在一、

二、三季度与四季度正好相反;"摩洛哥"方程式中,一季度虚拟变量系数为正且显著于零,说明摩洛哥对西班牙的虾产品出口集中在一季度和四季度。

(三)弹性比较

表 6-11 列出 Rotterdam 模型在 2004 年 7 月至 2011 年 12 月期间以样本平均值计算的来自阿根廷、印度、中国、哥伦比亚、厄瓜多尔、摩洛哥和其他国家的冷冻虾及虾仁的支出弹性和价格弹性。

西班牙冷冻虾及虾仁进口总支出对哥伦比亚、摩洛哥和其他国家均富有弹性,弹性值分别为 1.2821、1.1044 和 1.1426,对阿根廷和印度冷冻虾产品的支出接近单位弹性,分别为 0.9877 和 0.9608,而对中国和厄瓜多尔冷冻虾产品缺乏弹性,分别为 0.6410 和 0.6248。也就是说西班牙冷冻虾及虾仁进口总支出每增长 1%,哥伦比亚、摩洛哥和其他国家的进口量就分别增加 1.28%、1.10% 和 1.14%,阿根廷和印度则几乎与总支出同步增长,而中国和厄瓜多尔仅增长 0.64% 和 0.63%。说明尽管自 2004 年 7 月西班牙恢复与中国虾产品贸易以来,贸易额迅速扩大,但对西班牙本国消费者而言,尚未形成对中国虾产品的消费偏好,而对阿根廷、摩洛哥的捕捞虾总体评价较高,而且哥伦比亚提供的养殖虾口碑也较好。

从古诺(非补偿)价格弹性来看,阿根廷、印度、中国、哥伦比亚、厄瓜多尔、摩洛哥自价格弹性分别为 -0.6444、-1.5757、-0.0987、-0.4573、-0.4006 和 -0.5163,为正常商品。其中,印度冷冻虾及虾仁自价格弹性大于 1 富有弹性,说明印度冷冻虾及虾仁对价格较为敏感;阿根廷、哥伦比亚、厄瓜多尔、摩洛哥自价格弹性在 -0.5 上下徘徊;而中国自价格弹性仅 -0.0987,且剔除了收入效应的斯勒茨基(补偿)自价格弹性为 -0.0205,说明中国冷冻虾及虾仁在西班牙市场完全缺乏弹性,市场价格下降对中国虾产品出口不利。

从交叉价格弹性来看,除厄瓜多尔对哥伦比亚交叉价格弹性大于 1 富有弹性外,其他来源国之间冷冻虾及虾仁的交叉价格弹性均小于 1 且缺乏弹性。其中,中国与厄瓜多尔、摩洛哥交叉弹性为负,与阿根廷、印度、哥伦比亚的冷冻虾及虾仁交叉价格弹性为正。从交叉价格弹性值大小来看,中国对印度交叉价格弹性达 0.9319,而印度对中国交叉价格弹性为 0.2890,说明在冷冻虾及虾仁供给方面,中国对印度的替代效应更为明显;另外,阿根廷对印度冷冻虾及虾仁的替代效应也较强,但对中国虾产品的替代效应不明显。

表 6-10 西班牙虾产品进口需求模型:Rotterdam 模型参数估计结果

变量		阿根廷	印度	中国	哥伦比亚	厄瓜多尔	摩洛哥	其他国家
常数项		0.0773*** (3.9362)	0.0084 (0.9205)	−0.0031 (−0.3160)	−0.0033 (0.5589)	0.0087 (1.2179)	−0.0245 (−1.2835)	−0.0635
价格系数	阿根廷	−0.0883 (−1.1966)	0.0421 (1.2151)	0.0115 (0.3438)	0.0026 (0.0976)	0.0317 (0.9951)	−0.0427 (−0.9982)	0.0187 (0.3254)
	印度		−0.0703*** (−1.9680)	0.0448* (1.9416)	−0.0050 (−0.2376)	−0.0060 (−0.2382)	0.0007 (0.0305)	−0.0122 (−0.4073)
	中国			−0.0025 (−0.0829)	0.0141 (0.7927)	−0.0298 (−1.3706)	−0.0262 (−1.0567)	−0.0239 (−0.7451)
	哥伦比亚				−0.0175 (−0.4465)	0.0668* (1.8802)	0.0037 (0.2114)	−0.0139 (−0.6073)
	厄瓜多尔					−0.0356 (−0.6280)	−0.0016 (−0.0783)	0.0402 (1.4318)
	摩洛哥						−0.0399* (−1.8670)	0.0384 (0.8396)
	其他国家							−0.1001
支出项		0.1934*** (5.5192)	0.0441*** (2.6969)	0.0782*** (4.3798)	0.0559*** (4.7316.)	0.0666*** (4.9180)	0.1079*** (3.1786)	0.4439
季节虚拟变量 1		−0.0884*** (−3.1514)	−0.0054 (−0.4210)	−0.0061 (−0.4248)	0.0137 (1.5985)	−0.0087 (−0.8309)	0.1037*** (3.7748)	−0.0079
季节虚拟变量 2		−0.0982*** (−3.6189)	−0.0065 (−0.5121)	0.0209 (1.5168)	0.0035 (0.4248)	−0.0137 (−1.3806)	0.0213 (0.8182)	0.0728
季节虚拟变量 3		−0.0727*** (−2.6895)	−0.0084 (−0.6711)	−0.0056 (−0.4104)	0.0013 (0.1612)	−0.0113 (−1.1376)	0.0103 (0.3933)	0.0858
系统加权 R^2						0.9278		

注:(1)括号内为 t 统计值;(2)**** 表示 Sig. <0.01,*** 表示 Sig. <0.05,* 表示 Sig. <0.10。
资料来源:作者根据西班牙冷冻虾及虾仁进口进口国来源不同市场需求的 Rotterdam 模型回归获得。

表6-11 西班牙虾产品进口需求模型：Rotterdam模型支出弹性和价格弹性估计

		阿根廷	印度	中国	哥伦比亚	厄瓜多尔	摩洛哥	其他国家
支出弹性		0.9877	0.9608	0.6410	1.2821	0.6248	1.1044	1.1426
斯勒茨基(补偿)价格弹性	阿根廷	-0.4510	0.2150	0.0587	0.0133	0.1619	-0.2181	0.0955
	印度	0.9172	-1.5316	0.9760	-0.1089	-0.1307	0.0153	-0.2658
	中国	0.0943	0.3672	-0.0205	0.1156	-0.2443	-0.2148	-0.1959
	哥伦比亚	0.0596	-0.1147	0.3234	-0.4014	1.5321	0.0849	-0.3188
	厄瓜多尔	0.2974	-0.0563	-0.2796	0.6266	-0.3340	-0.0150	0.3771
	摩洛哥	-0.4371	0.0072	-0.2682	0.0379	-0.0164	-0.4084	0.3930
	其他国家	0.0481	-0.0314	-0.0615	-0.0358	0.1035	0.0988	-0.2577
古诺(非补偿)价格弹性	阿根廷	-0.6444	0.0216	-0.1347	-0.1801	-0.0315	-0.4115	-0.0979
	印度	0.8731	-1.5757	0.9319	-0.1530	-0.5748	-0.0288	-0.3099
	中国	0.0161	0.2890	-0.0987	0.0374	-0.5225	-0.2930	-0.2741
	哥伦比亚	0.0037	-0.1706	0.2675	-0.4573	1.4762	-0.0290	-0.3747
	厄瓜多尔	0.2308	-0.1229	-0.3462	0.5600	-0.4006	-0.0816	0.3105
	摩洛哥	-0.5450	-0.1007	-0.3761	-0.0700	-0.1243	-0.5163	0.2851
	其他国家	-0.3958	-0.4753	-0.5054	-0.4797	-0.3404	-0.3451	-0.7144

资料来源：作者根据西班牙冷冻虾及虾仁进口市场不同来源国进口需求的Rotterdam模型回归系数计算获得。

第四节　本章小结

据统计（Eurostat,2015），欧盟人口总数已达 50570 万人（截至 2013 年底），是世界第三大人口密集区（排在中国和印度之后），高出美国近 40%。而近年来欧盟消费者对虾产品需求骤增表明，欧盟有可能成为继美国之后虾产品消费新的增长点，潜力无限。然而，不同成员国之间消费需求又存在较大的差异，由此构成欧盟市场无比吸引力和市场开拓的复杂性特点。

西班牙是我国冷冻虾及虾仁最大出口国，在西班牙市场上，中国主要面临来自南美洲国家阿根廷、厄瓜多尔、哥伦比亚和非洲国家摩洛哥虾产品的竞争。从对西班牙冷冻虾及虾仁进口需求弹性估计结果与分析中可以看出，西班牙消费者对来自阿根廷的虾产品消费偏好显著，且阿根廷与中国冷冻虾及虾仁存在微弱的替代关系；尽管从总体上看，中国在西班牙冷冻虾及虾仁市场绩效在近几年得到很大的发展，但支出弹性值仅为 0.641,说明西班牙消费者对中国冷冻虾及虾仁支出缺乏弹性。中国冷冻虾及虾仁自价格弹性很小，除了表明中国虾产品价格不敏感之外，也说明中国虾产品在西班牙市场融入程度不高，也就是尚未在西班牙市场形成一定的影响力。

另外，亚洲养殖虾产品主产国印尼、印度在法国和英国市场以及泰国在英国和德国市场开拓成功表明，欧盟市场对养殖暖水虾的消费偏好已经逐步形成并有加强之势。因此，中国虾产品出口企业在稳定和改善西班牙市场业绩外，应借势打开欧盟其他市场，扩大出口规模，提升在欧盟市场的竞争能力。

第七章　韩国虾产品市场需求分析

　　与美国、日本、欧盟市场虾产品进口规模相比,韩国是世界虾产品进口"小"国,年均虾产品进口量不到 8 万吨①。然而对中国虾产品出口企业而言,韩国曾是中国虾产品在亚洲地区的第一大出口市场②,同时中国也曾是韩国虾产品进口市场第一大来源国,市场占有率一度高达 70％左右,在两国的水产品贸易中均占据重要地位。但是,从近几年来看,尽管韩国虾产品进口需求不断扩大,中国出口韩国的虾产品规模并没有得到同步增长,市场份额反而出现萎缩,至 2013 年中国虽然仍保持韩国市场进口量第一的地位,但市场占有率已下降为 34.86％(UNCOMTRADE,2014)③。

　　现实问题的解决需要理论给予指导,而已有的文献对中国虾产品在韩国市场绩效表现,以及韩国市场虾产品消费需求特征很少提及。鉴于此,本章从分析韩国虾产品市场消费特点入手,在深入剖析韩国虾产品进口市场特征的基础上,借助于韩国贸易协会统计数据库(KITA),采用差异化进口需求 Rotterdam 模型对韩国虾产品进口需求弹性进行估计,以明晰韩国消费者对中国虾产品消费需求规律,以及中国与其在韩国市场上的主要竞争

---

　　①　从进口总量来看,韩国是世界虾产品第八大进口国(排在美国、日本、西班牙、丹麦、法国、英国、意大利之后)。

　　②　2006 年后,日本超过韩国成为中国在亚洲地区的第一大出口国。

　　③　2001 年之前,中国虾产品供给总量均占韩国进口总量的 70％左右,然而自 2001 年起,韩国虾产品进口来源国日趋增多,泰国、越南、菲律宾等国纷纷"抢滩"韩国市场,市场份额逐步扩大。

对手相比的优劣势之所在,进而为中国虾产品出口企业制定改善在韩国市场的业绩、提升竞争力的策略提供理论参考。

第一节　韩国虾产品市场消费特点

一、人均消费变化趋势

韩国在 1999 年后逐步摆脱了 1997/98 的亚洲金融危机的影响,并保持了良好的经济运行态势。据世界银行有关资料显示,韩国人均 GNI 在 2013 年达 33440 美元(按购买力平价 PPP 法计算)。随着生活水平的提高,人们对优质动物性蛋白的需求日趋增长。然而,受禽流感、美国疯牛病等动物疫情影响,韩国消费者对鸡、鸭、美国产牛肉的需求量急剧下降,而水产品则成为首选。2008 年,韩国的人均年度水产品消费量为 66.9 公斤,达到了历史最高水平,取代日本成为世界人均水产品消费量最大的国家①。

水产品消费市场的扩大也带动了人们对虾产品的消费需求,人均年消费量逐年递增,2007 年虾产品达 2.24 千克(见图 7-1),此后,一直保持在 2 千克左右,2012 年为 2.05 千克。从韩国消费者水产品消费偏好来看,鲜、活水产品消费量所占比重最大。然而,现在青年一代由于更倾向于西式口味,因此,熟制品市场慢慢得到市场的认同。体现在虾产品的消费方面也是如此,鲜、活虾消费比重逐步下降,加工和制作保藏虾的比重上升。

二、市场供应品组成结构

中韩两国自然资源具有较强的相似性,虾产品方面也是如此。本书第三章表 3-2"中国及世界捕捞虾主要品种及海域分布概况"显示,韩国本地生产的虾产品品种与中国基本相同,即捕捞虾主要品种是日本毛虾(*Akiami paste shrimp*)、鹰爪虾(*Southern rough shrimp*)、中国对虾(*Fleshy prawn*)、日本对虾(*Kuruma prawn*)、其他游泳亚目类(*Natantian decapods nei*)、其他对虾类(*Pandalus shrimps nei*)等,其中以西北太平洋其他游泳亚目类和日本毛虾产量占优,经济价值不高。韩国养殖虾发展有限,虽然进入 21 世纪后养殖产量有所提高,但由于养殖技术、经验等多方面因素的制约,养

---

① 浙江渔业信息网. 韩国人均水产品消费量居世界首位. www.zjfishery.com/sub-page_detail2.asp? id＝4859 15K/2009-06-29。

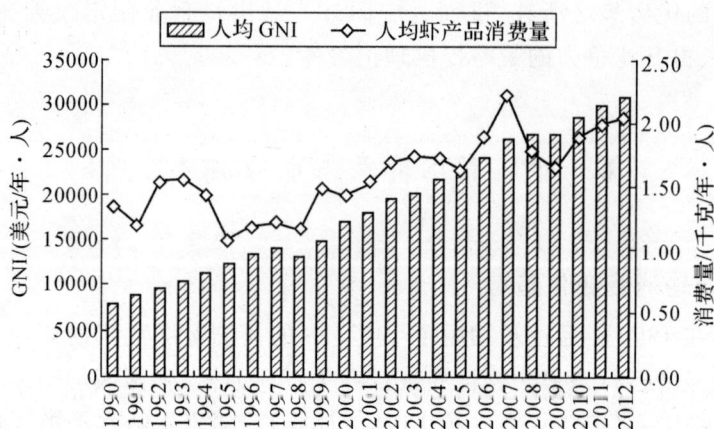

图 7-1　韩国人均虾产品消费变化趋势

资料来源：世界银行统计数据库（World Bank Database）；联合国粮农组织渔业统计数据库（FAO，FishStatJ，2014）；韩国贸易协会统计数据库（KITA）。

殖品种仅局限在中国对虾、日本对虾和白对虾，而且产量均不高。虽然 2006年南美白对虾规模化养殖获得成功，产量达 661 吨，2012 年增加到 2819 吨；而同期其他养殖品种如中国对虾养殖产量却出现大幅度下降，到 2012 年产量仅35 吨。1990—2012 年韩国本土养殖虾和捕捞虾产量的变动情况详见表 7-1。

表 7-1　韩国本土养殖虾和捕捞虾产量变动情况

年份	捕捞量（吨）	养殖量（吨）	总产量（吨）	年份	捕捞量（吨）	养殖量（吨）	总产量（吨）
1990	60186	312	60498	2002	29634	1403	31037
1991	55267	496	55763	2003	31117	2324	33441
1992	66517	592	67109	2004	19345	2426	21771
1993	67673	291	67964	2005	21116	1399	22515
1994	57495	575	58070	2006	26934	1683	28617
1995	42089	438	42527	2007	39475	1321	40796
1996	40503	382	40885	2008	28627	1924	30551
1997	39524	1533	41057	2009	24682	1893	26575
1998	46751	846	47597	2010	30678	2731	33409
1999	43538	1142	44680	2011	29809	2860	32669
2000	36035	1158	37193	2012	29815	2819	32634
2001	30800	2081	32881	2010—12 平均	30101	2803	32904

资料来源：联合国粮农组织渔业统计数据库（FAO，FishStatJ，2014）。

　　从参与国际商品贸易角度来看,韩国也曾经是虾产品出口国。图 7-2 显示,在 1992 年之前,韩国是虾产品净出口国,每年出口虾产品 5000 吨左右。然而,由于自然资源的衰退,捕捞量出现下降,又加上本国居民需求的增加,因此本国生产产量基本用于满足国内需求,表现在 1992—2000 年出口量大幅度降低(1999 年出口量仅 364 吨)。与此同时,伴随着韩国水产品对外贸易市场的进一步开放[①],虾产品进口量开始提高,而 1997 年亚洲金融危机后韩国经济的重新崛起,使得虾产品进口呈快速增长之势,至 2001 年进口量超出本国产量,贸易逆差逐步扩大。由此,韩国市场虾产品消费从以本国生产为主逐步过渡到依赖进口的阶段。

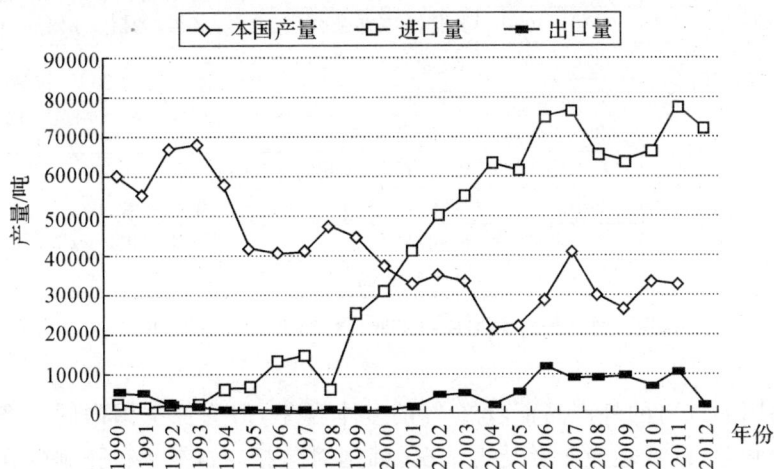

图 7-2　韩国市场虾产品供给时序变动趋势

资料来源:联合国粮农组织渔业统计数据库(FAO,FishStatJ,2014);韩国贸易协会统计数据库(KITA)。

第二节　韩国虾产品进口市场特征

　　韩国虾产品消费市场的不断扩大在给虾产品生产国带来了机会的同时,也加剧了主要供给国之间的竞争,增加了韩国虾产品进口市场的复杂性

---

　　① 韩国自 1994 年以来,放宽了更多水产品的进口限制。在总品目数 364 项中,1994 年首次开放 308 项,1995 年和 1996 年分别开放 6 项和 19 项,1997 年 7 月再开放 31 项,至此,所有水产品进口均已自由化(世界各国和地区渔业概况,2002)。

和不确定性。本节主要陈述韩国虾产品进口市场的现状及演变规律,以了解韩国虾产品市场的竞争格局和中国虾产品的市场地位。

一、进口虾产品分类及进口关税

与美、日、欧市场相同,在世界海关组织协调编码系统的 6 位编码的基础上,韩国海关对进口虾产品分类作了更详细的规定(10 位数 HS 编码),具体如表 7-2 所示。

表 7-2　韩国海关对虾产品的分类及进口关税

虾产品分类(大类)	细分类别(10 位编码)		进口税率
冷冻虾及虾仁 (030613)	0306131000	冷冻去壳虾	基本税率 20%;孟加拉国 14%,老挝 6.8%~14%
	0306139000	其他冷冻虾及虾仁	
未冻虾及虾仁 (030623)	0306231000	活/新鲜/冷藏虾	基本税率 20%,腌制虾征收 42%~55%调节关税
	0306232000	干制虾	
	0306233000	盐渍/腌制虾	
虾制品 (160520)	160521000	密封(真空)包装的虾制品	基本税率 20%, 朝鲜 5.0%~12.7%
	1605209010	烟熏虾	
	1605209020	面包虾	
	1605209090	其他虾制品	

资料来源:韩国贸易协会统计数据库(KITA);韩国海关服务部(Korea Customs Service,KCS)。

韩国对进口的虾产品征收 20%的基本税率,但为保护国内同类产品生产者的利益,以减轻渔业者受害情况,韩国对包括冷冻虾[①]和腌制虾在内的多种水产品征收调节关税[②],旨在抑制本国价格竞争力较为脆弱的水产品的进口,改善国际收支和保护国内水产业。同时为配合韩国国内税制改革,抑制低价格、低品质水产品的进口增加,以确保国民的健康,从 2000 年起,在水产品进口关税上,对包括腌制虾在内的 7 种品目水产品征收从量税[③]。韩

[①]　从 2006 年始,由于进口冷冻虾与韩国国产虾差别很大,不属于竞争产品,因此将不被列为调节关税产品。资料来源:中国水产门户网.“韩国今年将调整 10 种水产品进口关税”,www.bbwfish.com/content4099.html/2006-02-07。

[②]　韩国从 1984 年起实施调节关税制度。依据现行《关税法》,征收调节关税是指对国内产品竞争力较差,由于进口增加可能招致市场混乱或损害国内产业基础的农、林、畜、水产品,以及环保、保护消费者利益、保护国内产业的均衡发展等所要求临时保护的产品,在基本关税的基础上可附加 100%以内的调节关税(《国别贸易投资环境报告 2003》,商务部)。

[③]　在中国出口韩国的虾产品中,腌制/盐渍虾产品所占比重较大,因此“两税”的增收无疑加重了中国出口商的负担,从而进一步降低利润空间。

国对进口产品征收的调节关税的产品种类和税率每年有更改,具有不确定性,对出口商来说缺乏可预见性。

二、进口虾产品类别结构及变化趋势

从上述关于韩国虾产品市场供应品组成结构的分析中可知,韩国真正开始大幅度进口虾产品始于1999年之后,因此在对韩国进口市场特征分析时,本节将更多关注1999年及其后的各项指标的表现。韩国进口虾产品的类别结构及变动趋势如表7-3所示。

从总量变动趋势来看,1999—2011年韩国虾产品进口保持持续快速增长势头,13年间进口量增长了2.08倍,年均增速9.44%。在此期间,由于受全球性金融危机的影响,2008—2010年进口虾产品比2007年略有下降,2011年恢复至7.75万吨,然而好景不长,2013年遭受重挫,跌至6.08万吨。

从进口虾产品的类别构成比例的变动情况来看,以2005年为分界线可以划分为两个阶段。1999—2005年,进口虾产品中未冻虾及虾仁占主导地位,冷冻虾及虾仁次之,虾制品所占比重最低,不到10%;2006—2011年,冷冻虾及虾仁比重上升明显,并成为进口虾产品最主要的产品类别,未冻虾及虾仁所占比重继续下降,至2011年下降为29.34%,虾制品有了小幅度上升,三大类别虾产品构成比例约为55:30:15。

从各产品类别内部结构来看,冷冻虾及虾仁中去壳虾增速显著,进口量从1999年的1682吨上升为2011年的19914吨,增长了10.8倍;其他冷冻虾及虾仁进口量虽然也得到了很大的提高,在2008年出现小幅度下降后迅速恢复,至2011年进口量达23224吨。未冻虾及虾仁中仍以盐渍/腌制虾为主,干制虾和活/新鲜/冷藏虾所占比重相对较低,总体呈下降趋势。与未冻虾及虾仁相反,虾制品出现小幅度上升的态势,其中面包虾同比增长106.21%,其他虾制品同比增长7.14%,罐装虾和烟熏虾进口量较小。

由此可见,韩国虾产品进口市场虾产品类别结构与美国、日本和欧盟各成员国均有显著的不同,即表现为未冻虾及虾仁(尤其是盐渍/腌制虾)所占的比重较大。但从变化趋势来看,冷冻虾及虾仁、虾制品比重在逐步提高,未冻虾及虾仁比重在慢慢下降。那么这是否意味着未来韩国虾产品进口市场也将出现以冷冻虾及虾仁为主导,虾制品作补充,而未冻虾及虾仁仅仅是配角的局面?

表7-3　韩国进口虾产品的类别结构及变动趋势

年份	总进口量(吨)	冷冻虾及虾仁		其中:		未冻虾及虾仁		其中:			虾制品		其中:		
		进口量(吨)	比重(%)	去壳虾	其他虾	进口量(吨)	比重(%)	活/新鲜/冷藏虾	干制虾	盐渍/腌制虾	进口量(吨)	比重(%)	罐装虾/烟熏虾	面包虾	其他虾制品
1999	25173	6336	25.17	1682	4654	16839	66.89	206	921	15711	1998	7.94	7	51	1940
2000	31069	10886	35.04	4220	6666	17679	56.90	336	1369	15973	2504	8.06	9	44	2451
2001	41518	20159	48.55	7194	12965	18100	43.60	809	2376	14914	3259	7.85	4	52	3203
2002	49983	22203	44.42	7870	14333	24092	48.20	1730	2160	20201	3688	7.38	24	101	3563
2003	55394	21884	39.50	7867	14016	29454	53.17	2664	2035	24755	4057	7.32	34	163	3861
2004	63188	24146	38.21	9656	14490	33566	53.12	4119	3124	26323	5476	8.67	24	271	5181
2005	61502	25525	41.50	10604	14922	30149	49.02	5677	2657	21816	5827	9.47	22	280	5525
2006	75060	33486	44.61	12518	20968	33552	44.70	5259	2851	25442	8022	10.69	4	704	7314
2007	76721	37818	49.29	15755	22063	28992	37.79	5615	1749	21628	9912	12.92	140	1270	8501
2008	65861	36054	54.74	16047	20007	19797	30.06	3168	780	15850	10010	15.20	17	1329	8664
2009	63918	37088	58.02	16342	20746	18372	28.74	937	878	16557	8458	13.23	6	1269	7184
2010	66935	40310	60.22	17435	22875	17504	26.15	440	2503	14561	9120	13.63	4	1798	7317
2011	77450	43138	55.70	19914	23224	22724	29.34	334	2865	19525	11588	14.96	40	3709	7840
11/10%	15.71	7.01	-7.52	14.22	1.53	29.82	12.20	-23.96	14.43	34.09	27.06	9.81	818.23	106.21	7.14

资料来源: 韩国贸易协会统计数据库(KITA)。

三、主要来源国与进口市场结构波动的同步性检验

从上文分析中可以看出,韩国市场供应的虾产品类别结构近十年来发生了较大的变动,这一方面可能是由于消费者偏好改变而选择的结果,但更重要的是市场供应品的多样化给消费者提供了更多的选择机会。作为 20 世纪 90 年代末期新兴的市场,韩国虾产品主要供给国之间的竞争也渐趋激烈,本节主要对韩国进口虾产品的主要来源国及其进口量和进口单价的波动规律进行分析。

(一)主要来源国

作为韩国市场进口虾产品传统来源国,中国在虾产品供给量上一直处于优势地位,然而近五年来,泰国、越南也加快了"进军"韩国市场的步伐,成长较快,迅速成为韩国虾产品主要来源国。此外,马来西亚、澳大利亚、菲律宾、沙特阿拉伯、印尼、印度、缅甸、孟加拉国、厄瓜多尔、阿根廷、俄罗斯等 50 余个国家和地区也纷纷加强出口韩国力度。由此,中国虾产品在韩国市场的地位受到严峻的挑战。接下来从分类别主要来源国构成以及总体时序变动规律两个角度,分析韩国虾产品进口市场特征和主要来源国的竞争格局。

1.分类别主要来源国构成结构分析

表 7-3 显示了韩国进口虾产品中,不同产品类别其进口量有很大差异,而表 7-4 不同类别虾产品的主要来源国结构进一步表明,不同产品类别其主要来源国也不同,每个来源国根据自身的资源优势供应其具有比较优势的产品。

从表 7-4 可以看出:(1)各种类别虾产品主要来源国市场都高度集中;(2)除盐渍/腌制虾单位价格较低、罐装虾/烟熏虾相对较高以外,其他类别进口单价与国际虾产品进口市场基本一致;(3)冷冻去壳虾进口集中在越南、中国、泰国、马来西亚和印尼五国,而在其他冷冻虾及虾仁进口中,沙特阿拉伯近两年成长较快,中国优势不明显;(4)干制/盐渍/腌制虾除少量由日本、越南提供外,市场供给基本上由中国垄断;(5)越南、中国、泰国在虾制品供给占明显优势。

表 7-4   2011 年韩国进口虾产品中不同类别虾产品的主要来源国结构

产品类别		主要来源国	占分类别比重	平均进口单价
冷冻虾及虾仁	去壳虾	越南 中国 泰国 马来西亚 印尼	99.21	7.09
	其他虾	马来西亚 泰国 越南 中国 沙特阿拉伯	86.13	6.49
未冻虾及虾仁	活/新鲜/冷藏虾	泰国 菲律宾	99.02	14.04
	干制虾	中国 日本	99.98	5.99
	盐渍/腌制虾	中国 越南	98.26	0.72
虾制品	罐装虾/烟熏虾	菲律宾 新加坡	47.17	24.09
	面包虾	越南 泰国 中国	99.82	6.44
	其他虾制品	越南 中国 泰国	92.80	7.68

注:表中主要来源国从左到右按照其出口量由大到小排列。
资料来源:韩国贸易协会统计数据库(KITA)。

2. 总体时序变动规律分析

表 7-5 显示了韩国进口虾产品总体时序变动情况:(1)从进口量来看,中国、越南、泰国是韩国虾产品市场的主要进口来源国,且市场地位相对稳固,三国合计占韩国总进口的 85% 左右。(2)从进口单价来看,中国最低且远远低于平均水平,泰国最高而且远远高于中国的进口单价,因此,尽管中国虾产品在出口韩国市场数量上占绝对优势,但贸易额却远低于泰国①。(3)越南方面,由于在 2007 年越南和韩国签订了自由贸易协定,即越南享受向韩国出口的海产品进口税减免政策,并且每年有 7300 吨的虾和 2000 吨的冰冻墨鱼享受进口关税全免待遇②。由此,2007 年之后越南大大加速对韩国市场虾产品出口步伐,市场业绩增长显著。越南在扩大对韩出口的同时,对出口产品结构作出了重大调整,其优质大规格虾产品逐步得到韩国消费者的认同,至 2008 年出口量与泰国相当,且由于出口产品单价较高,贸易额赶超中国和泰国,成为韩国虾产品进口市场进口额最大的供给国。(4)其他来源国表现日益突出,如沙特阿拉伯、菲律宾近年来市场业绩表现良好。

————————

①   因此,有专家发出"这么低的价格不出口也罢"的感叹。但笔者认为,中国出口韩国市场的虾产品中盐渍/腌制小虾和虾所占比重较高,用俗话来说就是这类产品比较占分量,从而出现中国出口韩国市场单位价格低的缘故。

②   资料来源:农博网水产频道"越南对韩出口海产品种类增加",http://news.aweb.com.cn/2007-05-23。

表 7-5　韩国虾产品进口市场主要来源国进口量和进口单价比较

单位:吨,美元/千克

年份	中国		泰国		越南		其他来源国		韩国总	
	进口量	进口单价	进口量	进口单价	进口量	进口单价	进口量	进口单价	总进口量	平均单价
1999	17606	0.92	4023	7.38	568	2.64	2976	4.24	25173	2.38
2000	20266	1.35	5502	8.48	1263	3.54	4038	4.72	31069	3.14
2001	20836	1.88	7020	7.73	3913	2.12	9749	2.87	41518	3.13
2002	25554	1.59	6928	7.47	5749	2.03	11752	2.69	49983	2.72
2003	28733	1.55	8826	6.93	7165	1.90	10670	3.73	55394	2.88
2004	36529	1.86	10719	6.79	6970	2.44	8970	4.99	63188	3.20
2005	32805	2.21	12684	6.01	8031	3.03	7982	5.13	61502	3.48
2006	41969	2.33	15281	5.95	8239	4.88	9571	5.31	75060	3.73
2007	38328	2.54	16858	6.01	12733	6.22	8802	5.90	76721	4.30
2008	28520	2.51	13175	5.70	13081	6.67	11085	5.79	65861	4.53
2009	26854	2.40	10682	5.58	15646	6.32	10737	5.54	63918	4.42
2010	25737	2.89	10381	6.06	18040	6.51	12776	5.35	66935	4.83
2011	34093	2.92	10295	7.51	19118	7.99	13943	5.97	77450	5.33
2012	31425	3.51	10433	7.60	18794	8.72	11820	6.32	72472	5.91

资料来源:联合国商品贸易统计数据库(UN Comtrade,2014)。

(二)进口市场结构波动的同步性检验

从局部比较来看,中国在韩国的市场表现略逊于泰国、越南等竞争对手,那么结合韩国整个进口市场格局来看是否如此呢? 为更清晰地了解现状,采用标准化的休哈特控制图(Nelson,1989)对各主要来源国的进口量及价格的波动规律及相互之间的关系作进一步分析。

首先对各国进口量和平均进口单价时间序列数据做标准化处理①,以标准化后的时间序列趋势图来进行比较分析。结果如图 7-3 所示,图中横轴表示时间,纵轴为标准化后的进口量和进口单价值。

图 7-3(a—d)向我们展示了韩国以及中国、泰国、越南进口量及价格的

---

① 数据标准化处理公式见第四章式(4.1)及其详细介绍。

波动规律及相互之间的关系。从图中可以看出：(1)中国与韩国进口市场结构波动规律较为吻合，说明中国较好地适应了韩国虾产品进口市场的格局。(2)从泰国进口量与韩国进口总量波动轨迹较为接近，但泰国进口单价持续下降的趋势与韩国进口虾产品平均单价上扬的态势形成鲜明的对比，所以可以认为泰国虾产品价格的下降是其进口量得以提高的原因，而不是由于泰国的出口策略适应韩国市场的结果。(3)越南出口韩国市场的虾产品基本符合韩国市场波动规律，而越、韩两国自由贸易协定的签订及越南由此享受向韩国出口的海产品进口税减免政策，将更加有利于越南虾产品出口商扩大出口规模，后续增长潜力较大①。

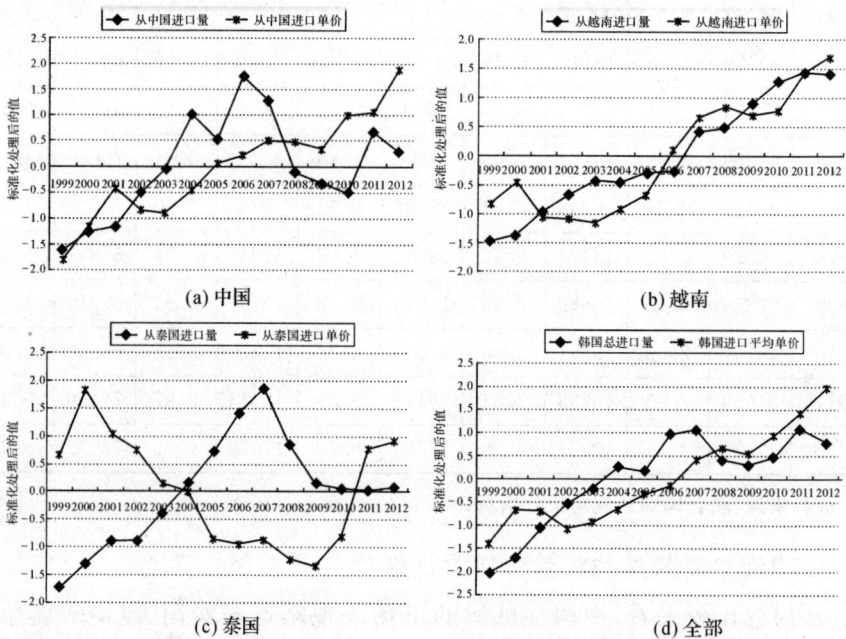

图 7-3 不同国家出口到韩国的虾产品出口量和出口单价的变动关系(a—d)

资料来源：作者根据不同来源国进口量和进口单价数据利用 SPSS 处理后整理获得。

四、市场准入与规制

正如本章开头部分所提及的，中韩两国农业生产具有一定的类似性，这种类似性使产品具有相互替代性，农产品贸易导致双方农业生产者之间的

---

① 从韩国进口虾产品总体情况来看，进口总量呈下滑趋势，但从越南进口的虾产品一直处于上升态势。

竞争加剧,韩国也十分担心中国农产品对韩出口会增加对韩国农业的冲击。然而由于韩国在养殖虾技术、经验等方面有所欠缺,因此进口的虾产品不会对韩国虾产业造成多大影响。尽管如此,韩国除对从中国进口的虾产品(尤其是腌制/盐渍虾)征收较高的从价税、从量税之外,韩国政府还利用卫生标准、检验检疫等技术性贸易壁垒重重设限,最大限度降低本国虾产业受市场开放和进口产品增加的冲击。

(1)中、韩检疫部门通过签署的《中韩水产品进出口卫生管理协定》对中国输韩水产品卫生标准作了详细规定。

(2)对于该协定中未列出的、根据韩国法律又必须执行的标准还有,海水部制定的《水产品检定项目》和《食品公典》规定的重金属、激素、药残、有害物质残留允许基准等。

(3)基于卫生标准和检验检疫规定形成了韩国对水产品的管理措施:①原产地标识制度,要求除活鱼外其他任何进口水产品均需实行原产地标识制。②先检验后通关制度,韩以卫生标准不符为由对中国部分水产品实行"先精密检验后通关"。1999年9月以来韩国以从中国大陆地区和台湾地区进口的活鳗、活鳜鱼中查出土霉素、哑喹酸、水银残留超标为由,对上述产品实行精密检查。2005年1月,韩国水产检验院公布称为了禁止非法流通和提高食品卫生安全将增加"先检验后通关"产品的种类。从2005年1月10日起除活的新鲜的水产品外,干制品、腌酱制品均实行先检验后通关的措施。自2005年7月1日起,活的(鱼类除外)、新鲜的水产品也开始实施先检验后通关。这种做法延长了产品通关时间(一般为3～4天),使鲜活水产品的存活率下降,阻碍了中国对韩国的鲜活水产品出口。③金属异物检测制度。根据"中韩水产品卫生条件"规定,中国输韩冷冻水产品通关时需接受韩方的金属探测检查,规定不允许检出金属异物,一旦检出金属异物,将对全部货物予以返运或销毁(商务部,2005;艾红,2008;周炜等,2008;农博网,2009)。

以上韩国水产品贸易市场各种市场准入和规制虽然没有指明针对虾产品进口的,但有关水产品的法规和要求均适用于虾产品。

第三节　韩国虾产品进口需求的 Rotterdam 模型估计

从韩国虾产品消费市场的需求特点和进口市场特征分析中可以看出,泰国和越南在韩国进口市场的地位日益凸显,尤其是越南,得益于越、韩两国签订自由贸易协定以及水产品贸易方面的优惠外贸政策的支持,市场份额节节攀升,而中国则出现市场竞争力逐步下滑的态势。那么,竞争对手的产品究竟对我国出口韩国的虾产品造成了多大程度的替代?韩国消费者对中国虾产品呈现出怎样的需求变动规律?面对竞争替代和消费偏好改变的威胁,是规避还是寻找新的市场缝隙并积极、主动调整出口产品结构?要对这一系列问题给出满意答案的前提是要了解韩国市场虾产品进口差异化需求特征,即掌握韩国消费者对不同来源的虾产品边际消费倾向,各国虾产品的自价格弹性以及与其他来源国产品之间的交叉价格弹性。本节接下来对此展开分析。

一、数据说明

韩国进口的虾产品主要来自中国、泰国、越南和其他国家,韩国贸易协会统计数据库[①](KITA)提供了自 1977 年以来韩国虾产品贸易年度数据以及 1988 年 1 月以来虾产品贸易的月度数据。因韩国真正开始大幅度进口虾产品始于 1999 年,因此对不同来源国虾产品进口需求弹性估计时,将研究的数据区间界定为 1999 年 1 月至 2011 年 12 月,共 156 组样本值。各国或地区出口到韩国的虾产品单位价格,均指韩国贸易协会统计数据库记录的从各国/地区进口虾产品的海关值,其中进口量单位为千克、进口额单位为千美元。平均单价通过进口额除以进口量而得,单位为美元/千克。图 7-4 显示了从 1999 年 1 月至 2011 年 12 月韩国进口虾产品进口量月度变化轨迹。

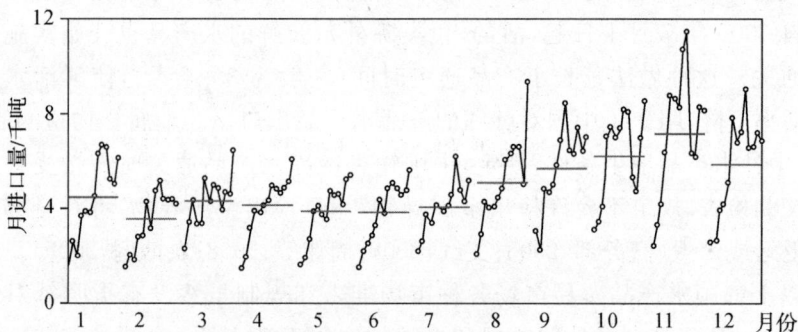

图 7-4 韩国虾产品进口量月度变化情况(1999.01—2011.12)
资料来源:作者根据韩国进口市场月度贸易数据通过 EViews 软件处理获得。

---

① 截至 2015 年 1 月,该数据库提供的虾产品各细分品种的月度贸易数据更新至 2011 年 12 月。

从进口月度平均值来看,每年 3—7 月进口量较为一致,8 月份开始进口量逐月提高,至 11 月达到顶峰;从 12 月份开始出现下降趋势,至次年 2 月降低到全年月度进口量最低水平。从每月进口量曲线变化轨迹来看,尽管不同月份有着不同的特征,但 2007 年之前进口量上升趋势明显,2008 年开始出现不同程度的下降,其中 2008 年 10 月和 11 月进口下降幅度最为显著。

韩国虾产品消费市场与美、日、欧不同的是,尽管韩国市场进口的虾产品在快速增长,但其本国虾产品依然占一定的比重(如图 7-2 所示),然而正如前文所提及的,在韩国本国虾产品产量组成中,以捕捞为主养殖量很小,而韩国捕捞的虾产品中又以经济价值不高的日本毛虾等为主,因此,与进口的养殖虾产品替代关系不强。同时,鉴于韩国国内生产的虾产品月度消费数据无法获得,因此在韩国虾产品进口需求弹性估计时,假定韩国虾产品消费量等于进口量,即自产量不影响进口量。

较之于美、日、欧市场,韩国进口来源国相对集中,中国、泰国和越南平均支出份额之和接近 0.8,但支出份额离散系数值较大表明均值离散程度较高,尤其是越南,月度进口量最低时仅占进口总量的 0.57%,而最高时达 52.65%,反映出进口量月度间出现较大的波动。从平均单价来看,中国单位价格最低而且相对分散(标准差达 0.7438),泰国单位价格高且较稳定。韩国总进口额较为平稳,这从某种程度上说明韩国虾产品市场需求的稳定性。

表 7-6 韩国虾产品进口市场主要来源国市场份额与价格的描述性统计

	来源国别	均值	标准差	离散系数	最小值	最大值
支出份额	中国	0.2829	0.0658	0.2326	0.1348	0.4469
	泰国	0.3382	0.1099	0.3249	0.1661	0.6863
	越南	0.1697	0.1310	0.7719	0.0057	0.5265
	其他	0.2093	0.0414	0.1978	0.1064	0.3055
平均单价	中国	2.1666	0.7438	0.3433	0.5281	3.2678
	泰国	6.7439	0.9907	0.1469	5.1270	9.9230
	越南	4.5719	2.1432	0.4688	0.4167	8.3371
	其他	4.8360	1.1637	0.2406	1.9139	6.8413
总支出		18742	9600	0.5122	3531	47402

资料来源:作者根据韩国进口市场月度贸易数据计算整理获得。

二、实证模型的选择与确定

根据本书第二章进口需求模型选择标准,首先,利用韩国从不同国家(地区)进口相关数据对需求函数的适合度进行检验,即函数形式的选择;接着,对所选择的函数中的各参数进行估计;最后,计算韩国虾产品市场进口需求弹性并对结果展开分析。

(一)实证模型的选择

从表 7-7 韩国虾产品进口需求系统模型极大似然函数估计结果中可以看出,在 5‰ 显著性水平下,CBS 模型、一阶差分 AIDS 模型、NBR 模型均被拒绝,只有 Rotterdam 模型被接受。Rotterdam 模型适合韩国虾产品进口需求数据性质从 General 模型中参数估计 δ_1 和 δ_2 的估计值得到进一步验证,$\delta_1 = 0.2105$(t 统计值为 1.0596)、$\delta_2 = -0.0521$(t 统计值为 -0.8869)表明 δ_1 和 δ_2 的估计值都与 0 无显著性差异。因此,结合前述图 2-2 差异化需求系统模型之间相互关系和表 7-7 似然比检验值估计结果,确定以 Rotterdam 模型作为韩国虾产品差异化进口需求弹性估计的最佳模型。

表 7-7　韩国虾产品进口需求系统模型极大似然函数估计结果

	General 模型	Rotterdam 模型	CBS 模型	一阶差分 AIDS 模型	NBR 模型
似然函数对数值 logL(.)	646.90	645.96	643.66	638.60	637.84
似然比检验统计值	—	1.88	6.48**	16.60***	18.12***

注:(1)似然比(LR)检验的自由度为 2;在 1‰、5‰、10‰的显著性水平下,卡方临界值分别为 9.21、5.99、4.61;(2)***、**、*分别表示在 1‰、5‰、10‰水平下显著。

(二)实证模型的确定

基于上述分析,带截距项和季节虚拟变量的 Rotterdam 模型可以表示为:

$$\overline{w}_{ih}^{kr} d\log q_{ih}^{kr} = \alpha_{ih}^{kr} + \theta_{ih}^{kr} d\log Q + \sum_j \pi_{ihjk}^{kr} d\log p_{jk}^{kr} + \sum_l \gamma_{ihl}^{kr} D_l \quad (7.1)$$

模型假定不同来源(产地)的虾产品是非完全替代的,但由于韩国进口的虾产品类别结构处于调整之中,不同产品形式的虾产品来源国虽然相对稳定,但有些类别进口量不大且较集中于某个或某几个月份,不满足本节差异化进口需求弹性估计时,要求月度数据具有连续性的条件,因此,暂不考虑韩国消费者对虾产品的细分类别偏好而引起的差异,即视来自某国(地区)的虾产品为一个综合体。所以式(7.1)中,产品类别 $i=j$;上标 kr 表示韩国; h 和 k 表示来源国,分别为中国、泰国、越南和其他国家,用符号 cn、th、vn、row 来表示。$\overline{w}_{ih}^{kr}=(w_{ih,t}^{kr}+w_{ih,t-1}^{kr})/2$ 表示来自 h 国的冷冻虾及虾仁的平均支出份额; α_{ih}^{kr}、θ_{ih}^{kr}、π_{ihjk}^{kr}、λ_{ihl}^{kr} 为待估计参数,由此韩国虾产品进口需求弹性可以通过以下 4 个方程来估计:

$$\overline{w}_{cn}^{kr}d\log q_{cn}^{kr}=\alpha_{cn}^{kr}+\theta_{cn}^{kr}d\log Q+\pi_{cn\_cn}^{kr}d\log p_{cn}^{kr}+\pi_{cn\_th}^{kr}d\log p_{th}^{kr}$$
$$+\pi_{cn\_vn}^{kr}d\log p_{vn}^{kr}+\pi_{cn\_row}^{kr}d\log p_{row}^{kr}+\gamma_{cn1}^{kr}D_1+\gamma_{cn2}^{kr}D_2+\gamma_{cn3}^{kr}D_3$$
$$(7.2)$$

$$\overline{w}_{th}^{kr}d\log q_{th}^{kr}=\alpha_{th}^{kr}+\theta_{th}^{kr}d\log Q+\pi_{th\_cn}^{kr}d\log p_{cn}^{kr}+\pi_{th\_th}^{kr}d\log p_{th}^{kr}$$
$$+\pi_{th\_vn}^{kr}d\log p_{vn}^{kr}+\pi_{th\_row}^{kr}d\log p_{row}^{kr}+\gamma_{th1}^{kr}D_1+\gamma_{th2}^{kr}D_2+\gamma_{th3}^{kr}D_3$$
$$(7.3)$$

$$\overline{w}_{vn}^{kr}d\log q_{vn}^{kr}=\alpha_{vn}^{kr}+\theta_{vn}^{kr}d\log Q+\pi_{vn\_cn}^{kr}d\log p_{cn}^{kr}+\pi_{vn\_th}^{kr}d\log p_{th}^{kr}$$
$$+\pi_{vn\_vn}^{kr}d\log p_{vn}^{kr}+\pi_{vn\_row}^{kr}d\log p_{row}^{kr}+\gamma_{vn1}^{kr}D_1+\gamma_{vn2}^{kr}D_2+\gamma_{vn3}^{kr}D_3$$
$$(7.4)$$

$$\overline{w}_{row}^{kr}d\log q_{row}^{kr}=\alpha_{row}^{kr}+\theta_{row}^{kr}d\log Q+\pi_{row\_cn}^{kr}d\log p_{cn}^{kr}+\pi_{row\_th}^{kr}d\log p_{th}^{kr}$$
$$+\pi_{row\_cn}^{kr}d\log p_{vn}^{kr}+\pi_{row\_row}^{kr}d\log p_{row}^{kr}+\gamma_{row1}^{kr}D_1+\gamma_{row2}^{kr}D_2$$
$$+\gamma_{row3}^{kr}D_3 \qquad (7.5)$$

在估计进口需求系统各参数时,同时加入了需求系统应当满足的零次齐次条件($\sum_h \pi_{ih\_jk}^{kr}=0$)和斯勒茨基对称条件($\pi_{ih\_jk}^{kr}=\pi_{jk\_ih}^{kr}$)。根据进口需求系统加总性限制的特点,先估计(7.2)、(7.3)、(7.4) 三个方程式,方程(7.5)待估系数根据需求系统应当满足的加总条件($\sum_h \alpha_{ih}^{kr}=0,\ \sum_h \theta_{ih}^{kr}=1,$ $\sum_h \pi_{ih\_jk}^{kr}=0,\ \sum_h \gamma_{ihl}^{kr}=0$) 计算而得。

韩国虾产品差异化进口需求系统方程 Rotterdam 模型的支出弹性和价格弹性分别由下式计算而得(Barten,1993):

支出弹性: $\eta_{ih}^{kr}=\theta_{ih}^{kr}/w_{ih}^{kr}$。

斯勒茨基(补偿)弹性: $\zeta_{ih\_jk}^{kr}=\pi_{ih\_jk}^{kr}/w_{ih}^{kr}$,当 $h=k$ 时为自价格弹性;当 $h\neq k$ 时为交叉价格弹性。

古诺(非补偿)弹性计算式为: $\varepsilon_{ih\_jk}^{kr}=\zeta_{ih\_jk}^{kr}-\eta_{ih}^{kr}w_{jk}^{kr}$,同样,当 $h=k$ 时为自价格弹性;当 $h\neq k$ 时为交叉价格弹性。

三、结果与分析

（一）自变量的内生性检验

由于 Rotterdam 模型中应变量 $wdlogq$ 与自变量 $dlogQ$ 可能存在某种内在的关系，即 $dlogQ$ 可能是内生于模型的。根据 Theil(1976)提出的检验方法，需要对 Rotterdam 需求函数的应变量 $wdlogq$ 与自变量 $dlogQ$ 关系作出判断，如果 $dlogQ$ 是外生变量，那么 $cov(\varepsilon_h,\varepsilon_k)$ 应该是 Slutsky 系数 π_{hk} 倍数。因此以 $cov(\varepsilon_h,\varepsilon_k)$ 为应变量，估计参数 π_{hk} 为自变量，利用 OLS 进行估计，得到回归方程式为：$cov(\varepsilon_h,\varepsilon_k)=-0.0000(-0.6161)-0.0232$ $(-4.8213)\pi_{hh}$，括号内为 t 统计值，由此可知 π_{hh} 显著异于 0，且 $cov(\varepsilon_h,\varepsilon_k)$ 约为 Slutsky 系数项的 -0.0232 倍，韩国虾产品进口需求 Rotterdam 模型不存在自变量的内生性现象。

（二）参数估计

表 7-8 描述了通过迭代似不相关回归(ISUR)法求得的韩国虾产品进口市场需求系统方程的待估参数。参数估计结果显示系统方程的拟合度较好，需求系统加权 R^2 值为 0.9188。

在韩国虾产品进口需求的 Rotterdam 模型参数估计结果中，"越南"方程式的常数项的值显著异于 0，为 0.0278（t 统计值为 2.1123），表明韩国消费者对来自越南的虾产品的需求有递增的趋势；"中国"和"泰国"方程式的常数项均为正值，但与 0 无显著差异。常数项的显著性表示可能存在着非价格及支出的其他因素促成消费者对来自越南的虾产品消费习惯及偏好有变动。

表 7-8 韩国虾产品进口需求 Rotterdam 模型的参数估计结果也显示，支出系数均为正且显著异于 0，说明当韩国虾产品总预算每增长 1%，中国、泰国和越南的预算份额分别可显著地增长 0.13%、0.15% 和 0.11%。Slutsky 系数显示中国、泰国和越南虾产品自身价格系数均为负，为正常商品，且中国和越南虾产品自身价格效果显著为负而泰国则不显著；来自中国和泰国的虾产品交叉价格为正且在 5% 显著性水平上异于 0，说明两者有净替代关系。

季节虚拟变量参数估计值表明，来自中国和越南的虾产品在一季度显著异于四季度且为负值，来自泰国的虾产品各季度间无显著差异。

表 7-8 韩国虾产品进口需求模型:Rotterdam 模型的参数估计结果

变量		中国	泰国	越南	其他国家
常数项		0.0123 (0.8549)	0.0013 (0.0907)	0.0278** (2.1123)	−0.0414 (−0.5397)
价格 系数	中国	−0.2743*** (−10.0554)	0.0623** (2.3699)	0.0150 (0.9247)	0.0349 (0.9505)
	泰国		−0.0965 (−1.0671)	0.0269 (1.3030)	−0.0111 (−0.3106)
	越南			−0.0757*** (−4.0756)	0.0683 (2.0814)
	其他国家				−0.2354
支出项		0.1316*** (5.0100)	0.1454*** (5.7018)	0.1141*** (4.8892)	0.6089
季节虚拟变量 1		−0.0556*** (−2.7376)	−0.0084 (−0.4141)	−0.0551*** (−3.0151)	0.1191
季节虚拟变量 2		0.0016 (0.0816)	−0.0131 (−0.6820)	−0.0184 (−1.0423)	0.0299
季节虚拟变量 3		0.0211 (1.0154)	0.0350* (1.7018)	−0.0236 (−1.2412)	−0.0325
系统加权 R^2		0.9188			

注:(1)括号内为 t 统计值;(2) *** 示 Sig. <0.01; ** 表示 Sig. <0.05; * 表示 Sig. <0.10。

资料来源:作者根据韩国进口市场不同来源国进口需求的 Rotterdam 模型回归获得。

(三)弹性估计

表 7-9 列出了以样本平均值计算的,来自中国、泰国、越南和其他国家的韩国虾产品进口需求 Rotterdam 模型的支出弹性和价格弹性。

1. 支出弹性。表 7-9 显示韩国虾产品进口总支出对中国、泰国和越南均缺乏弹性,弹性值分别为 0.45、0.39、0.93,即韩国虾产品进口总支出每增加 1%,对中国的进口量就增加 0.45%,对泰国增加 0.39%,对越南增加 0.93%。支出弹性反映出消费者对商品性价比的综合评价,一般而言,消费者比较愿意为性价比较高的商品增加支出,反复购买并形成消费偏好。所以从中国、泰国和越南虾产品支出弹性值的比较中可以判断,韩国消费者倾向于为越南的虾产品增加消费,这与参数估计时越南 Rotterdam 需求模型常数项为正且显著异于 0 一致。

2. 斯勒茨基自价格弹性。中国、泰国和越南虾产品的斯勒茨基自价格弹性值分别为−0.93、−0.26和−0.62,说明中国、泰国和越南的虾产品均属于正常商品但缺乏弹性(弹性值为负但小于1),其价格上涨会使各自出口总额下降,反之则反。而中国虾产品的弹性值略高于泰国和越南,说明在其他条件不变的情况下,价格同比上升时对中国不利,而价格同比下降时则对中国有利。这与当前国际虾产品市场价格普遍走高,从而对中国虾产品造成一定程度的负面影响是相符的。

3. 斯勒茨基交叉价格弹性。泰国对中国虾产品交叉价格弹性为 $\varsigma_{th\_cn}=$ 0.21,表示泰国虾产品价格 1% 的变化会造成中国虾产品出口量 0.21% 的变化,有一定的影响力;中国对泰国虾产品交叉价格弹性为 $\varsigma_{cn\_th}=0.17$,表明中国虾产品价格变化 1% 会对泰国虾产品出口量带来 0.17% 的变化,说明中国虾产品与泰国虾产品有一定的替代关系,但影响不是特别大。中国对越南虾产品交叉价格弹性为 $\varsigma_{cn\_vn}=0.12$ 和越南对中国交叉价格弹性 ς_{vn_cn} =0.05,表明越南价格的变化对中国影响不大,但中国价格上涨会在一定程度上增加对越南产品的进口。总体而言,中国、泰国和越南虾产品之间交叉价格弹性值都为正但不高,说明相互之间有一定的替代关系,但因为出口韩国的产品细分类别有很大的差异,因此竞争强度有限。

4. 古诺价格弹性。在"中国"、"越南"、"其他国家"方程式中,没有剔除价格变化中收入效应的古诺价格弹性与斯勒茨基价格弹性相比有较大变化,其中"中国"方程式中古诺自价格弹性为 1.0595,略高于单位弹性。

表 7-9 韩国虾产品进口需求模型:Rotterdam 模型的支出弹性和价格弹性

		中国	泰国	越南	其他国家
支出弹性		0.4452	0.3931	0.9299	2.8762
斯勒茨基(补偿)价格弹性	中国	−0.9279	0.2108	0.0507	0.1181
	泰国	0.1684	−0.2609	0.0727	−0.0300
	越南	0.1222	0.2192	−0.6170	0.5566
	其他国家	0.1649	−0.0524	0.3226	−1.1120
古诺(非补偿)价格弹性	中国	−1.0595	0.0654	−0.0680	−0.4908
	泰国	0.0368	−0.4063	−0.0460	−0.6389
	越南	−0.0094	0.0738	−0.7357	−0.0522
	其他国家	0.0333	−0.1978	0.2039	−1.7209

资料来源:作者根据韩国进口市场不同来源国进口需求的 Rotterdam 模型回归系数计算获得。

第四节　本章小结

中国是韩国干制、腌制和盐渍虾产品的最大来源国,占据绝对垄断地位。然而,从韩国进口虾产品的类别结构来看,近十年来,韩国进口需求的增长点集中在冷冻虾及虾仁进口规模的不断扩展上,越南和泰国作为这一类别产品的主要供给国,后来者居上,中国在冷冻虾及虾仁供给方面所占份额不高。由此可见,由于供给过分偏重于以早期开发成熟的市场为中心,缺乏对成长较快市场的必要关注并适时地调整出口产品结构,是中国虾产品在韩国市场竞争力下降的主要原因。尤其是在2006—2007年韩国虾产品进口量和进口额都增长的条件下,中国却出现小幅度下降的迹象,进一步凸显中国出口韩国的虾产品结构不能适应进口市场需求的问题。

从对韩国虾产品进口需求Rotterdam模型弹性估计结果与分析可以看出,韩国消费者对越南供给的虾产品已形成一定的偏好,支出接近单位弹性;而中国虾产品自价格弹性相对较高(略高于单位弹性),说明中国虾产品价格敏感度略高,而当前韩国虾产品进口单价上涨对中国虾产品出口不利;作为中国在韩国市场的主要竞争对手,越南和泰国出口到韩国的虾产品对中国出口韩国的虾产品替代效应不显著,这主要是由于出口产品类别不同所致。另外,越南与韩国之间自由贸易的协定以及韩国消费者对越南虾产品表现出的明显偏好,表明越南将有可能成为韩国虾产品进口市场的领导者。

第八章　美、日、欧、韩虾产品市场空间整合验证

本书第四章至第七章,分别论述了美国、日本、欧盟和韩国虾产品市场的消费特点、进口市场特征,并对来源差异化进口需求的弹性进行估计,可以清晰地看到中国虾产品在这些国家或地区的市场需求状况,与竞争产品之间相互替代或影响程度,进而了解美国、日本、欧盟和韩国市场消费者对中国虾产品的需求规律,为中国虾产业结构优化和未来发展规划制定提供一定的理论参考依据。然而,众所周知,随着全球经济一体化和贸易自由化进程的加快,不同国别市场之间商品和服务贸易互动关系更趋频繁,而信息技术的发展与普及使得商品贸易的价格信息由过去的"遥不可及"转变为现在的"触手可得",从而也在很大程度上减少了不同市场之间的套利行为,市场空间整合程度在不断提高。因此,对于虾产品市场需求研究而言,单纯地研究某个国别市场(或特定市场)的相关信息显然会有失偏颇,甚至提出的政策建议也有可能出现"顾此失彼"现象。所以,有必要在局部市场需求分析的基础上,对中国虾产品主要出口市场之间的整合程度或者说联系程度进行分析。

鉴于此,本章借助美、日、欧、韩的进口市场虾产品贸易数据和主要批发市场的虾产品交易价格数据,从加总产品层面和细分品种层面来分析虾产品市场的整合程度(是完全整合的,还是部分整合的,抑或是完全区隔的),目的在于检验我国虾产品主要出口市场之间价格是否具有共同的变动趋势,以及虾产品价格传递的动力机制,以全球化的视角来审视当前中国虾产品的出口贸易格局,为我国虾产品出口企业及相关部门制定整体与局部市场相协调的、差异与共性并存的市场开拓策略提供依据。

具体地,本章结构安排如下:首先,在回顾相关研究的基础上提出虾产

品市场空间整合分析的理论框架;接着,简要介绍本章研究所采用数据的来源并对数据特征进行详细描述;然后,从加总产品层面和细分品种层面实证分析:美、日、欧、韩虾产品市场是否存在整合关系? 如果存在,那么价格传递的方向以及价格序列之间互为影响强度如何? 最后,在以上分析的基础上结合实际情况作简要评述。

第一节　理论框架与研究方法

一、理论阐释

从理论上讲,市场空间整合(spatial market integration)是指在市场完全竞争的假设下,同类商品在不同市场上的价格会保持同样方向和同等程度的变化。如果某市场的价格变化不引起或仅在很小程度上引起其他市场上同一商品的价格变化,那么就认为该市场与其他市场间不存在或仅存在微弱的整合关系,否则该市场与其他市场间可能存在较强的整合关系(周章跃和万广华,1999;武拉平,2000;王怡,2007)。

一个整合的、有效的市场不允许不同的市场之间价格差的长期存在,价格在不同市场间的传递、调整最终会使得地理位置完全区隔的不同市场之间价格达到均衡(Ferdinand,2006)。这种调整源自于两股市场力量:一是供应商基于利润最大化目标调整出口结构转向价格相对较高的市场;二是需求方即消费者会转向能够提供同类产品但价格相对低廉的供应商。对于虾产品而言,如果不同市场虾产品的价格被证明是同步变动的,那么说明虾产品价格是空间整合的,即虾产品存在一个全球性的市场。由此可以推断,那些在虾产品消费中依靠大量进口来满足本国需求的国家或地区,其所制定的各种旨在保护国内同类产业发展、遏制进口增长的名目繁多的非关税贸易壁垒(如美国对进口冷冻虾征收反倾销税)的合理性和有效性是值得怀疑的。

二、相关研究回顾

以往对水产品市场空间整合关系的研究较多集中在鲑鱼、鳕鱼等鱼类品种上(Asche & Sebulonsen,1998;Asche,Bremnes & Wessells,1999;Asche & Guttormsen,2001;Jaffry & Hartman,2003;Nielsen,2005;Nielsen,2007),但随着甲壳类(包括虾、蟹等),尤其是虾产品,在水产品贸易中的地位日益提升,相关研究也开始增多。

Ling 等(1998)利用 Enger-Granger 两阶段估计程序,研究日本东京批发市场和泰国、印尼出口市场冷冻斑节对虾价格垂直传递机制。研究结果表明,日本进口商与泰国、印尼出口商之间签订的合同协议价格,对日本东京批发市场价格有很强的影响;从长期来看,冷冻斑节对虾价格传递的方向和速度有随着规格(大小)的增大而加快的趋势。

Gillig 等(1998)则是利用三阶段最小二乘法(3SLS),探讨美国墨西哥湾码头交易市场与进口市场之间虾产品价格传递的动力机制,认为虾产品规格大小扮演较为重要的角色,其中从南美洲进口的小规格的虾产品对美国国内墨西哥湾褐虾价格有一定的影响,但褐虾本身规格大小对于其市场售价影响更为显著。

Bene 等(2000)利用协整技术对法国市场上来自法属圭亚那地区捕捞的野生褐虾(*Penaeus subtilis*),与来自泰国的养殖斑节对虾的价格序列进行检验,研究结果显示,两价格序列存在协整关系且泰国斑节对虾扮演价格领导者的角色。

以上对于虾产品市场空间整合的研究基本以市场流通过程中,经历的各个环节(即价值增值链)是否存在整合关系而展开,正如 Asche(2005)在鱼类产品需求结构(demand structure for fish)分析中所指出的,基于供应链的纵向价格传递机制的研究,对于生产商安排生产计划、进口商或出口商确定进出口量甚至合同协议价格都起到很好的指导作用。但对于以出口为导向的生产大国而言,在关注价值增值环节信息的同时,世界虾产品进口国同层级的市场之间价格互为影响关系同样不容忽视。因为只有在对需求市场的信息全面把握基础上,并以此为依据制定的产业结构调整和产业升级政策才更具有针对性和指导性。

三、研究方法

协整检验已经被证明是测定市场空间整合的有效方法(喻闻和黄季焜,1998;武拉平,2000;王怡,2008)。正如本书第二章第三节所提及的进行协整关系的检验通常采用 Engle-Granger 两步法和 Johansen 协整检验法。尽管 EG 两步法使用方便,但是在小样本下 OLS 协整估计具有实质性偏差,以及 EG 两步法只适用单一协整关系的估计与检验,所以对于本书多个变量的协整关系检验还是以 Johansen 极大似然检验法最为合适,并且在基于 VAR 模型的 Johansen 协整检验法中,由于不存在内生变量与外生变量的区别,所有变量都被视为内生变量,因此彼此之间是动态影响的联合系统。

　　单位根检验。对多变量时间序列进行协整分析的第一步就是判断每个时间序列是否平稳。单位根检验(unit root test)是确定序列平稳性阶数的典型方法。EViews5 提供了 6 种单位根检验方法,其中 Augmented Dickey-Fuller(ADF)和 Phillips-Perron(PP)较为常用,本书采用 ADF 检验法。ADF 检验法所用的模型表现形式为:

$$\Delta P_{it} = \alpha + \beta P_{it-1} + \delta_t + \sum_{\gamma=1}^{k} \phi_\gamma \Delta P_{it-r} + \varepsilon_t \tag{8.1}$$

式(8.1)中,α 为常数项,δ_t 为时间趋势项[①],k 表示价格变量的滞后阶数,β、ϕ 为待估计参数,P_t 为价格时间序列,ε_t 为误差项。式(8.1)中零假设 H_0 为:价格序列 P_{it} 为非稳定序列或有单位根;备择假设为:不存在单位根。首先,判断 β 的估计值是接受原假设还是接受备择假设,如果接受原假设,说明 P_{it} 序列存在单位根。接着,对其一阶差分进行检验,如果仍然无法拒绝原假设,则还必须用二阶差分来检验,直到得出一个稳定的差分(序列),以判定时间序列稳定的阶数。

　　Johansen 协整关系检验。Johansen 检验基于向量自回归模型(vector autoregression,VAR)进行。VAR(k)模型采用了多方程联立的形式,在模型的每一个方程中,内生变量对模型的全部内生变量的滞后值进行回归,从而估计出全部内生变量的动态关系(Johansen,1991)。VAR(k)模型的数学表达式为:

$$P_t = \sum_{i=1}^{k} \Pi_i P_{t-i} + \Pi_k P_{t-k} + \mu + e_t \tag{8.2}$$

式(8.2)中,P_t 是 n 维内生变量向量,k 是滞后阶数,样本个数为 T;Π_i 是($n \times n$ 维)参数矩阵;μ 是常数项;e_t 是($n \times 1$ 维)均值为零、协方差矩阵为 Ω 的白噪声扰动向量(iid)。

　　将式(8.2)经过差分变换以后可得:

$$\Delta P_t = \sum_{i=1}^{k} \Gamma_i \Delta P_{t-i} + \Gamma_k P_{t-1} + \mu + e_t \tag{8.3}$$

式(8.3)中,$\Gamma_i = -I + \Pi_1 + \Pi_2 + \cdots + \Pi_i$,$i = 1,2,\cdots,k-1$;由于 $I(1)$ 过程经过差分变换将变成 $I(0)$ 过程,即式(8.3)中的 ΔP_t,$\Delta P_{t-i}(i=1,2,\cdots,k)$ 都是 $I(0)$ 变量构成的向量,那么只要 $\Gamma_i P_{t-k}$ 是 $I(0)$ 的向量,即 $P_{1,t-1}$,$P_{2,t-1}$,$\cdots$,

---

　　① 　常数项和时间趋势项是否需要添加在模型中视被研究对象的数据性质而定,使用画图的方法来确定在 ADF 检验中是否包含常数项或者时间趋势项是比较常用、有效和易行的(高铁梅,2006)

$P_{k,t-1}$ 之间具有协整关系,就能保证 ΔP_t 是平稳过程。变量 $P_{1,t-1}$,$P_{2,t-2}$,$\cdots$,$P_{k,t-k}$ 之间是否具有协整关系主要依赖于矩阵 Γ_k 的秩。设 Γ_k 的秩为 r,则存在三种情况:$r=n$,$r=0$,$0<r<n$:① 如果 $r=n$,显然只有当 $P_{1,t-1}$,$P_{2,t-1}$,$\cdots$,$P_{k,t-1}$ 都是 $I(0)$ 变量时,才能保证 $\Gamma_i P_{t-k}$ 是 $I(0)$ 变量构成的向量,而这与已知的 P_t 为 $I(1)$ 过程相矛盾,所以必然有 $r<n$。② 如果 $r=0$,意味着 $\Gamma_k=0$,因此式(8.3)仅仅是个差分方程,各项都是 $I(0)$ 变量,不需要讨论 $P_{1,t-1}$,$P_{2,t-1}$,$\cdots$,$P_{k,t-1}$ 之间是否具有协整关系。③ 如果 $0<r<n$,表示存在 r 个协整组合,其余 $n\times r$ 个关系仍为 $I(1)$ 关系(高铁梅,2006)。在这种情况下,Γ_k 可以分解成两个 $(n\times r)$ 阶矩阵的乘积:

$$\Gamma_k = \alpha\beta' \qquad\qquad (8.4)$$

其中,$r(\alpha)=r$,$r(\beta)=r$。

将式(8.4)代入式(8.3)中,得:

$$\Delta P_t = \alpha\beta' P_{t-1} + \sum_{i=1}^{k} \Gamma_i \Delta P_{t-i} + \mu + e_t \qquad\qquad (8.5)$$

式(8.5)要求 P_{t-1} 为一个 $I(0)$ 向量,其每一行都是 $I(0)$ 组合变量,即组的每一行所表示的 $P_{1,t-1}$,$P_{2,t-1}$,$\cdots$,$P_{k,t-1}$ 的线性组合都是一种协整形式,所以矩阵决定了 $P_{1,t-1}$,$P_{2,t-1}$,$\cdots$,$P_{k,t-1}$ 之间协整向量的个数与形式。因此称为协整向量矩阵,r 为协整向量的个数。

矩阵 α 的每一行的 α_i 是出现在第 I 个方程中的 r 个协整组合的一组权重,故称为调整参数矩阵,且 α 和 β 并不是唯一的,因为对于任何非奇异 $r\times r$ 矩阵 H,乘积,$\alpha\beta'$ 和 αH($H-1\beta'$)都等于 Γ_k。

将 P_t 的协整检验变成对矩阵 Γ_k 的分析问题,这就是 Johansen 协整检验的基本原理。因为矩阵 Γ_k 的秩等于它的非零特征根的个数,因此,可以通过对非零特征根个数的检验来检验协整关系和协整向量的秩。实际应用中,通过解出估计系数矩阵中对应不同秩数的特征根,利用该特征值最大统计量 "$-T\ln(1-\lambda)$,即,"$\lambda-\max$" 和迹统计量 "$-T\sum\ln(1-\lambda)$"(其中 T 为样本数,λ 为对应于不同秩数的特征根)与临界值比较,来判断是否存在长期协整关系(高铁梅,2006)。Osterwald-Lenum(1992)给出了这两个统计量对应不同形态均衡修正模型的临界值。零假设 H_0 为:两个变量不是协整变量,如果统计量估计值超过临界值,则拒绝原假设而接受二者是协整变量的判断。

格兰杰因果关系检验(Granger causality tests)。如果同阶稳定的时间序列向量存在协整关系,则这两个变量之间至少存在一个方向的格兰杰因果关系(Mehra,1994)。即若一个区域市场现在或过去的价格 P_i 与另一区域市场商品价格 P_j 间存在统计学意义上的因果关系,则可以判断两个市场中哪个价格占主导地位,也可以衡量市场价格的调整速度。据此,可建立如下模型(武拉平,2000;高铁梅,2009):

$$\Delta P_{it} = \alpha_0 + \sum_{k=1}^{n} \alpha_k \Delta P_{it-k} + \sum_{k=1}^{n} \beta_k \Delta P_{jt-k} + \gamma_1 E_{t-1} + \mu_t \tag{8.6}$$

$$\Delta P_{jt} = \phi_0 + \sum_{k=1}^{n} \phi_k \Delta P_{jt-k} + \sum_{k=1}^{n} \varphi_k \Delta P_{it-k} + \gamma_2 E_{t-2} + \nu_t \tag{8.7}$$

式(8.6)、(8.7)中,E_{t-1} 和 E_{t-2} 是对两个具有协整关系价格序列的水平值进行回归后得到的残差,μ_t 和 ν_t 是稳定的白噪声序列。

对式(8.6)、(8.7)分别进行虚拟假设检验,从而判断价格序列之间的格兰杰因果关系。如果 ΔP_{jt} 的估计系数的 β_k 至少有一个显著,则认为 P_j 的变化在短期对 P_i 具有格兰杰意义上的因果关系;如果 ΔP_{it} 的估计系数 ϕ_k 至少有一个显著,则认为 P_i 的变化在短期对 P_j 具有格兰杰意义上的因果关系;如果具 α_k、β_k、φ_k 和 ϕ_k 都显著,则表示 P_j 和 P_i 存在长期和短期的双向因果关系(武拉平,2000;喻翠玲,2007)。

第二节　数据的选择与处理

为了更深入地了解和全面反映世界虾产品市场空间整合情况,本章的实证研究综合运用了两个重要的数据集:以贸易数据为基础的加总水平冷冻虾及虾仁的平均进口价格;以批发市场交易数据为基础的细分品种层面的不同规格的虾产品批发价格。

一、加总产品层面的数据描述

加总水平价格即为美国、日本、欧盟、韩国进口冷冻虾及虾仁(HS 编码为 030613)月度数据,数据来源见表 8-1 所示。

美国国际贸易委员会贸易数据库中提供了从 1989 年 1 月至 2011 年 12 月虾产品贸易月度数据;日本财务省贸易统计数据库中囊括了自 1996 年 12 月至 2011 年 12 月虾产品贸易月度数据;欧盟统计数据库中欧盟 27 国贸易相关数据则从 1999 年 1 月起有详细记录;韩国贸易协会统计数据库中年度数据和月度数据均可以详细追溯到 1988 年 2 月。另外,在日本和欧盟贸易统计数据库中贸易额以日元和欧元来计量,因此出于研究目的的需要,根据国际货币基金组织国际金融统计数据库(International Monetary Fund's International Financial Statistics Database)外汇兑换比例将日元和欧元转换成美元。又因为国际货币基金组织官方发布的数据中,欧元兑换美元的比率的历史记录自 1999 年 1 月 1 日起,因此为便于做横向和纵向比较,将美、日、欧、韩冷冻虾及虾仁进口市场整合关系研究的时间范围限定在 1999 年 1 月至 2011 年 12 月,共 13 年 156 组样本数据。同时,根据以往相关研究中对价格月度数据处理的一贯做法,将价格序列转换成自然对数值后再用于实证研究。考虑到协整检验要求必须有完整的价格时间序列,本书对被研究对象的价格序列中个别月份数据的缺失值以前后月价格的平均值作为补充。

表 8-1　美、日、韩、欧盟进口冷冻虾及虾仁月度价格数据来源一览

数据集	来源	网址
美国进口冷冻虾及虾仁	美国国际贸易委员会贸易数据库(U. S International Trade Commission Trade Dataweb)	http://dataweb. usitc. gov
日本进口冷冻虾及虾仁	日本财务省贸易统计数据库(Trade Statistics of Japan Ministry of Finance)	http://www. customs. go. jp
欧盟进口冷冻虾及虾仁	欧盟统计数据库(European Commission,Eurostat)	http://epp. eurostat. ec. europa. eu
韩国进口冷冻虾及虾仁	韩国贸易协会统计数据库(Korea International Trade Association)	http://www. kita. org

图 8-1 展示了美、日、欧、韩进口冷冻虾及虾仁价格波动规律,从总体来看:(1)日本进口冷冻虾产品单位价格相对最高,韩国最低;(2)在 1999 年 1 月至 2002 年之前,美、日价格虽然波动幅度大,但变化规律较为一致,此后美国进口冷冻虾及虾仁价格水平一直略低于日本,且价格差有扩大倾向;(3)随着时间的推移,美国、欧盟、韩国进口的冷冻虾及虾仁的平均价格有逐步收敛趋势,差距缩小,但日本依然保持较高的价位。一般认为,在日本进口的冷冻虾及虾仁中,规格较大的虾产品在总进口规模中所占的比重较大,从而在总体上使得日本虾产品平均价格水平高于其他国家[1]。这就说明单纯以加总水平数据进行不同市场之间价格的协整关系分析,有可能会掩盖

---

[1]　由于不同规格的虾产品价格差异较大(一般而言,单位重量的虾产品所包含的虾数目越少,即规格越大,则单位价格就越高),因此,在总进口中,不同规格的虾产品的比例构成直接影响到加总价格水平。

细分品种价格波动的内在关系。

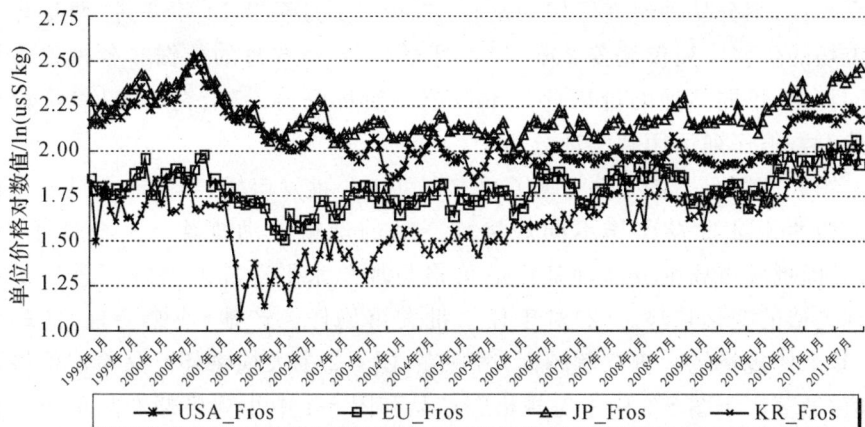

图 8.1　美、日、欧、韩进口冷冻虾及虾仁的价格序列

注："USA_Fros、EU_Fros、JP_Fros、KR_Fros"分别表示美国、欧盟、日本、韩国进口冷冻虾及虾仁的价格序列。

二、细分品种层面的数据描述

基于上述提及的加总水平的数据研究结果可能存在的弊端,本书收集了美国、日本、欧盟批发市场细分品种类别的价格序列数据,以便作进一步研究①。数据来源于联合国粮农组织/全球鱼商品(Food and Agricultural Organization/ Globefish Commodity Update)关于虾产品的最新出版物(Shrimp,Commodity Update 2014)。该数据集中收集了日本东京中心批发市场(Wholesale and monthly price,Tokyo,Japan)、美国纽约批发市场(Average monthly New York wholesale prices,US)、欧盟西班牙批发市场(Monthly black tiger prices,in Spain)各种规格虾产品的批发价格。其中日本东京中心批发市场的价格序列较为齐全,包含了 1989 年 1 月至 2014 年 6 月来源地为印尼斑节对虾(规格分别为 16～20、31～40 粒/磅)、南美白对虾(规格分别为 13～15、16～20、26～30、41～50 粒/磅)以及来自印度的南美白对虾(规格分别为 13～15、16～20、26～30、41～50 粒/磅)月度价格序列。美国纽约批发市场月度价格序列仅有来自墨西哥湾的褐虾(规格为 Un/15、16～20、26～30、41～50 粒/磅)批发价格。欧盟批发市场月度价格序列是来

---

①　遗憾的是,笔者没能收集到反映韩国虾产品批发市场相应的数据集。

自孟加拉国斑节对虾(规格为 16～20 粒/磅)批发价格。根据数据的可得性和完整性,细分品种研究区域限定在 1999 年 1 月至 2014 年 6 月(西班牙批发市场的价格序列仅涵盖 2009 年 1 月至 2014 年 6 月的数据),各批发市场不同规格、不同品种的价格计量单位统一换算成美元/千克,并以单位价格自然对数值序列运用到实证分析中。

图 8-2、图 8-3、图 8-4 刻画了日本东京中心批发市场、美国纽约批发市场和欧盟西班牙批发市场不同规格虾产品的价格波动规律。从总体上看:(1)各国批发市场细分品种虾产品价格与加总水平冷冻虾及虾仁进口价格呈现类似的变化趋势。(2)对于任一批发市场任一产地(或来源地)的虾产品,其个体规格越大价格就越高,表现在,图 8-2 中大规格虾产品单位价格对数值,显著高于图 8-3 中中等规格虾产品和图 8-4 中小规格虾产品单位价格对数值。(3)对于不同产地(或来源地)同一规格的虾产品,其价格没有明显不同,即各来源国之间的产品具有较强的替代性。(4)除规格为 26～30 粒/磅来自印尼的价格略微低外,日本东京批发市场虾产品的价格普遍高于纽约市场。

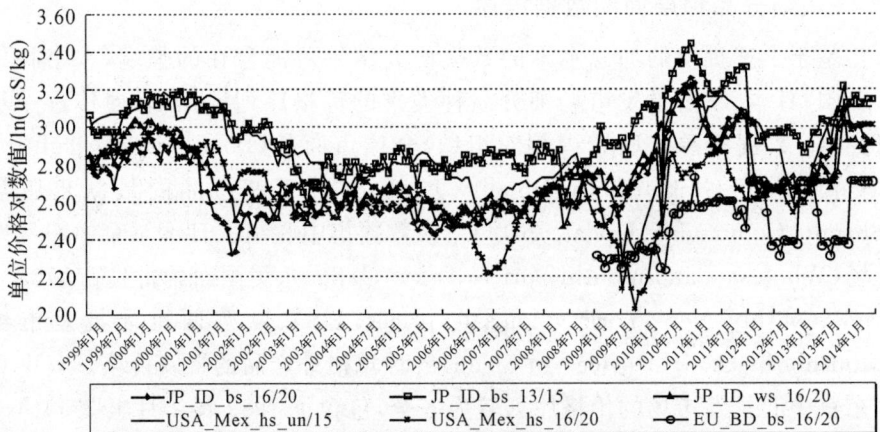

图 8-2　纽约、东京和欧盟批发市场规格为小于 15 粒/磅、16/20 粒/磅虾产品的价格序列

注:(1)"JP_ID_bs_13/15、JP_ID_ws_13/15、JP_ID_ws_16/20"分别表示日本(JP)东京中心批发市场的规格为 13～15 粒/磅、产地为印尼(ID)的斑节对虾(bs)、南美白对虾(ws),以及规格为 16～20 粒/磅、产地为印尼(ID)的南美白对虾价格序列。(2)"USA_Mex_hs_un/15、USA_Mex_hs_16/20"分别表示美国纽约批发市场规格为 15 粒以下/磅和 16～20 粒/磅、产地为美国墨西哥湾(Mex)的褐虾(hs)。(3)"EU_BD_bs_16/20"表示欧盟批发市场规格为 16～20 粒/磅、产地为孟加拉国的斑节对虾。

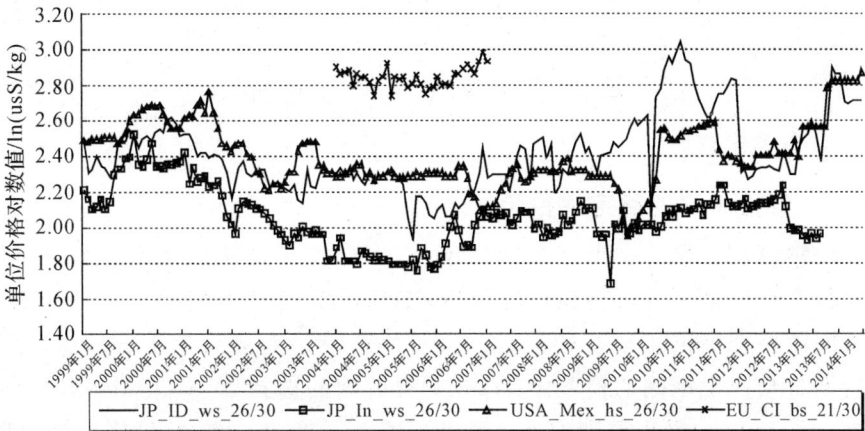

图 8-3　纽约、东京和西班牙批发市场规格为 26～30 粒/磅虾产品的价格序列

注：(1)"JP_ID_bs_26/30"表示日本东京批发市场规格为 26～30 粒/磅、产地为印尼的白对虾；(2)"JP_In_ws_26/30"表示日本东京批发市场规格为 26～30 粒/磅克、产地为印度的白对虾；(3)"USA_Mex_hs_16/20"表示纽约批发市场规格为 26～30 粒/磅、产地为美国墨西哥湾的褐虾；(4)"EU_CI_bs_21/30"表示欧盟（EU）西班牙批发市场规格为 21～30 粒/磅、产地为科特迪瓦（CI）的斑节对虾价格序列。

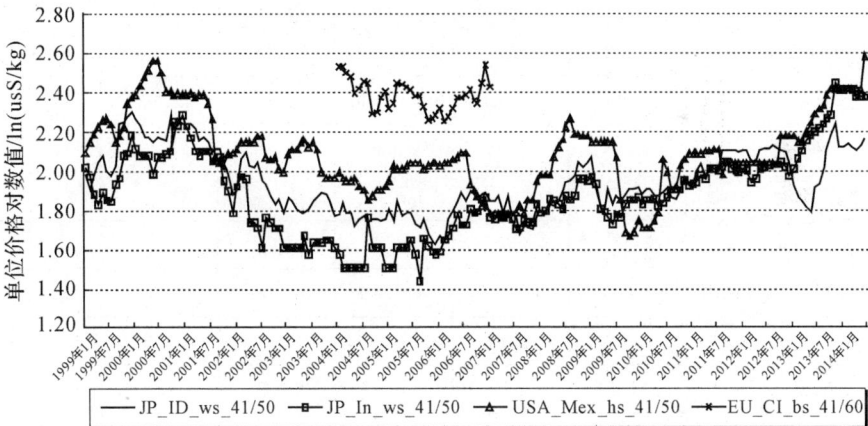

图 8-4　纽约、东京和西班牙批发市场规格为 41～50 粒/磅虾产品的价格序列

注：(1)"JP_ID_ws_41/50"表示日本东京批发市场规格为 41～50 粒/磅、产地为印尼的斑节对虾；(2)"JP_In_ws_41/50"表示日本东京批发市场规格为 41～50 粒/磅、产地为印度的白对虾；(3)"USA_Mex_hs_41/50"表示纽约批发市场规格为 41～50 粒/磅、产地为美国墨西哥湾的褐虾；(4)"EU_CI_bs_41/60"表示欧盟（EU）西班牙批发市场规格为 41～60 粒/磅、产地为科特迪瓦（CI）的斑节对虾价格序列。

第三节　实证结果与分析

一、价格序列的稳定性检验

协整检验要求每一个序列同阶聚合,因此在进行协整关系分析之前首先对每一个价格序列进行稳定性分析,ADF 检验法为我们确认所研究对象是否同阶聚合提供了很好的工具。由于协整检验对滞后期十分敏感,不同滞后期将会产生不同的检验结果,本文滞后期的选择以 AIC(Akaike information criterion)最小原则为准。表 8-2 显示了美、日、欧、韩价格序列 ADF 检验结果。

表 8-2　美、日、欧、韩虾产品市场价格序列稳定性检验结果

价格序列	水平值 I(0)			一阶差分 I(1)		
	C	C+T	N	C	C+T	N
进口市场						
USA_Fros	−1.51	−2.62	−0.50	−8.88***	−8.83***	−8.91***
JP_Fros	−2.29	−2.54	−0.07	−10.11***	−10.08***	−10.15***
EU_Fros	−3.33**	−3.42*	−0.01	−12.97***	−12.92***	−13.03***
KR_Fros	−3.19**	−3.36*	−0.02	−14.49***	−14.45***	−14.56***
批发市场						
美国						
USA_Mex_hs_Un/15	−0.80	−3.11	−0.89	−8.24***	−8.20***	−8.22***
USA_Mex_hs_16/20	−1.23	−3.27*	−0.77	−7.45***	−7.42***	−7.44***
USA_Mex_hs_26/30	−1.96	−3.77**	−0.63	−6.15***	−6.13***	−6.13***
USA_Mex_hs_41/50	−1.47	−3.17*	−0.57	−7.18***	−7.14***	−7.20***
日本						
Japan_ID_bs_16/20	−2.31	−2.48	−0.53	−11.59***	−11.55***	−11.64***
Japan_ID_bs_31/40	−2.11	−2.68	−0.63	−9.29***	−9.26***	−11.78***
Japan_ID_ws_13/15	−1.82	−2.51	−0.56	−12.09***	−12.03***	−12.14***
Japan_ID_ws_16/20	−1.59	−2.16	−0.64	−9.37***	−9.33***	−9.37***

续表

价格序列	水平值 I(0)			一阶差分 I(1)		
	C	C+T	N	C	C+T	N
Japan_ID_ws_26/30	−2.67	−2.79	−0.06	−10.19***	−10.19***	−10.25***
Japan_ID_ws_41/50	−1.13	−2.89	−0.50	−11.87***	−11.87***	−11.91***
Japan_In_ws_13/15	−1.56	−1.55	−0.65	−11.92***	−11.87***	−11.95***
Japan_In_ws_16/20	−2.00	−1.96	−0.68	−12.46***	−12.41***	−12.52***
Japan_In_ws_26/30	−1.64	−1.77	−0.36	−11.27***	−11.24***	−11.32***
Japan_In_ws_41/50	−1.38	−1.70	−0.48	−10.16***	−10.11***	−10.20***
欧盟						
EU_CI_bs_Un/10	−1.75	−2.50	0.31	−6.26***	−6.97***	−6.34***
EU_CI_bs_21/30	−0.43	−1.00	0.48	−6.17***	−7.20***	−6.23***
EU_CI_bs_41/60	−2.32	−1.61	−0.49	−6.79***	−7.22***	−6.87***
临界值 1%	−3.49	−4.04	−2.59	−3.49	−4.04	−2.59
5%	−2.89	−3.45	−1.94	−2.89	−3.49	−1.94
10%	−2.58	−3.15	−1.62	−2.57	−3.15	−1.62

注:(1)价格序列代码的含义见图 8-1 至 8-4 详细解释;(2)"C"表示含常数项;"C+T"表示含常数项和趋势项;"N"表示不含常数项或趋势项。 * 、** 和 *** 表示在 10%、5% 和 1% 的显著性水平上拒绝有单位根的原假设。

资料来源:作者根据美、日、欧、韩虾产品价格序列对数值单位根检验获得。

由表 8-2 可见,在含常数项的进口冷冻虾及虾仁(030613)月度价格水平值(Levels)ADF 检验时,美国、日本进口冷冻虾及虾仁的价格序列接受有单位根的原假设,欧盟和韩国价格序列在包含常数项以及常数项和趋势项检验时,在 5% 显著性水平下拒绝单位根原假设,但在 1% 显著性水平下接受序列有单位根的原假设。经过一阶差分(First difference)后,进口市场冷冻虾及虾仁价格序列平稳,在 1% 显著性水平下拒绝单位根原假设。

在各批发市场虾产品细分品种月度价格水平值 ADF 检验时,在纽约批发市场上,来自墨西哥湾的、规格为 16～20 粒/磅和 26～30 粒/磅价格序列,在包含常数项和趋势项检验时,在 5% 显著性水平下拒绝单位根假设;其余价格序列均接受单位根假设,为非平稳序列。同样,经过一阶差分后所有的价格序列平稳。这表明所有价格序列都是一阶单整{I(1)}的,因此可以利用 Johansen 协整检验法开展美、日、欧、韩虾产品市场整合关系的分析。

二、长期整合关系检验与分析

(一)加总产品层面

为了更全面地捕捉所收集的数据中反映的信息,这里从多变量和双变量(即总体和两两配对)两个角度分别进行 Johansen 检验。表 8-3 反映了四个主要冷冻虾及虾仁进口市场 Johansen 协整检验结果。在 5%显著性水平上,迹统计量和最大特征值统计量表明,该系统中有两个协整方程,也就是说,美、日、欧、韩冷冻虾及虾仁进口市场价格序列存在长期的整合关系。

表 8-3   多变量 Johansen 协整检验:进口市场价格序列

零假设:H_0	特征根	迹统计量	5%临界值	最大特征值统计量	5%临界值
$r=0$	0.28	70.11(0.000)	47.86	37.68(0.001)	27.58
$r{\leqslant}1$	0.16	32.42(0.024)	29.79	24.13(0.018)	21.13
$r{\leqslant}2$	0.06	8.28(0.436)	15.49	5.33(0.698)	14.26
$r{\leqslant}3$	0.02	2.94(0.086)	3.84	2.94(0.086)	3.84

注:括号内为 p 值。
资料来源:作者根据美、日、欧、韩虾产品价格序列对数值多变量 Johansen 协整检验获得。

表 8-4 反映了进口市场四个主要进口国或地区冷冻虾及虾仁价格序列,两两配对比较的 Johansen 协整检验结果。在 5%显著性水平上,美国/日本、美国/欧盟、日本/欧盟、日本/韩国、欧盟/韩国市场之间存在长期整合关系。即当一个市场的价格变动后,另一个市场的长期均衡价格会受到影响,这种影响的因果顺序(关系)和影响的强度在本节第三部分详细论述。

表 8-4   双变量 Johansen 协整检验:进口市场价格序列

变量	零假设 H_0	特征根	迹统计量	5%临界值	最大特征值统计量	5%临界值
美国/日本	$r=0$	0.14	23.26*	15.49	18.43*	14.26
	$r{\leqslant}1$	0.04	4.83*	3.84	4.83*	3.84
美国/欧盟	$r=0$	0.06	16.38*	15.49	10.54	14.26
	$r{\leqslant}1$	0.04	4.84*	3.84	4.84	3.84

续表

变量	零假设 H₀	特征根	迹统计量	5%临界值	最大特征值统计量	5%临界值
美国/韩国	$r=0$	0.04	10.87	15.49	5.65	14.26
	$r\leqslant1$	0.03	5.21	3.84	5.21	3.84
日本/欧盟	$r=0$	0.07	18.40*	15.49	13.56	14.26
	$r\leqslant1$	0.04	4.84*	3.84	4.84	3.84
日本/韩国	$r=0$	0.10	17.62*	15.49	15.10*	14.26
	$r\leqslant1$	0.04	4.51*	3.84	4.51*	3.84
欧盟/韩国	$r=0$	0.20	40.41*	15.49	34.69*	14.26
	$r\leqslant1$	0.02	5.72*	3.84	5.72*	3.84

注：*表示在5%水平下显著。

资料来源：作者根据美、日、欧、韩虾产品价格序列对数值双变量 Johansen 协整检验获得。

(二)细分品种层面

鉴于欧盟批发市场的价格信息仅局限于西班牙市场来自科特迪瓦的、且规格仅有每磅小于10粒、21～30粒、41～60粒的冷冻虾产品，为便于比较和描述，在多变量 Johansen 协整检验时，将欧盟市场规格为21～30粒/磅冷冻虾产品与日本和美国市场规格为26～30粒/磅冷冻虾产品进行比较；将规格为41～60粒/磅与日本和美国市场规格为41～50粒/磅的冷冻虾产品进行比较；同时由于没能收集到关于韩国市场不同规格的冷冻虾产品相关的价格信息，因此这里暂不讨论。

表 8-5 显示了美、日、欧批发市场虾产品价格序列多变量 Johansen 协整检验结果。从表中迹统计量和最大特征根统计量值可以看出：(1)规格为26～30粒/磅的美国纽约批发市场来自墨西哥湾的褐虾、日本东京批发市场来自印度南美白对虾以及欧盟西班牙批发市场来自科特迪瓦斑节对虾之间，在5%显著性水平下存在长期整合关系；(2)规格为41～51粒/磅的美国纽约批发市场来自墨西哥湾的褐虾、日本东京批发市场来自印尼南美白对虾以及欧盟西班牙批发市场来自科特迪瓦斑节对虾之间，在5%显著性水平下整合关系显著；(3)规格为41～51粒/磅的美国纽约批发市场来自墨西哥湾的褐虾、日本东京批发市场来自印度南美白对虾以及欧盟西班牙批发市场来自科特迪瓦斑节对虾之间，在1%显著性水平下价格影响关系明显。

表 8-5　多变量 Johansen 协整检验:批发市场价格序列

价格序列	零假设 H₀	特征根	迹统计量	最大特征值统计量
26~30 粒/磅				
USA_Mex_hs/ Japan_ID_ws/EU_CI_bs	$r=0$	0.40	20.98(0.359)	16.43(0.201)
	$r \leqslant 1$	0.13	4.55(0.855)	4.53(0.799)
	$r \leqslant 2$	0.00	0.02(0.889)	0.02(0.888)
USA_Mex_hs/ Japan_In_ws/EU_CI_bs	$r=0$	0.49	30.79(0.038)	21.28(0.048)
	$r \leqslant 1$	0.25	9.51(0.321)	9.23(0.267)
	$r \leqslant 2$	0.01	0.27(0.602)	0.27(0.602)
41~50 粒/磅				
USA_Mex_hs/ Japan_ID_ws/EU_CI_bs	$r=0$	0.54	33.79(0.016)	24.57(0.016)
	$r \leqslant 1$	0.20	9.33(0.336)	7.22(0.464)
	$r \leqslant 2$	0.06	2.11(0.146)	2.11(0.146)
USA_Mex_hs/ Japan_In_ws/EU_CI_bs	$r=0$	0.65	44.77(0.000)	33.15(0.000)
	$r \leqslant 1$	0.24	11.62(0.176)	8.78(0.304)
	$r \leqslant 2$	0.08	2.83(0.092)	2.83(0.092)

注:价格序列代码的含义见图 8-2 至图 8-4 详细解释;括号内为 p 值。

资料来源:作者根据美、日、欧批发市场价格序列对数值多变量 Johansen 协整检验获得。

表 8-6 反映了美国、日本、欧盟批发市场细分品种两两配对 Johansen 协整检验结果。

从 8-6 可以看出,各价格序列的迹统计量和最大特征统计量及相应的 p 值表明:

(1)不同规格(从 13~15 粒/磅到 41~50 粒/磅)的、美国纽约批发市场来自墨西哥湾的褐虾,与日本东京批发市场来自印尼的斑节对虾和南美白对虾批发价格,在 10% 的显著性水平下都存在一定的交互影响。

(2)日本东京批发市场来自印度的、规格为 26~30 粒/磅南美白对虾,和来自印尼的规格为 41~50 粒/磅,分别与欧盟西班牙批发市场来自科特迪瓦的、相对应规格的斑节对虾价格序列,在 10% 显著性水平下存在协整关系。

(3)迹统计量值表明,规格为 41~50 粒/磅美国纽约批发市场来自墨西哥湾的褐虾,与欧盟西班牙批发市场来自科特迪瓦斑节对虾,在 10% 显著性水平下存在协整关系,但最大特征值统计量及 p 值却不支持这个结论。

因此,美、日、欧批发市场价格序列双变量 Johansen 协整检验的结果表明,美国纽约批发市场与日本东京中心批发市场虾产品价格序列存在一定的协整关系;欧盟西班牙批发市场与日本东京中心批发市场在某些品种和规格虾产品价格序列上存在一定的影响;而美国纽约批发市场与欧盟西班牙批发市场整合度较弱。

表 8-6　双变量 Johansen 协整检验:批发市场价格序列

价格序列	零假设 H_0	特征根	迹统计量	最大特征值统计量
Un～15 或 13～15 粒/磅				
USA_Mex_hs/JP_ID_ws	$r=0$	0.17	22.46(0.012)	18.73(0.029)
	$r\leqslant1$	0.01	3.73(0.054)	3.73(0.054)
USA_Mex_hs/JP_In_ws	$r=0$	0.06	7.12(0.564)	5.99(0.615)
	$r\leqslant1$	0.01	1.13(0.288)	1.13(0.288)
16～20 粒/磅				
USA_Mex_hs/JP_ID_bs	$r=0$	0.14	18.51(0.048)	15.38(0.088)
	$r\leqslant1$	0.03	3.13(0.077)	3.13(0.077)
USA_Mex_hs/JP_ID_ws	$r=0$	0.14	18.64(0.046)	13.55(0.155)
	$r\leqslant1$	0.03	5.09(0.024)	5.09(0.024)
USA_Mex_hs/JP_In_ws	$r=0$	0.11	13.68(0.201)	12.20(0.227)
	$r\leqslant1$	0.01	1.48(0.223)	1.48(0.223)
21～30 或 26～30 粒/磅				
USA_Mex_hs/JP_ID_ws	$r=0$	0.17	20.59(0.024)	10.93(0.157)
	$r\leqslant1$	0.02	2.12(0.144)	2.17(0.141)
USA_Mex_hs/JP_In_ws	$r=0$	0.16	21.18(0.019)	17.87(0.039)
	$r\leqslant1$	0.03	3.31(0.068)	3.31(0.068)
USA_Mex_hs/EU_CI_bs	$r=0$	0.26	9.79(0.296)	9.79(0.228)
	$r\leqslant1$	0.00	0.04(0.850)	0.04(0.850)

续表

价格序列	零假设 H_0	特征根	迹统计量	最大特征值统计量
JP_ID_ws/EU_CI_bs	$r=0$	0.16	7.44(0.526)	6.00(0.612)
	$r\leqslant1$	0.04	1.44(0.229)	1.44(0.229)
JP_In_ws/EU_CI_bs	$r=0$	0.39	22.22(0.013)	17.15(0.049)
	$r\leqslant1$	0.14	5.03(0.025)	5.03(0.025)
41~50 或 41~60 粒/磅				
USA_Mex_hs/JP_ID_ws	$r=0$	0.10	18.14(0.054)	10.72(0.334)
	$r\leqslant1$	0.06	7.42(0.006)	7.42(0.006)
USA_Mex_hs/JP_In_ws	$r=0$	0.12	14.89(0.145)	12.46(0.211)
	$r\leqslant1$	0.01	2.42(0.119)	2.42(0.119)
USA_Mex_hs/EU_CI_bs	$r=0$	0.76	42.30(0.000)	41.96(0.000)
	$r\leqslant1$	0.01	0.34(0.559)	0.34(0.559)
JP_ID_ws/EU_CI_bs	$r=0$	0.27	25.78(0.003)	22.27(0.008)
	$r\leqslant1$	0.13	3.50(0.061)	3.50(0.061)
JP_In_ws/EU_CI_bs	$r=0$	0.19	9.46(0.327)	7.36(0.447)
	$r\leqslant1$	0.06	2.09(0.147)	2.09(0.147)

注:价格序列代码的含义见图 8-2 至图 8-4 详细解释;括号内为 p 值。
资料来源:作者根据美、日、欧批发市场价格序列对数值双变量 Johansen 协整检验获得。

三、价格波动关系检验与分析

(一)加总产品层面

从表 8-7 美、日、欧、韩冷冻虾及虾仁进口市场 Granger 检验结果可以看出,在 10% 的显著性水平下,美国和日本冷冻虾及虾仁进口市场存在交互影响,在长期均衡路径上,美国进口冷冻虾及虾仁价格的波动会导致日本冷冻虾及虾仁进口价格的波动;反过来,日本市场的价格也会影响美国市场价格。表 8-7 显示,美国和日本市场冷冻虾及虾仁价格的协整向量为[1,−1.42],由于各价格序列变量采取自然对数的形式,对协整方程式微分后,协整向量也表示两市场价格增长率的关系。因此,上述的协整向量意味着当美国市场冷冻虾及虾仁价格上涨 1% 时,日本冷冻虾及虾仁进口价格将上涨 1.42%。

从美国与欧盟市场来看,美国进口的冷冻虾及虾仁价格在5％显著性水平下影响欧盟,而欧盟对美国则无显著性影响。从数量上看,协整向量为[1,−0.02]表明,如果美国冷冻虾及虾仁进口价格上涨1％,那么欧盟冷冻及虾仁进口价格将上涨0.02％,这说明美国市场价格的变化对日本市场影响远高于对欧盟市场的影响。

从日本与欧盟冷冻虾及虾仁进口市场之间关系来看,存在单向影响关系,即在1％显著性水平下,日本进口冷冻虾及虾仁价格的波动会影响欧盟市场价格水平,而反过来欧盟市场进口价格的波动对日本无多大影响。协整向量为[1,−0.46],表明日本价格上涨1％的话,欧盟价格将上涨0.46％。

从日本与韩国冷冻虾及虾仁进口市场之间关系来看,两市场之间存在交互影响,即日本进口冷冻虾及虾仁价格的变化会对韩国进口价格造成一定的影响。同样,如果韩国进口冷冻虾及虾仁价格上涨的话,也会使日本进口价格出现一定的波动。值得注意的是,日本与韩国冷冻虾及虾仁进口市场之间协整向量为[1,−1.09],表明在长期的均衡路径上,同是亚洲地区的两个虾产品进口市场之间,由于地域接近等多方面因素影响,冷冻虾及虾仁进口市场价格波动规律将趋向一致。

表8-7　美、日、欧、韩冷冻虾及虾仁进口市场 Granger 检验和协整向量

变量	零假设 H_0	F 值	p 值	协整向量
美国/日本	lnp_us 不是 lnp_jp 的 Granger 原因	14.97	0.000	[1,−1.42]
	lnp_jp 不是 lnp_us 的 Granger 原因	2.48	0.088	
美国/欧盟	lnp_us 不是 lnp_eu 的 Granger 原因	4.19	0.017	[1,−0.02]
	lnp_eu 不是 lnp_us 的 Granger 原因	0.19	0.819	
日本/欧盟	lnp_jp 不是 lnp_eu 的 Granger 原因	8.98	0.000	[1,−0.46]
	lnp_eu 不是 lnp_jp 的 Granger 原因	0.34	0.710	
日本/韩国	lnp_jp 不是 lnp_kr 的 Granger 原因	2.55	0.073	[1,−1.09]
	lnp_kr 不是 lnp_jp 的 Granger 原因	3.63	0.030	
欧盟/韩国	lnp_eu 不是 lnp_kr 的 Granger 原因	6.84	0.001	[1,−0.52]
	lnp_kr 不是 lnp_eu 的 Granger 原因	4.59	0.012	

注:"lnp_us、lnp_jp、lnp_eu、lnp_kr"分别表示美国、日本、欧盟和韩国进口冷冻虾及虾仁单位价格的对数值价格序列。

资料来源:作者根据美、日、欧、韩冷冻虾及虾仁 Granger 检验和 Johansen 协整检验获得。

表 8-7 最后一栏统计数据表明,欧盟与韩国冷冻虾及虾仁进口市场之间,在 5% 显著性水平下存在交互关系,欧盟市场冷冻虾及虾仁价格上涨 1% 的话,那么韩国市场将上涨 0.52%。

(二)细分品种层面

表 8-8 显示了各批发市场具有协整关系的不同规格虾产品之间互为影响的因果顺序和影响强度。

表 8-8　美、日、欧虾产品批发市场 Granger 检验和协整向量

价格序列	零假设 H_0	F 值	p 值	协整向量
Un-15 或 13~15 粒/磅				
USA_Mex_hs/JP_ID_ws	lnp_u_m_h 不是 lnp_j_id_w 的 Granger 原因	1.71	0.141	[1,-0.67]
	lnp_j_id_w 不是 lnp_u_m_h 的 Granger 原因	3.96	0.003	
16~20 粒/磅				
USA_Mex_hs/JP_ID_bs	lnp_u_m_h 不是 lnp_j_id_b 的 Granger 原因	2.40	0.027	[1,0.08]
	lnp_j_id_b 不是 lnp_u_m_h 的 Granger 原因	2.32	0.033	
USA_Mex_hs/JP_ID_ws	lnp_u_m_h 不是 lnp_j_id_w 的 Granger 原因	3.77	0.026	[1,-0.25]
	lnp_j_id_w 不是 lnp_u_m_h 的 Granger 原因	4.25	0.017	
21~30 或 26~30 粒/磅				
USA_Mex_hs/JP_ID_ws	lnp_u_m_h 不是 lnp_j_id_w 的 Granger 原因	5.15	0.025	[1,1.12]
	lnp_j_id_w 不是 lnp_u_m_h 的 Granger 原因	0.69	0.406	
USA_Mex_hs/JP_In_ws	lnp_u_m_h 不是 lnp_j_in_w 的 Granger 原因	1.14	0.337	[1,-0.25]
	lnp_j_in_w 不是 lnp_u_m_h 的 Granger 原因	2.39	0.073	
JP_In_ws/EU_CI_bs	lnp_j_in_w 不是 lnp_e_c_b 的 Granger 原因	4.92	0.014	[1,-1.36]
	lnp_e_c_b 不是 lnp_j_in_w 的 Granger 原因	0.27	0.762	
41~50 或 41~60 粒/磅				
USA_Mex_hs/JP_ID_ws	lnp_u_m_h 不是 lnp_j_id_w 的 Granger 原因	6.53	0.012	[1,-1.57]
	lnp_j_id_w 不是 lnp_u_m_h 的 Granger 原因	1.53	0.219	
USA_Mex_hs/EU_CI_bs	lnp_u_m_h 不是 lnp_e_c_b 的 Granger 原因	5.64	0.004	[1,1.24]
	lnp_e_c_b 不是 lnp_u_m_h 的 Granger 原因	1.09	0.429	

价格序列	零假设 H$_0$	F 值	p 值	协整向量
JP_ID_ws/EU_CI_bs	lnp_j_in_w 不是 lnp_e_c_b 的 Granger 原因	2.79	0.077	[1,−0.68]
	lnp_e_c_b 不是 lnp_j_in_w 的 Granger 原因	2.62	0.089	

注：(1)价格序列代码的含义见图 8-2 至图 8-4 详细解释。(2)"lnp_u_m_h"为"USA_Mex_hs"价格序列对数值缩写，其他依此类推。

资料来源：作者根据美、日、欧批发市场价格序列 Granger 检验和 Johansen 协整检验获得。

从美、日、欧虾产品批发市场 Granger 检验和协整向量统计结果来看，不同规格虾产品互为影响的因果顺序有显著差异。

(1)对于超大规格的虾产品(Un～15/磅或 13～15 粒/磅)而言，东京批发市场来自印尼的白对虾，在 1％显著性水平下，影响纽约批发市场来自墨西哥湾的褐虾的价格，而纽约批发市场来自墨西哥湾褐虾对东京批发市场虾产品影响不显著。这说明由于日本市场是超大规格的虾产品主要消费地区，从而决定了其在超大规格虾产品市场的价格领导者地位。

(2)对于大规格虾产品(16～20 粒/磅)而言，在 5％显著性水平下，东京批发市场与纽约批发市场存在交互影响。同时协整向量表明，纽约批发市场来自印尼的斑节对虾价格的变动，与墨西哥湾的褐虾价格的波动直接相关，即来自印尼的斑节对虾价格的降低可能会减少市场上美国墨西哥湾的褐虾的销售，而来自印尼的南美白对虾对墨西哥湾褐虾则不存在这种影响。

(3)对于中等规格的虾产品(21～30/磅或 26～30 粒/磅)而言，三个市场之间呈现单向影响关系，纽约批发市场来自墨西哥湾的褐虾价格的波动，会显著的影响东京批发市场来自印尼的南美白对虾；而东京批发市场来自印度的南美白对虾价格的波动，则有可能会带来纽约市场自来墨西哥湾的褐虾价格和欧盟西班牙市场来自科特迪瓦的斑节对虾的同方向的变化。

(4)对于中小规格的虾产品(41～50/磅或 41～60 粒/磅)而言，则体现美国纽约批发市场价格领导地位，即美国纽约批发市场价格的波动会带来日本东京市场以及欧盟市场价格的同步变化。

从协整向量来看，美国纽约批发市场、日本东京批发市场和欧盟西班牙批发市场之间，虾产品价格波动轨迹并没有达到完全整合的程度(甚至部分市场处于区隔状态)，即在有限信息前提下国际虾产品批发市场一价定律没有得到验证。

第四节 简要评述

从以上的分析可以看出,中国虾产品主要出口市场美国、日本、欧盟和韩国虾产品的价格变化存在一定的长期整合关系,但不同市场之间整合程度、价格传递方向和强度有一些区别。

美国、日本、欧盟和韩国虾产品市场冷冻虾及虾仁进口价格互为影响关系可以用图 8-5 加以形象说明。首先,美国进口的冷冻虾及虾仁价格的变动会显著地影响到日本、欧盟市场,日本进口的冷冻虾及虾仁价格的变动同样会作用于美国和欧盟市场,但欧盟市场进口价格的波动对美国和日本的影响尚不显著。其次,日本作为"老牌"的虾产品进口大国,其冷冻虾及虾仁价格的波动对中国四个主要出口市场均会造成一定的影响。再者,韩国对日本、欧盟市场价格变动的影响作用显著的研究结果表明,尽管从世界虾产品进口总量而言,韩国属于进口"小"国,但作为世界虾产品进口市场的"一分子"和中国虾产品主要出口市场之一,关注韩国虾产品进口市场是必要的也是必不可少的。

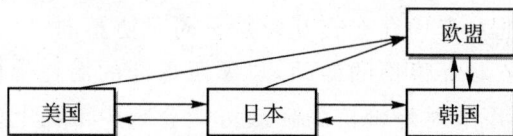

图 8-5 美国、日本、欧盟和韩国市场之间冷冻虾及虾仁的价格传递关系
注:箭头指向表示价格传递方向。

同时,细分品种层面研究结果表明,两个具有长期整合关系的市场内部,参与交易的虾产品由于交易量、产地(来源国)、规格等不同,细分品种整合关系又存在一些差异,且表现出某个市场某种规格的虾产品其交易量越大,其市场价格领导作用表现得越充分的倾向。

因此,中国虾产品出口企业在制定出口产品定价策略时,不仅要考虑本国出口产品的品种、规格大小,同时也要关注市场领导者价格动向。这就要求行业协会和相关部门在关注局部区域市场消费者需求信息的同时,也关注不同市场之间的横向联系,及时收集国际市场不同规格虾产品交易量、交易价格信息,建立虾产品市场动态反应机制,只有这样才能确保我国虾产品出口贸易健康、稳定地发展。

第九章　结论与研究展望

第一节　研究结论

　　本书在借鉴国内外相关研究成果的基础上,运用经典需求理论和实证模型,借助联合国粮农组织渔业统计数据库(FAO,FishStatJ)和世界各国贸易统计数据库(NOAA's NMFS、TSOMOF、Eurostat、KITA 等),详尽分析了美国、日本、欧盟、韩国消费者对虾产品的需求特点,虾产品进口市场特征,以及对中国虾产品的需求规律。针对中国在其主要出口市场上面临来自不同竞争对手的正面竞争这一现实,进一步分析了美国、日本、欧盟、韩国消费者对我国主要竞争对手虾产品需求特点,以及对我国虾产品的替代程度。针对全球经济一体化和世界农产品贸易市场的进一步开放而带来的不同市场之间的互动日益频繁的现状,本书运用市场空间整合理论和研究方法,从加总产品层面和细分品种层面,详尽剖析了中国虾产品主要出口市场之间价格整合关系以及价格传递的动力机制。从中获得了一些很有价值、很有意义的发现,现将其主要方面归纳如下:

　　1. 作为一种高营养的动物蛋白来源,虾产品已经成为美国、日本、欧盟和韩国市场上消费者偏好的食品,单品种进口量和人均消费量居所有水产品种之首;但受多方因素影响,美国、日本、欧盟和韩国市场虾产品总体需求增长潜力呈现不同态势。

　　(1)近十年来,美国一直保持其世界虾产品第一大进口国地位,但其进口规模始终在 55 万到 60 万吨之间徘徊①,意味着美国虾产品总体需求已基本趋于稳定。

(2)作为传统虾产品消费大国,日本依然是世界虾产品消费市场的"中坚"力量。然而,日本近十年来虾产品的进口规模及变化趋势表明,日本市场对虾产品的需求总体处于饱和状态。同时,受经济将持续不景气的预期和人口负增长等因素影响,在可预见的未来若干年内,日本虾产品消费可能会出现小幅度下降。

(3)作为世界上最大的区域性一体化组织,欧盟自成立以来表现出较强的经济活力。对虾产品的进口需求总量的快速提升及其渐趋超越美国之势表明,欧盟有可能成为世界虾产品市场新的消费增长点。而在全球性金融危机背景下,德国虾产品进口规模保持不断上升态势,让我们有理由相信欧盟虾产品需求有进一步扩展的空间。

(4)作为人均水产品消费量居世界首位的韩国,其虾产品的需求市场不容小视。尽管受金融危机影响,虾产品进口需求有下降趋势,但韩国经济发展的历史经验表明,韩国市场虾产品总体需求仍有上升的余地。

2. 由于消费习惯差异,不同国别市场对虾产品的品种类别、虾产品的规格、虾产品的产品形式等形成了不同的消费偏好,从而表现出其在进口虾产品的类别结构、主要来源国国别结构等诸多方面的差别。

(1)在美国虾产品需求市场上,以中等规格(每磅 26～30 粒、31～40 粒、41～50 粒、51～60 粒)的冷冻带壳虾、冷冻去壳虾为主,较大规格(每磅 20 粒以下)或较小规格(每磅 61 粒以上)冷冻虾所占比例较低。进口的品种类别中以养殖的斑节对虾和南美白对虾为主。因此,美国虾产品进口市场成为养殖虾主产国的"必争之地",亚洲地区的泰国、越南、印尼和南美洲地区的厄瓜多尔、墨西哥是中国在美国市场的最大竞争对手。

(2)偏好大规格冷冻生虾是日本市场的显著特点,野生捕捞的斑节对虾、墨吉对虾一直以来是日本消费者的最爱。因此,在日本暖水虾进口市场,中国与印度、印尼、泰国、越南形成正面竞争。同时,俄罗斯、加拿大等冷水虾生产国在日本市场开拓的成功意味着,中国虾产品在日本市场将面临更加激烈的竞争格局。

(3)欧盟市场对冷水虾"情有独钟",占其进口总量的 30% 左右,格陵兰、阿根廷、加拿大、挪威、冰岛等是其主要来源国。近年来,随着养殖的暖水虾

---

① 这里是指进口的用于消费的虾产品。

质量不断提高,对食品要求尤其苛刻的欧盟市场也逐步扩大对养殖虾产品的进口。然而,不同成员国之间消费偏好的多样化特征,加大了中国虾产品出口欧盟市场的难度。

(4)在韩国传统的虾产品消费中,干制、腌制和盐渍虾产品是最主要的产品形式,中国占据绝对垄断地位。然而,近十年来,韩国市场冷冻虾及虾仁进口绝对量和相对量大幅度上升、未冻虾及虾仁进口量下降的迹象表明,韩国虾产品需求结构正在发生改变,消费偏好出现转移。

3. 美国、日本、西班牙、韩国虾产品进口总支出对中国虾产品均缺乏弹性,弹性值分别为 0.3309、0.8726、0.6410 和 0.4452;日本虾制品进口总支出对中国虾制品支出接近单位弹性。各个市场进口总支出对中国虾产品主要竞争对手的支出弹性情况不一。

(1)美国虾产品进口总支出对印度和泰国虾产品富有弹性,支出弹性值分别为 1.8059 和 1.7097,说明美国消费者对来自泰国和印度虾产品的商品性价比的综合评价比较高,比较愿意为性价比高的来自泰国和印度的虾产品增加支出。对中国、厄瓜多尔、印尼、越南和其他国家的虾产品缺乏弹性,支出弹性值分别为:0.3309、0.8807、0.5027、0.7289 和 0.9761。从美国虾产品 6 个主要来源国支出弹性值大小来看,来自中国支出弹性值最小,即意味着在美国消费者对虾产品总支出的增长中中国获益最小。

(2)日本冷冻生虾进口总支出对印度、泰国和越南富有弹性,支出弹性值分别为 1.4848、1.1913 和 1.2514,对中国、印尼和其他国家支出缺乏弹性,支出弹性值分别为 0.8726、0.8135 和 0.9283;日本虾制品进口总支出对中国和越南接近单位弹性,分别为 0.9967 和 0.9339,对印尼和泰国则缺乏弹性。中国目前冷冻生虾在日本市场上的表现一般,而虾制品支出弹性值相对较高也表明,日本消费者对来自中国的虾制品已形成一定的偏好。

(3)西班牙冷冻虾及虾仁进口总支出对哥伦比亚、摩洛哥和其他国家均富有弹性,支出弹性值分别为 1.2821、1.1044 和 1.1426,对阿根廷和印度冷冻虾产品的支出接近单位弹性,分别为 0.9877 和 0.9608,而对中国和厄瓜多尔冷冻虾产品缺乏弹性,分别为 0.6410 和 0.6248。这一方面说明西班牙消费者对阿根廷、摩洛哥的捕捞虾总体评价较高,对哥伦比亚提供的养殖虾口碑也不错;另一方面,说明尽管中国自 2004 年 7 月以来在西班牙虾产品消费市场占据了一席之地,但尚未建立或者说尚未在消费者心目中形成良好的声誉和积极的形象。

(4)韩国进口虾产品总支出对中国、泰国、越南虾产品均缺乏弹性。相比之下,对越南支出弹性值最高,为 0.9299,接近单位弹性,且远高于中国(为 0.4452)和泰国(为 0.3931)水平,说明随着消费偏好的改变,韩国消费者更乐意为来自越南的冷冻虾及虾仁增加支出,同时也意味着中国须改变出口韩国虾产品结构(主要是干制、腌制、盐渍虾)以适应变化了的需求状况。

4. 中国虾产品在美国、日本和西班牙市场古诺(非补偿)自价格弹性分别为 -0.6227、-0.4486 和 -0.0987,均属于正常商品但缺乏弹性;在韩国市场古诺(非补偿)自价格弹性为 -1.0595,接近单位弹性。

(1)在美国虾产品进口市场,中国、厄瓜多尔、印尼、印度、泰国、越南和其他国家自价格弹性分别为 -0.6627、-0.1174、-0.1069、-1.0500、0.7815、-0.2136 和 -0.4809,其中印度、泰国自价格弹性均高于中国,且印度价格富有弹性;剔除了价格变化中收入效应后的补偿价格弹性变化较大,分别降为 -0.7911 和 -0.4034,说明印度、泰国收入效应比较大。

(2)在日本虾产品进口市场,冷冻生虾主要来源国自价格弹性比较中,中国、印尼、印度、泰国、越南古诺(非补偿)自价格弹性分别为 -0.4486、-1.1906、-0.4683、1.8573 和 -0.3743,说明泰国和印尼冷冻生虾对价格反应敏感,即在其他条件不变的情况下,如果同比价格下降对泰国、印尼有利,同比价格上升则对中国、印度、越南有利。日本虾制品主要来源国中国、印尼、泰国和越南自价格弹性分别 -0.4671、-0.2153、-0.6307 和 -0.0360,均小于 1,缺乏弹性。

(3)在西班牙冷冻虾及虾仁进口市场,除印度自价格富有弹性(为 -1.5757)外,来自中国、阿根廷、哥伦比亚、厄瓜多尔、摩洛哥的虾产品均缺乏弹性,对价格反应不敏感。

(4)在韩国虾产品进口市场,中国、泰国、越南自价格弹性分别为 -1.0595、-0.4063 和 -0.7357,中国接近单位弹性,高于泰国、越南,即在其他条件不变的情况下,价格同比上升对中国不利,而价格同比下降则对中国有利。

5. 交叉价格弹性是反映中国虾产品在其主要出口市场上与其竞争对手产品之间的替代关系和影响程度的一个重要衡量尺度。研究结果表明,在美国、日本、欧盟(西班牙)、韩国虾产品进口市场上,中国虾产品与其竞争对手的交叉价格弹性绝对值均小于 1,且互为交叉影响程度不一——

(1)在美国虾产品进口市场,中国虾产品与厄瓜多尔、泰国、越南交叉价格弹性均为正值,说明中国虾产品与这 3 个国家虾产品存在一定的替代效应,且互为交叉价格弹性值表明,泰国、厄瓜多尔和越南虾产品的价格变动对中国虾产品的出口量的影响力大于中国虾产品价格变动对泰国、厄瓜多尔和越南虾产品出口量的影响力。即在美国进口市场上,中国虾产品对他国虾产品的替代能力较弱。另外,印尼、印度价格变化对中国虾产品影响不大。

(2)在日本冷冻生虾市场,泰国、印度、印尼、越南冷冻生虾价格的变化对中国虾产品出口量影响较大。从不同来源国的虾制品交叉价格弹性来看,中国与印尼、泰国、越南之间的互补或替代强度相差不大,也就是说中国虾制品在日本虾制品市场上与"他国"具有同样的影响力。

(3)在西班牙和韩国虾产品进口市场,由于主要来源国所提供的产品类别结构等有显著的差异,因此中国虾产品与其竞争对手产品没有遭遇正面的冲突,互为替代效应不显著。

6. 美国、日本、欧盟和韩国虾产品进口市场之间存在整合关系,但非完全整合。两个具有长期整合关系的市场之间,参与交易的虾产品由于交易量、产地(来源国)、规格等不同,呈现出某个市场某种规格的虾产品其交易量越大,其市场价格领导作用表现得越充分的规律。

(1)加总产品层面市场空间整合关系验证结果表明,美国进口的冷冻虾及虾仁价格的变动会显著地影响到日本、欧盟市场,日本进口的冷冻虾及虾仁价格的变动同样会作用于美国和欧盟市场,但欧盟市场进口价格的波动对美国和日本的影响不显著;日本作为"老牌"的虾产品进口大国,其冷冻虾及虾仁价格的波动对中国 4 个主要出口市场均会造成一定的影响;韩国虽属于进口"小"国,但韩国进口冷冻虾及虾仁价格的变动同样会影响到日本、欧盟市场,且影响作用显著。

(2)细分品种层面市场空间整合关系验证结果表明,两个具有长期整合关系的市场之间,同一规格不同产地(来源国)虾产品之间以及不同规格同一产地虾产品之间价格传递关系有着显著的差异。以超大规格(每磅在 15 粒以下)虾产品为例,由于日本市场超大规格的斑节对虾交易量大,因此,在市场价格动态传递过程中,日本东京批发市场来自印尼的斑节对虾的价格变动会显著地影响美国纽约批发市场来自墨西哥湾的褐虾的价格。而在大规格虾产品(每磅 16~20 粒)市场上,由于东京中心批发市场和纽约批发市场交易量相当,因此表现为两市场之间互为影响的关系。

第二节　政策启示

以上研究结果表明,中国是虾产品贸易大国,但并非贸易强国,在其主要出口市场上影响力不大;相反,在同一市场上竞争对手产品对中国虾产品替代作用却非常明显。同时,中国虾产品在主要的出口市场价格缺乏弹性进一步说明,中国虾产品在参与国际竞争过程中,价格以外的因素在起着重要作用,如产品的品质、在进口国市场的声誉、产品在消费者心目中的形象等。因此,笔者认为,中国虾产品要实现从贸易大国向贸易强国的跨越,必须做到生产环节"质与量"齐增长,沟通环节"企业、政府、行业协会"齐努力,销售环节以市场需求为导向,实施目标市场差异化战略。另外,世界虾产品市场非完全整合的特征,要求相关部门既要关注局部区域市场虾产品消费的差异化的需求特征以及主要竞争对手的情况,又要关注不同区域市场横向联系,以全球化的视角来审视当前中国虾产品的出口贸易格局,制定整体与局部相协调的、差异与共性并存的市场开拓策略。

1. 以食品安全为总领,引导企业建立与国际标准接轨的食品质量卫生安全标准体系,提高专业化标准化生产水平,提高产品质量。

产品在市场上能否得到消费者的认可,赢得好的信誉,质量、安全保障是关键。首先,政府部门和相关行业组织应督促生产企业做好虾产品的认证工作,切实做到从生产、加工、运输等每一个环节,都要符合 HACCP 和美国、日本、欧盟、韩国等主要进口国有关虾产品市场准入标准。其次,启用"从养殖场到餐桌的食品安全行动计划":强调虾产品生产孵化场和养殖场遵循良好的水产养殖操作(GAP);饲料、鱼药、化学品批发商和零售商以及收获和销售环节的良好操作(GP);出口加工商以食品卫生总体原则为基础的良好生产操作(GMP)。注重虾产品质量安全管理的全程化和系统化,并注重各个阶段的协调发展和相互作用。最后,由于虾产品的信用商品性质,要求出口企业在做好基本功的同时也要加强食品完全形象宣传工作[①]。

---

① 联合国粮农组织渔业产业处官员 Helga Josupeit 女士,2008 年 11 月在广州召开的世界对虾大会上的发言中指出:中国虾产品出口首先应该加强食品安全形象的宣传,一些食品安全事件,特别是最近的三聚氰胺事件,给中国的食品安全形象在国际上造成了极坏的影响,这些影响的消除,需要做大量的工作。

2. 以市场需求为导向,重视差异化因素,实施目标市场差异化战略,提高目标市场消费者的满意度。

能否获得目标市场消费者的"选票",很大程度上取决于出口企业能否根据目标市场消费者的消费心理和消费偏好提供适销对路的产品。针对市场偏好规格大、口味佳、色泽好的虾产品的事实,适当改变原有以南美白对虾独撑出口市场的局面,尝试出口养殖对虾品种中规格较大的斑节对虾、味道较好的基围虾等。另外,从虾产品进口国市场的消费趋势来看,"加工好的和有附加值"虾产品是市场新宠,国内虾产品出口企业应提高虾产品的加工和深加工水平,在冷冻半成品、冷冻熟制品、冷冻面包虾、冷冻快餐虾、风味即食虾、罐装虾等方面,不断丰富加工品种,满足消费者追求饮食多样性的需求。

3. 以稳定并逐步扩大国际市场为核心,同时关注国内市场需求,实现国内市场和国外市场并举,化解市场风险。

美国、日本、欧盟和韩国最近统计数据显示,金融危机对本国居民消费的负面影响主要表现在房地产、汽车市场等方面,对食品市场的侵蚀几乎为零。这些事实表明,国外食品需求市场相对稳定。然而,中国虾产品出口市场的高度集中,且竞争对手对我国虾产品显著的替代影响,要求我国虾产品出口企业在巩固和提高美国、欧盟、日本和韩国等传统市场份额以外,积极开拓新的消费市场。近两年马来西亚市场开发的成功就是一个良好的信息。

同时,应该注意到,中国也是世界虾产品主要消费市场之一。目前,我国大中城市及沿海地区是虾产品消费的主要对象,而其他地区消费量不大。随着我国经济的发展和人均可支配收入的增加,其他地区居民消费能力在不断上升,市场潜力巨大。因此,注重引导和培育其他地区市场对虾产品的消费需求,借助于先进的恒温物流技术,满足随时随地消费"鲜活"虾产品的需求,扩大国内市场的消费量,以缓解 2008 年以来全球蔓延的经济危机造成的世界虾产品总需求下降带来的负面影响,从而使得我国虾产品在国际市场上处于可攻可守可退的有利地位,化解市场风险。

4. 以政府为主导、行业协会为桥梁,提高行业组织化程度,充分发挥行业组织的作用;组织构建世界虾产品信息共享平台,提高虾产品出口企业的市场反应能力。

行业协会是维护虾产品进出口企业整体利益、规范企业进出口行为、防止恶性竞争、避免贸易摩擦发生或及时出面协调争端等的中坚力量。提高我国虾产品出口企业整体竞争力，一个具有较强协调能力、诚信自律的行业协会必不可少。而我国当前尚未形成成熟的、具有权威性、适合我国虾产业发展阶段要求的行业协会的事实，要求政府积极主动地引导、帮助行业协会逐步完善其职能。同时，虾产品进出口行业协会要建立符合进口市场标准的行业质量生产规范，提供技术咨询和技术服务，并加强监督活动。另外，行业协会还应加强与国内外同行的交流与沟通，准确把握国内外同类商品的信息，及时提出切实可行的对策建议，并建立信息共享机制，提高我国虾产品出口企业的市场反应能力。

第三节　研究创新、局限与展望

一、研究的可能创新之处

与国内外已有研究比较，本文可能的创新表现在：

1. 构建了国际贸易品市场需求规律研究的系统分析框架。

对国际贸易品的现有研究大多停留在局部市场需求分析方面，而忽略了不同国别市场之间横向互动关系对市场供求所带来的影响。然而，众所周知，随着全球经济一体化和贸易自由化进程的加快，不同国别市场之间商品和服务贸易互动关系日趋频繁，因此，对于国际贸易品市场需求研究而言，单纯的研究局部市场的相关信息显然会有失偏颇，甚至提出的政策建议也有可能出现"顾此失彼"现象。本书以虾产品为例，在对局部市场需求定量分析的基础上，从加总产品层面和细分品种层面，探讨了不同国别市场上不同产品形式不同规格虾产品之间联系度和价格传递的动力机制，深层次地揭示了中国虾产品在其主要出口市场的需求规律。为我国虾产品出口企业及相关部门制定整体与局部相协调的、差异与共性并存的市场开拓策略提供依据，并为研究其他国际贸易品市场需求提供了一个系统分析框架。

2. 在国内首次系统地介绍了所有的进口需求模型，并综合采用三种模型选择标准，以确定需求弹性估计最佳函数形式，同时将之应用于探索我国优势出口农产品国外市场需求研究的实践中。

在现有的关于国际贸易品国外市场需求分析的研究中，均采用 LA/AIDS 模型作为计量分析工具。然而，不同的数据特性适合不同的进口需求函数设定，而不同的函数形式意味着实证结果解释上的差异，如果不加区分地以某一固定的需求函数形式作为进口需求估计的系统分析模型,可能会导致实证结果缺乏科学性。本书在系统介绍 Rotterdam 模型、CBS 模型、一阶差分 AIDS 模型、NBR 模型和 General 模型(这五种模型均符合消费需求函数加总性、对称性和齐次性条件,同时也都具备弹性易被估计等性质)的基础上,综合采用三种模型选择标准(Barten 消费函数选择方法、似然比检验和需求系统的拟合度),将被研究市场虾产品进口需求月度数据与所有进口需求模型进行适宜度检验,以确定被研究国进口需求系统弹性估计的最佳实证模型,并以此为依据进行需求分析,从而使得实证结果更具科学性和实践指导意义。

3. 在进口需求系统参数估计时,融合了 SAS 和 EViews 软件在联立方程估计方面的优点。

在需求系统参数估计时,考虑到 EViews 能给出需求系统中每个方程拟合度及相关信息,而 SAS 则能对需求系统整体作出评价等特征,在本研究中综合运用了这两种计量工具。这在目前国内相关文献中尚未有述及,而本书的初步探索与应用丰富了进口需求系统的研究方法。

二、研究局限和进一步研究展望

由于时间、能力和统计数据获得渠道的限制,本书仅以中国虾产品四个主要出口市场美国、日本、欧盟和韩国为研究对象,对其虾产品的需求状况以及市场之间的联系度展开分析,而没有涉及其他市场。从最近一两年中国开拓国际市场情况来看,在马来西亚等国家取得了不俗的业绩,占中国虾制品出口总量比重在逐步提高,因此,对马来西亚市场需求的关注也是必要的。

另外,在对欧盟市场虾产品进口需求弹性估计时,基于目前中国仅在西班牙市场开发较为成功而在欧盟其他成员国的市场尚未有突出业绩的现状,因此仅对西班牙虾产品进口总支出对中国虾产品的支出弹性、中国虾产品的自价格弹性以及与竞争对手交叉弹性作分析和比较。鉴于欧盟市场虾产品未来需求潜力大的事实,在后续的研究中,可以通过对欧盟市场虾产品主要进口国如法国、英国、德国、意大利等市场虾产品进口需求分析,来帮助我们了解这些市场消费者对虾产品的需求特点、消费偏好,以利于我国虾产品出口企业在开拓欧盟市场时采取更有针对性的对策。

在分析市场空间整合程度时,鉴于世界虾产品供给国与需求国非"同一性",有必要对供给国与需求国之间的价格传递动力机制作一分析。然而,由于供给国基本上是发展中国家，而发展中国家相关数据的空缺使得本研究仅关注美国、日本、欧盟（西班牙）、韩国市场空间整合情况，尤其是未能对中国虾产品消费市场与其主要出口市场之间的整合关系作出应有的分析，感到非常遗憾。因为只有通过"产地"与"销地"之间价格传递方向和强度的分析，才能判定目前中国虾产品市场是需求拉动型还是出口推动型抑或其他，而这个结论对我国出口虾产品结构调整具有重要的指导意义，所以需要在后续的研究中加以重点关注。

附　　录

附录1　虾产品的分类

虾的种类繁多,不同学科基于不同的研究目的,多角度多方位地对虾产品下了不同的定义,也由此形成了不同的分类标准。

1. 生物学角度分类

虾类(Shrimps)是游泳亚目(Natantia)的总称。属甲壳纲、十足目。甲壳类中经济价值最高的一个类群,广泛分布于温带、热带、寒带的淡水和海洋中。就其形态特征而言,与其他种类生物有着显著的不同,体延长,侧扁或圆筒状,具一头胸甲,腹部发达,7节。触角2对。口器包括1对大颚和2对小颚。胸肢8对,前3对称颚足,后5对为步足。腹肢6对,双肢型,前5对为游泳足,末对为尾肢,与尾节形成尾扇。如附图1-1所示。

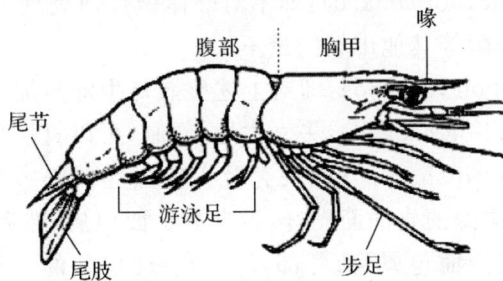

附图1-1　生物学上虾的重要特征

资料来源:King, M. G. Fisheries Biology, Assessment, and Management(Second Edition). Oxford:Blackwell Publishing, 2007(5). 经作者整理编辑得。

全世界虾类约 3000 余种,有许多不同的类别,大致可以分为三大派 (Chan,1998):对虾派(约 376 种)、真虾派(约 2517 种)和猥虾派(约 94 种)。其中大多数具有经济价值的均属于对虾派,真虾派大多为一些经济价值不高的小虾,而猥虾派中仅有毛虾(the paste shrimp,俗称虾皮)具有经济价值。

2. 生产方式分类

以生产方式区分,可以分为捕捞虾和养殖虾。

3. 商业角度分类

从商业角度划分,一般把虾划分为三大类:淡水虾(freshwater shrimp)、冷水虾(cold-water shrimp)和暖水虾(warm-water shrimp)。其中暖水虾占世界产量和贸易量的绝大部分。

4. 市场供应品的角度分类

在国际市场上常见的虾产品形式主要有:

带壳去头虾(green headless):是国际市场上常见的虾产品形式,虾体的尾部通常有完整的六个节肢,留有虾壳、虾尾和肠线。

去壳虾(peeled):即上述带壳去头虾多一道去壳工序,但一般不去肠线(即 p. u. d.)。

去壳带尾虾(tail-on round):主要供应美国、日本市场,去壳但通常保留尾部。

去壳去肠线虾(p & d):沿虾体背部切割取出肠线,也可用针状的真空设备从尾部吸出肠线。

净化虾(cleaned):虾清洗后,视觉检查看不到肠线及其残留。净化虾通常指经过清洗的无须去除肠线的小虾。

整肢虾(whole,not cooked):即不对虾体做任何处理。主要消费市场在欧洲和日本,在美国等其他市场销量不大。

熟制整虾(whole,cooked):即对上述整肢虾生虾热加工后再投向市场。

熟制虾仁(tail-on cooked):去壳去尾,熟制,可以直接食用。

面包虾(breaded shrimp):以去壳及去壳去肠线虾或小虾做原料,一般先把虾体裹一层湿湿的奶油面糊,然后裹上干面包屑,然后再裹一层奶油面糊,最后再上一遍干面包屑(商务部,2005)。面包虾的三种基本形状是:圆虾产品饼型、蝴蝶型及分裂型(或者叫西式面包虾)。

虾罐头(canned):通常由小规格虾去壳盐水浸泡制成。

干腌虾(dried,salted or in brine):干腌虾味道较重,在食用前一般需用水浸泡,或者也可弄碎制成调味品。

还有许多虾片、虾寿司、发酵虾产品、熏制虾产品、瓶装虾产品、虾品鸡尾酒产品、虾酱、盐渍虾、虾汤等。不同的国家由于消费习惯和偏好的不同形成各自独特的消费虾的方式,由此,市场上出现的虾产品的形式也更具多样化。具体可以参考商务部网站提供的《中国虾产品出口指南》中"市场上的虾产品"一节详细介绍。

5. HS 海关编码分类

以 HS 海关编码划分为三大类,冷冻虾及虾仁(Shrimps and prawns, whether in shell or not, frozen)、未冻虾及虾仁(Shrimps and prawns, whether in shell or not, not frozen)和虾制品(Shrimps and prawns, prepared or preserved)。在联合国粮农组织渔业统计数据库中,这三大类别又细分为若干小类别,具体见附表 1-1 所示。

附表 1-1　HS 海关编码的虾产品分类

大类	细分类别(中文)	细分类别(英文)
冷冻虾及虾仁(030613)	冷冻褐虾	Common (＝Crangon) shrimp, frozen
	冷冻假长缝拟对虾	Deepwater rose shrimps (Parapenaeus longirostris), frozen
	冷冻淡水虾	Freshwater shrimps and prawns, frozen
	冷冻长额虾	Shrimps and prawns (Pandalidae spp.), frozen
	冷冻对虾	Shrimps and prawns (Penaeus spp.), frozen
	去壳去肠线冷冻面包虾	Shrimps and prawns peeled, deveined, breaded, frozen
	带尾冷冻虾	Shrimps and prawns, fan tails, frozen
	其他冷冻虾类	Shrimps and prawns, frozen, nei
	去壳冷冻虾	Shrimps and prawns, peeled, frozen
	冷冻带尾带壳虾	Shrimps and prawns, tails, shell on, frozen
	熟制冷冻整肢虾	Shrimps and prawns, whole, cooked, frozen
	未熟制整肢虾	Shrimps and prawns, whole, not cooked, frozen

续表

	新鲜、冷藏或熟制褐虾	Common（＝Crangon）shrimp, fresh, chilled or boiled
	未冻褐虾	Common（＝Crangon）shrimp, not frozen
	新鲜或冷藏淡水虾	Freshwater shrimps and prawns, fresh or chilled
	带尾新鲜或冷藏虾	Shrimp tails, fresh or chilled
	新鲜或冷藏长额虾	Shrimps and prawns（Pandalidae spp.）, fresh or chilled
	未冻长额虾	Shrimps and prawns（Pandalidae spp.）, not frozen
未冻虾及虾仁（030623）	新鲜或冷藏对虾	Shrimps and prawns（Penaeus spp.）, fresh or chilled
	未冻对虾	Shrimps and prawns（Penaeus spp.）, not frozen
	其他干、盐渍虾	Shrimps and prawns, dried, salted or in brine, nei
	其他新鲜或冷藏虾	Shrimps and prawns, fresh or chilled, nei
	活虾	Shrimps and prawns, live
	其他未冷冻虾	Shrimps and prawns, not frozen, nei
	新鲜或冷藏去壳虾	Shrimps and prawns, peeled, fresh or chilled
	作饵料或其他用途活虾	Shrimps, prawns live, for breeding and other purposes
制作或保藏虾（160520）	发酵虾酱	Shrimp paste, fermented
	其他类虾酱	Shrimp paste, nei
	未发酵虾酱	Shrimp paste, not fermented
	制作或保藏的小虾及对虾	Shrimps and prawns, prepared or preserved
	未真空包装的制作虾	Shrimps and prawns, prepared, not in airtight containers
	生的或熟的,制作或保藏面包虾	Shrimps, breaded, raw and cooked, prepared or preserved
	去壳、熟制、加工或保藏虾	Shrimps, peeled, cooked, prepared or preserved

资料来源:联合国粮农组织渔业统计数据库（FAO,FishStat Plus,2009）。

附录 2 世界水域区划图

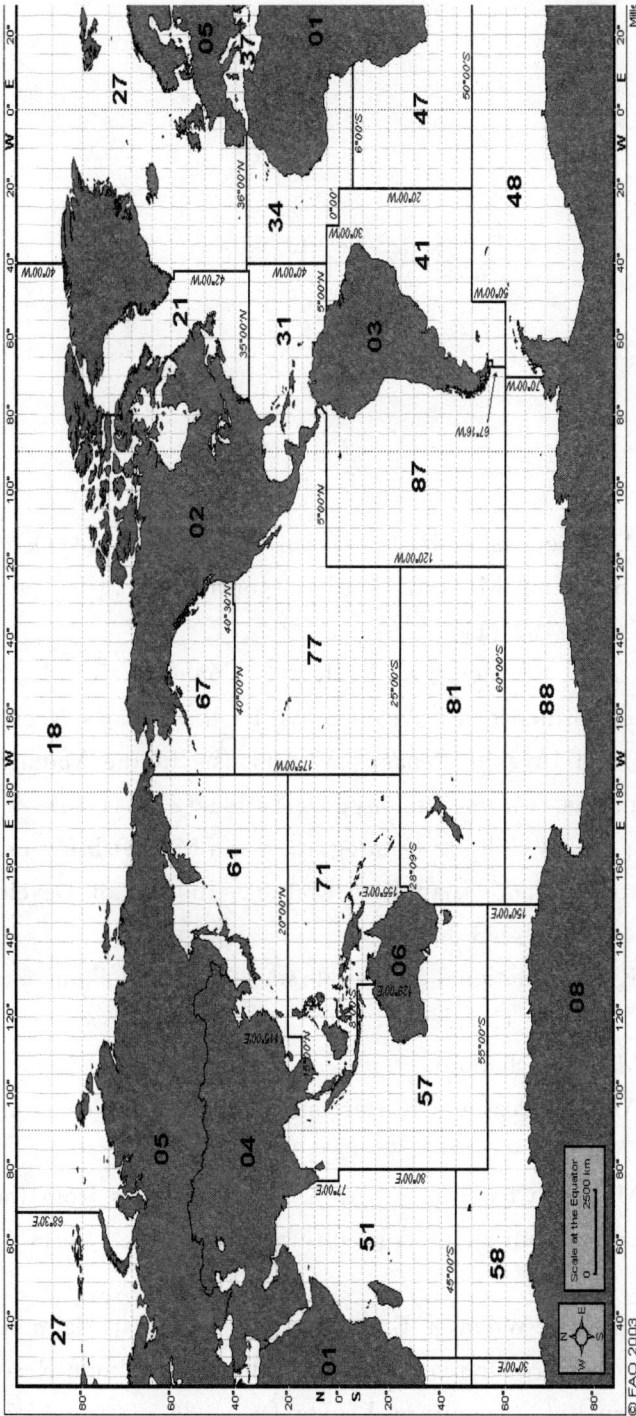

注:图中各区域所代表水域名称:01 非洲内陆水域 02 美洲内陆水域 03 南美内陆水域 04 亚洲内陆水域 05 欧洲内陆水域 06 大洋洲内陆水域 21 西北大西洋 27 东北大西洋 31 中西大西洋 34 中东大西洋 37 地中海和黑海 41 西南大西洋 47 东南大西洋 48 南极大西洋 51 西印度洋 57 东印度洋 58 南极印度洋 61 西北太平洋 67 东北太平洋 71 中西太平洋 77 中东太平洋 81 西南太平洋 87 东南太平洋 88 南极太平洋

资料来源:联合国粮农组织渔业部技术文件(http://www.fao.org/fishery/en/)。

参考文献

[1] Adams,C. M. , Prochaska, F. J. , & Spreen, T. H. Price Determination in the US Shrimp Market. Southern Journal of Agricultural Economics, 1987(12):103-111.

[2] Ahmad-Adnan, N. , Loneragan, N. R. , & Connolly, R. M. Variability of, and the Influence of Environmental Factors on, the Recruitment of Postlarval and Juvenile Penaeus Merguiensis in the Matang Mangroves of Malaysia. Marine Biology, 2002, 141 (2):241-251.

[3] Alexander,C. , & Wyeth, J. Cointegration and Market Integration:An Application to the Indonesian Rice Market. Journal of Development Studies, 1994, 30(2):303-328.

[4] Alison, M. K. International Shrimp Trade: New Paradigms and Market Changes. Auburn University, 2002(12):80-102.

[5] Alston, J. M. , & Chalfant, J. A. The Silence of the Lambdas: A Test of the Almost Ideal and Rotterdam Models. American Journal of Agricultural Economics, 1993, 75 (2):304-313.

[6] Alston, J. M. , & Chalfant, J. A. Unstable Models from Incorrect Forms. American Journal of Agricultural Economics, 1991, 73(4): 1171-1181.

[7] Anderson, J. L. , & Wilen, J. E. Implications of Private Salmon Aquaculture on Prices, Production, and Management of Salmon Resources. American Journal of Agricultural Economics, 1986, 68 (4):867-879.

[8] Armington, P. S. A Theory of Demand for Products Distinguished by Place of Production. IMF Staff Papers, 1969, 16(1):159-176.

[9] Arunachalam,B. Import Demand for Edible Oils in India:An Application of Source-differentiated Models, and Consumer Demand for Beef Variety. Doctor of Philosophy of Oklahoma State University, 2008(5): 3-22.

[10] Asche, F. A System Approach to the Demand for Salmon in the European Union. Applied Economics, 1996, 28(1):97-101.

[11] Asche, F. Dynamic Adjustment in Demand Equations. Marine Resource Economics, 1997, 12(2):221-237.

[12] Asche, F. , Bjørndal, T. , & Salvanes, K. G. The Demand for Salmon in the European Union: The Importance of Product Form and Origin. Canadian Journal of Agricultural Economics, 1998, 46(1):69-81.

[13] Asche, F. , Bremnes, H. , & Wessells,C. R. Product Aggregation, Market Integration, and Relationships Between Prices: An Application to World Salmon Markets. American Journal of Agricultural Economics, 1999, 81(3):568-581.

[14] Asche, F. , Bremnes, H. , & Wessells,C. R. Product Aggregation, Market Integration, and Relationships Between Prices: An Application to World Salmon Markets: Reply. American Journal of Agricultural Economics, 2001, 83(4):1090-1092.

[15] Asche, F. , & Guttormsen, A. G. Patterns in the Relative Price for Different Sizes of Farmed Fish. Marine Resource Economics, 2001, 16 (2):235-247.

[16] Asche, F. , Gordon,D. V. , & Hannesson, R. Searching for Price Parity in the European Whitefish Market. Applied Economics, 2002, 34(8):1017-1024.

[17] Asche, F. , Gordon,D. V. , & Hannesson, R. Tests for Market Integration and the Law of One Price:The Market for Whitefish in France. Marine Resource Economics, 2004, 19(2):195-210.

[18] Asche, F. , Jaffry, S. , & Hartmann, J. Price Transmission and Market Integration, Vertical and Horizontal Price Linkages for Salmon. Applied Economics, 2007, 39 (19):2535-2545.

[19] Asche, F., Bjørndal, T., & Gordon, D. V. Demand Structure for Fish. SNF Working Paper No. 37/05. /2008-03-09.

[20] Audum, L. An Overview of Global Shrimp Market and Trade. Oxford: Blackwell Publishing, 2006.

[21] Barnett, W. A. Theoretical Foundations for the Rotterdam Model. The Review of Economic Studies, 1979, 46(1):109-130.

[22] Barnett, W. A., & Seck, O. Rotterdam Model Versus Almost Ideal Demand System: Will the Best Specification Please Stand up. Journal of Applied Econometrics, 2008, 23(3):795-824.

[23] Barrett, B. B., & Gillespie, M. C. Environmental Conditions Relative to Shrimp Production in Coastal Louisiana. Louisiana Wildlife and Fisheries Commission Technical Bulletin, 1975(15):1-22.

[24] Barrett, B. B., & Gillespie, M. C. Primary Factors Which Influence Commercial Shrimp Production in Coastal Louisiana. Louisiana Wildlife and Fisheries Commission Technical Bulletin, 1973(9):1-28.

[25] Barrett, C. B. Measuring Integration and Efficiency in International Agricultural Markets. Review of Agricultural Economics, 2001, 23(1):19-32.

[26] Barrett, C. B., & Li, J. Distinguishing between Equilibrium and Integration in Spatial Price Analysis. American Journal of Agricultural Economics, 2002, 84(2):292-307.

[27] Barten, A. P. Consumer Demand Functions under Conditions of Almost Additive Preference. Econometrica, 1964, 32(1):1-38.

[28] Barten, A. P. Evidence on the Slutsky Conditions for Demand Equations. Review of Economics and Statistics, 1967, 49(1):77-84.

[29] Barten, A. P. Estimating Demand Equations. Econometrica, 1968, 36(2):213-251.

[30] Barten, A. P. Maximum Likelihood Estimation of a Complete System of Demand Equations. European Economic Review, 1969, 1(1):7-73.

[31] Barten, A. P., & Bettendorf, L. J. Price Formation of Fish: An Application of an Inverse Demand System. European Economic Review, 1989, 33(8):1509-1525.

[32] Barten, A. P. Consumer Allocation Models, Choice of Functional

Form. Empirical Economics, 1993, 18(1):129-158.

[33] Baulch, B. Transfer Costs Spatial Arbitrage and Testing for Food Market Integration. American Journal of Agricultural Economics, 1997, 79(3):477-487.

[34] Bell, F. The Pope and the Price of Fish. American Economic Review, 1968, 58(5):1346-1350.

[35] Bell, F. W. Competition from Fish Farming in Influencing Rent Dissipation: The Crawfish Industry. American Journal of Agricultural Economics, 1986, 68 (1):95-101.

[36] Bene, C. , Cadren, M. , & Lantz, F. Impact of Cultured Shrimp Industry on Wild Shrimp Fisheries: Analysis of Price Determination Mechanisms and Market Dynamics. Agricultural Economics, 2000, 23(1):55-68.

[37] Bird, P. Econometric Estimation of World Salmon Demand. Marine Resource Economics, 1986, 59(3):169-182.

[38] Bjørndal, T. , Gordon, D. V. , & Salvanes, K. G. Elasticity Estimates of Farmed Salmon Demand in Spain and Italy. Empirical Economics, 1994, 19 (3):419-428.

[39] Blyn, G. Price Series Correlation as a Measure of Market Integration. Indian Journal of Agricultural Economics, 1973, 28(1):56-59.

[40] Borooah, V. K. Consumers' Expenditure Estimates Using the Rotterdam Model: An Application to the United Kingdom, 1954-81. Applied Economics, 1985, 17(4):675-688.

[41] Burton, M. P. The Demand for Wet Fish in Great Britain. Marine Resource Economics, 1992, 7 (1):57-66.

[42] Cai, J. , & Leung, P. S. Export Performance of Frozen Cultured Shrimp in the Japan, US and EU Markets: A Global Assessment. Victoria: Blackwell Publishing, 2006:11-39.

[43] Castellini, A. , Ragazzoni, A. , & Valentini, T. A Preliminary Study of the International Marketing of Shrimp. Working Paper for Proceedings of the 95th Seminar of the European Association of Agricultural Economics (EAAE). 2006(11):267-284.

[44] Chan, H. Shrimps and Prawns. FAO Species Identification Guide for

Fishery Purposes. Rome: FAO, 1998, 223-236/2006-05-16.

[45] Chemonics. Subsector Assessment of the Nigerian Shrimp and Prawn Industry. Washington, DC: United States Agency for International Development, 2002:69.

[46] Cheng, H., & Capps, O. Jr. Demand Analysis of Fresh and Frozen Finfish and Shellfish in the United States. American Journal of Agricultural Economics, 1988, 70 (3):533-542.

[47] Chiang, A. C. Fundamental Methods of Mathematical Economics. New York: McGraw-Hill, 1984:313.

[48] Dabin, W. , & Tomek, W. G. Commodity Prices and Unit Root Tests. Paper Presented at the NCR-134 Conference on Applied Commodity Price Analysis, Forecasting, and Market Risk Management, 2004. 04. 19/2007-02-06.

[49] David, L. E. , Assarsson, B. , Anders, H. , et al. The Econometrics of Demand Systems: With Applications to Food Demand in the Nordic Countries. Massachusetts: Kluwer Academic Publishers, 1996: 55-62.

[50] Davis, G. C. , & Kruse, N. C. Consistent Estimation of Armington Demand Models. American Journal of Agricultural Economics, 1993, 75(3):719-723.

[51] Deaton, A. , & Muellbauer, J. An Almost Ideal Demand System. American Economic Reviews, 1980, 70(3):312-326.

[52] Deaton, A. Demand Analysis. Handbook of Econometrics, 1986, 3: 1767-1839.

[53] Delgado, C. L. A Variance Components Approach to Food Grain Market Integration in Northern Nigeria. American Journal of Agricultural Economics, 1986, 68(4):971-979.

[54] Dercon, S. On Market Integration and Liberalization: Method and Application to Ethiopia. Journal of Development Studies, 1995, 32(1):112-143.

[55] DeVoretz, D. J. , & Salvanes, K. G. Market Structure for Farmed Salmon. American Journal of Agricultural Economics, 1993, 75 (1): 227-233.

[56] Doll, J. P. An Econometric Analysis of Shrimp Exvessel Price 1950-

68. American Journal of Agricultural Economics, 1972, 54 (4): 431-440.

[57] Dore, I. Shrimp Supply, Products and Marketing in the Aquaculture Age. New Jersey: Urner Barry Publications, Inc. , 2000:89-101.

[58] Duffy, P. A. , Wohlgenant, M. K. , & Richardson, J. W. The Elasticity of Export Demand for US Cotton. American Journal of Agricultural Economics, 1990, 72(2):468-474.

[59] Dwi Susanto,C. , Rosson, P. , Adcock, F. J. , et al. Market Integration and Agribusiness in the North American Free Trade Agreement: The Case of Fruits and Vegetables. A Paper to Be Presented at the 17th Annual World Forum and Symposium International Food and Agribusiness Management Association, Parma, Italy, 2007. 06. 23/ 2008-12-01.

[60] Eales, J. , & Wessells,C. R. Testing Separability of Japanese Demand for Meat and Fish within Differential Demand Systems. Journal of Agricultural and Resource Economics, 1999, 24 (1):114-126.

[61] Eales, J. , Durham,C. , & Wessells,C. R. Generalized Models of Japanese Demand for Fish. American Journal of Agricultural Economics, 1997, 79(4):1153-1163.

[62] Ferdinand, F. V. Testing for Market Integration and the Law of One Price in World Shrimp Markets. Working Paper for the Southern Agricultural Economics Association Annual Meetings, Orlando, Florida/ 2006-02-05.

[63] Ferdinand, F. V. , & Davis, K. J. Assessing Potential Direct Consumer Markets for Farm-Raised Shrimp. University of Florida, Institute Food and Agricultural Sciences Staff Paper Series 01-13/2007-01-09.

[64] Gerry, O. S. Fish INFOnetwork Market Report on Shrimp. http:// www. eurofish. dk/ 2008-03-18.

[65] Gillig, D. , Capps, O. Jr. , & Griffin, W. L. Shrimp Ex-Vessel Prices Landed from the Gulf of Mexico. Marine Resource Economics, 1998, 13(1):89-102.

[66] Gillett, R. Global Study of Shrimp Fisheries. Rome: FAO Fisheries Technical Paper 475, 2009:25-43.

［67］Goldstein, M. , & Khan, M. S. Income and Price Effects in Foreign Trade. Handbook of International Economics, 1985, 2(20):1041-1105.

［68］Gonzalez-Rivera, G. , & Helfand, S. M. The Extent Pattern and Degree of Market Integration:A Multivariate Approach for the Brazilian Rice Market. American Journal of Agricultural Economics, 2001, 83(3):576-592.

［69］Goodwin, B. K. , Grennes, T. , & Wohlgenant, M. K. Testing the Law of one Price When Trade Takes Time. Journal of International Money and Finance, 1990, 9(1):21-40.

［70］Goodwin, B. K. , & Schroeder, T. Cointegration Tests and Spatial Price Linkages in Regional Cattle Markets. American Journal of Agricultural Economics, 1991, 73(2):452-464.

［71］Gordon, D. V. , Salvanes, K. G. , & Atkins, F. A Fish Is a Fish Is a Fish: Testing for Market Linkage on the Paris Fish Market. Marine Resource Economics, 1993, 8(3):331-343.

［72］Gordon, D. V. , & Hannesson, R. On Prices of Fresh and Frozen Cod. Marine Resource Economics, 1996, 11(2):223-238.

［73］Hanson, T. , Sureshwaran, S. , House, L. , et al. Opinions of US Consumers toward Marine Shrimp. Results of a 2000-2001 Survey. www. thefishsite. com/ 2006-06-09.

［74］Harriss, B. There is Method in My Madness or Is It Vice Versa? Food Research Institute Studies, 1979, 17(2):197-218.

［75］Hayes, D. J. , Wahl, T. I. , & Williams, G. W. Testing Restrictions on a Model of Japanese Meat Demand. American Journal of Agricultural Economics, 1990, 72(3):556-566.

［76］Hendry, D. F. , & Richard, J. F. The Econometric Analysis of Economic Time Series. International Statistical Review, 1983, 51(1): 3-33.

［77］Herrmann, M. L. , & Lin, B. H. The Demand and Supply of Norwegian Atlantic Salmon in the United States and the European Community. Canadian Journal of Agricultural Economics, 1988, 38(3):459-471.

［78］Hirasawa, Y. Cultured Marine Products, Especially Shrimps, and Their Demand, Supply and Price Trends. Asian Productivity Organization，1995(8)：201-222.

[79] Holt，M.，& Goodwin，B. Generalized Habit Formation in an Inverse Almost Ideal Demand System：An Application to Meat Expenditure in the United States. Empirical Economics，1997，22(2)：293-320.

[80] Holt，M. Inverse Demand Systems and Choice of Functional Form. European Economic Review，2002，46(1)：117-142.

[81] Houck，J. P. The Relationship of Direct Price Flexibilities to Direct Price Elasticities. Journal of Farm Economics，1965，47(4)：789-792.

[82] Houston，J. E.，Nieto，A. E.，Epperson，J. E.，et al. Factors Affecting Local Prices of Shrimp Landings. Marine Resource Economics，1989，6(2)：163-272.

[83] Houthakker，H. S.，& Magee，S. P. Income and Price Elasticities in World Trade. The Review of Economics and Statistics，1969，51(2)：111-125.

[84] Isard，P. How Far Can We Push the "Law of One Price"? American Economic Review，1977，67(5)：942-948.

[85] Jaffry，S. A.，Pascoe，S.，& Robinson，C. Long Run Price Flexibilities for High Valued UK Fish Species：A Cointegration Systems Approach. Applied Economics，1999，31(4)：473-481.

[86] Jaffry，S. A.，& Brown，J. A. Demand Analysis of the UK Canned Tuna Market. Marine Resource Economics，2008，23(2)：215-227.

[87] James，E. K.，John，M. W.，& Walden，J. International Trade in Seafood and Related Products：An Assessment of US Trade Patterns. Seafood Network Information Center，http：//seafood. ucdavis. edu/guidelines. html/ 2008-06-27.

[88] James，H. T.，& Geoff，L. A Fish as Food，Aquaculture's Contribution：Ecological and Economic Impacts and Contributions of Fish Farming and Capture Fisheries. EMBO Reports，2001，2（11）：958-963.

[89] Johansen，S. Estimation and Hypothesis Testing of Cointegration Vectors in Gaussian Vector Autoregressive Models. Econometrica，1991，59(6)：1551-1580.

[90] Johnson，A.，Durham，C. A.，& Wessells，C. R. Seasonality in

Japanese Household Demand for Meat and Seafood. Agribusiness, 1998, 14 (4):337-351.

[91] Josupeit, H. Shrimp Market Access, Tariffs and Regulations. FAO Globefish/2004-10-26.

[92] Jung, J., & Koo, W. W. An Econometric Analysis of Demand for Meat and Fish Products in Korea. Agricultural Economics Report No. 439, 2000 (5): 6-11. ideas. repec. org/p/ags/nddaer/23122. html/ 2007-06-09.

[93] Karine. B. Fish INFOnetwork Market Report on Shrimp EU. http:// www. eurofish. dk/2008-09-18.

[94] Keithly, W. R., Roberts, K. J., & Ward, J. M. Effects of Shrimp Aquaculture on the US Market: An Econometric Analysis. Oxford: Westview Press, 1993:125-156.

[95] Keithly, J., David, J., Harvey, W. H., et al. US Demand for Source Differentiated Shrimp: A Differential Approach. Journal of Agricultural and Applied Economics, 2008, 40(2):609-621.

[96] Keller, W. J., & Van Driel, J. Differential Consumer Demand System. European Economic Review, 1985, 27(4):375-390.

[97] Kennedy, P. L., & Young-Jae, L. Effects of Catfish, Crawfish, and Shrimp Imports on US Domestic Prices. Working Paper for Southern Agricultural Economics Association Annual Meetings, Little Rock, Arkansas, February 5-9, 2005/2007-02-06.

[98] Khan, M. S., & Ross, K. Z. The Functional Form of the Aggregate Import Demand Equation. Journal of International Economics, 1977, 7(2):149-160.

[99] King, M. G. Fisheries Biology, Assessment, and Management (Second edition). Oxford: Blackwell Publishing, 2007(5):381.

[100] LaFrance, J. T. The Silence Bleating! Of the Lambdas: Comment. American Journal of Agricultural Economics, 1998, 80(1):221-230.

[101] Lee, J. Y., Brown, M. G., & Seale, J. L. Model Choice in Consumer Analysis, Taiwan: 1979-89. American Journal of Agricultural Economics, 1994, 76(3):504-512.

[102] Lele, U. J. Market Integration: A Study of Sorghum Prices in Wes-

tern India. Journal of Farm Economics, 1967, 49(1):147-159.

[103] Leung, P. S. , & Sharma, K. R. Economics and Management of Shrimp and Carp Farming in Asia. A Collection of Research Papers Based on the ADB/NACA Farm Performance Survey, Network of Aquaculture Centers in Asia-Pacific, 2001:240.

[104] Levitt, S. Why do We Eat So Much Shrimp in the USA. http:// www. shrimpnews. com/Shrimponomics. html / 2007-08-27.

[105] Ligeon,C. , Bayard,B. , Clark, J. , et al. US Import Demand for Tilapia from Selected FTAA Countries. Farm & Business, 2007, 7(1):139-156.

[106] Ling,B. H. , Leung, P. S. , & Shang, Y. C. Overview of the World Shrimp Industry. Aquaculture Asia, 1997, 2(3):28-31.

[107] Ling, B. H, Leung, P. S. , & Shang, Y. C. Behavior of Price Transmissions in Vertically Coordinated Markets: The Case of Frozen Black Tiger Shrimp(Penaeus Monodon). Aquaculture Economics and Management, 1998, 2(3):119-128.

[108] Ling,B. H. Structural Changes and Regulations of Imported Shrimp in Japan. Victoria: Blackwell Publishing, 2006, 54-62.

[109] Liyong,B. Testing for Food Market Integration Revisited. Journal of Development Studies, 1997, 33(4):512-534.

[110] Magee, S. P. Prices, Income and Foreign Trade: A Survey of Recent Economic Studies. Cambridge: International Trade and Finance, 1975:175-252.

[111] Martínez-Garmendia, J. , & Anderson, J. L. Hedging Performance of Shrimp Futures Contracts with Multiple-deliverable Grades. The Journal of Futures Markets, 1999(19):957-990.

[112] Mehra, Y. P. An Error Correction Model of the Long-term Bond Rate. Federal Reserve Bank of Richmond Economic Quarterly, 1994, 80(4):49-58.

[113] Miljkovic,D. , & Paul, R. J. Product Aggregation, Market Integration, and Relationships between Prices: An Application to World Salmon Markets, Comment. American Journal of Agricultural Economics, 2001, 83(4):1087-1089.

[114] Miyazawa, H. , & Hirasawa, Y. Status and Prospects of the Japanese

Market for Prawn. Taiwan Fisheries Research Institute, 1992 (1):
225-238.

[115] Mohsen, B. O., & Orhan, K. Income and Price Elasticities of
Trade: Some New Estimates. The International Trade Journal,
2005, 11(2):165-178.

[116] Monke, E., & Petzel, T. Market Integration: An Application to
International Trade in Cotton. American Journal of Agricultural
Economics, 1984, 66(5):481-487.

[117] Moschini, G., Moro,D., & Green, R. D. Maintaining and Testing
Separability in Demand Systems. American Journal of Agricultural
Economics, 1994, 76(2):61-73.

[118] Moss, S., & Leung, P. S. Comparative Cost of Shrimp Production,
Earthen Ponds Versus Recirculating Aquaculture Systems. Iowa:
Blackwell Publishing, 2006:291-300.

[119] Mutondo, J. E., & Henneberry, S. R. A Source-differentiated
Analysis of US Meat Demand. Journal of Agricultural and Resource
Economics, 2007, 32(3):515-533.

[120] Myrland, Ø., & Vassdal, T. Import Demand for Shrimp and White-
fish Fillets in the UK. Proceedings of the 9th International Confe-
rence of the International Institute of Fisheries Economics and Trade,
www. onefish. org, 1998-03-05/ 2006-12-19.

[121] Nelson, L. S. Standardization of Shewhart Control Charts. Journal
of Quality Technology, 1989, 21(4):287-289.

[122] Nielsen, M. Price Formation and Market Integration on the European
First-hand Market for Whitefish. Marine Resource Economics,
2005, 20(2):185-202.

[123] Nielsen, M., Setälä, J., Laitinen, J., et al. Market Integration of
Farmed Trout in Germany. Marine Resource Economics, 2007, 22(2):
195-213.

[124] Paarlberg, P. L., & Abbott, P. C. Oligopolistic Behaviour by Pub-
lic Agencies in International Trade: The World Wheat Market.
American Journal of agricultural economics, 1986, 68(3):528-542.

[125] Paraguas, M. D. S., & Kamil, A. A. Analysis of Meat Demand in

Malaysia: Model Choice between Rotterdam and AIDS. IRCMSA 2005 Proceeding, 2005(5):237-244, http://eprints. usm. my/436/1/ 2007-07-21.

[126] Paul, F. , & Tastan, H. Estimating the Degree of Market Integration. American Journal of Agricultural Economics, 2008, 90(1): 69-85.

[127] Penson, J. Jr. , & Babula, R. Japanese Monetary Policies and US Agricultural Exports. American Journal of Agricultural Economics, 1988, 40(1):11-18.

[128] Phlips, L. Applied Consumption Analysis. North-Holland: Amsterdam, 1983:260-309.

[129] Pindyck, R. S. , & Rubinfeld, D. L. Econometric Models and Economic Forecasts. New York: McGraw-Hill Companys, Inc, 1986: 55-56, 103-105, 132-133.

[130] Pollak, R. A. , & Wales, T. J. Demand System Specification and Estimation. New York: Oxford University Press, 1992:22-64.

[131] Poudel, P. An Analysis of the World Shrimp Market and the Impact of an Increasing Import Base on the Gulf of Mexico Dockside Price. Louisiana State University, 2008(5):17-22, 53.

[132] Pudney, S. E. An Empirical Method of Approximating the Separable Structure of Consumer Preferences. Review of Economic Studies, 1981, 48(4):561-78.

[133] Ravallion, M. Testing Market Integration. American Journal of Agricultural Economics, 1986, 68(1):102-109.

[134] Saowanee, T. , Yoshiaki, M. , & Hidenori, S. An Econometric Estimation of Japanese Shrimp Supply and Demand during the 1990s. Aquaculture Economics & Management, 1999, 3(3):215-221.

[135] Sarris, A. H. European Community Enlargement and World Trade in Fruits and Vegetables. American Journal of Agricultural Economics, 1983, 65(2):235-46.

[136] Schmitz, T. G. , & Seale, J. L. Import Demand for Disaggregated Fresh Fruits in Japan. Technical Paper Series, International Agricultural Trade and Policy Center TPTC02-1, http://ageconsearch.

umn. edu /2007-02-01.

[137] Seale, J. L. , Sparks, A. L. , & Buxton,B. M. Rotterdam Application to Inter-national Trade in Fresh Apples: A Differential Approach. Journal of Agricultural and Resource Economics, 1992, 17(1):138-149.

[138] Seale, J. L. , & Lee, J. Y. Import Demand for Fresh Fruit in Japan and Uniform Substitution for Products from Different Source. Technical Paper Series, International Agricultural Trade and Policy Center TPTC05-02, http://ageconsearch. umn. edu /bitstream/15700/1/mo050002/2007-06-01.

[139] Sexton, R. , Kling,C. , & Carman, H. Market Integration Efficiency of Arbitrage and Imperfect Competition. Methodology and Application to US Celery. American Journal of Agricultural Economics, 1991, 73(3):568-580.

[140] Shinoj, P. , Ganesh, K. B. , Sathiadhas, R. , et al. Spatial Price Integration and Price Transmission Among Major fish Markets in India. Agricultural Economics Research Review, 2008, 21（2）: 327-335.

[141] Spiller, P. , & Huang,C. On the Extent of the Market: Wholesale Gasoline in the Northeastern United States. Journal of Industrial Economics, 1986, 35(2):131-145.

[142] Squires, D. , Herrich, S. F. , & Hastie, J. Integration of Japanese and United States Sablefish Markets. Fishery Bulletin, 1989(87): 341-351.

[143] Sun, J. F. Understanding the US Demands for Shrimp Imports and Welfare Distributions. Proceedings of the 7th Biennial Conference of the International Institute of Fisheries Economics and Trade, www. onefish. org/2007-02-06.

[144] Taya, K. International Market of Fishery Products: Demand Supply and Price Structure. Tokyo: Gakuyoshobo, 1991:221-230.

[145] Theil, H. The Information Approach to Demand Analysis. Econometrica, 1965, 33(1):67-87.

[146] Theil, H. Theory and Measurement of Consumer Demand. New

York： North-Holland，1976：108-129.

[147] Theil，H. The Theory of Rational Random Behavior and Its Application to Demand Analysis. European Economic Review，1975，6(3)： 217-226.

[148] Timmer，P. Corn marketing： The Corn Economy of Indonesia. Ithaca： Cornell University Press，1987：201-234.

[149] Tsoa，E. ，Schrank，W. E. ，& Roy，N. US Demand for Selected Groundfish Products 1967-80. American Journal of Agricultural Economics，1982，64(3)：483-489.

[150] Tveteras，S. ，& Asche，F. International Fish Trade and Exchange Rates： An Application to the Trade with Salmon and Fishmeal. Applied Economics，2008，40 (13)：1745-1755.

[151] Varian，H. R. Microeconomics Analysis. New York： Norton， 1992，106-332.

[152] Wahl，T. I. ，& Hayes，D. J. Demand System Estimation with Upward Sloping Supply. Proceedings of the NCR-134 Conference on Applied Commodity Price Analysis，Forecasting，and Market Risk Management，Chicago IL，1989，http：//www. farmdoc. uiuc. edu/ nccc134 / 2007-12-10.

[153] Wen，S. C. Changing Food Consumption and Its Impacts on Agriculture in Mainland China. Agricultural Marketing Review，1997，3(2)：153-164.

[154] Wessells，C. R. ，& Anderson，J. L. Innovations and Progress in Seafood Demand and Market Analysis. Marine Resource Economics， 1992，7(2)：209-288.

[155] Wessells，C. R. ，& Wilen，J. E. Seasonal Patterns and Regional Preferences in Japanese Household Demand for Seafood. Canadian Journal of Agricultural Economics，1994，42(1)：87-103.

[156] Winters，L. Separability and the Specification of Foreign Trade Functions. Journal of International Economics，1984，17 (2)： 239-263.

[157] Working，H. Statistical Laws of Family Expenditure. American Statistical Association，1943，38(1)：43-56.

[158] Yang，S. R. ，& Koo，W. W. Japanese Meat Import Demand Esti-

mation with the Source Differentiated AIDS Model. Journal of Agricultural and Resource Economics，1994，19(2):396-408.

[159] Yuan，Y.，Cai，J.，& Leung，P. S. An Overview of China's Cultured Shrimp Industry. Victoria：Blackwell Publishing，2006：197-221.

[160] Zellner，A. An Efficient Method of Estimating Seemingly Unrelated Regressions and Test for Aggregation Bias. Journal of American Statistics Association，1962，57(2):348-368.

[161] Zhou，X.，& Shaik，S. Demand Analysis for Shrimp in the United States. Working Paper for the Annual Meeting of American Agricultural Economics Association，2008-07-27/2009-02-09.

[162] Zuzanna，P. Consumer Perception of Aquaculture Products：Trends in Consumer Preferences. Riga，Latvia，Eastern Baltic Aquaculture Conference/2008-05-06.

[163] 艾红. 我国对虾出口遭遇的主要贸易壁垒及其应对措施. 中国渔业经济,2008(1):64—68.

[164] [英]安格斯·迪顿，约翰·米尔鲍尔. 经济学与消费者行为. 龚志民、宋旺、解烜等译. 北京:中国人民大学出版社,2005.

[165] [美]保罗·克鲁格曼，茅瑞斯·奥伯斯法尔德. 国际经济学. 海闻、蔡荣、郭海秋等译. 北京:中国人民大学出版社,2005.

[166] [美]安德鲁·马斯-科莱尔，迈克尔·D·温斯顿和杰里·R·格林. 微观经济学. 刘文忻、李绍荣译. 北京：中国社会科学出版社,2001.

[167] 查贵庭. 中国稻米市场需求及整合研究. 南京农业大学博士学位论文,2005:7.

[168] 陈碧,骆乐. 有关国家运用《SPS 协议》的现状及我国水产品国际贸易的应对措施. 中国渔业经济,2003(3):21—22.

[169] 程国强. 中国农产品贸易:格局与政策. 管理世界,1999(3):176—183.

[170] 陈卫平. 中国农业国际竞争力——理论、方法与实证研究. 北京：中国人民大学出版社,2005.

[171] 陈政位,杨奕农,范宇平. 应用 PBM 模型在台湾鱼市场整合之研究. 台湾农业经济导刊,2004,10(1):59—75.

[172] [美]达摩达尔·N·古扎拉蒂. 计量经济学基础. 林少宫、费剑平、孙春霞译. 北京：中国人民大学出版社,1996.

[173] 丁守海. 国际粮价波动对我国粮价的影响分析. 经济科学,2009(2):60—70.

[174] 董大钧. SAS统计分析应用. 北京:电子工业出版社,2008.

[175] 董国新. 我国粮食供求区域均衡状况及其变化趋势研究——基于粮食生产者和消费者行为分析. 浙江大学博士学位论文,2007:184.

[176] 董江水. 应用SPSS软件拟合Logistic曲线研究. 金陵科技学院学报,2007(3):21—24.

[177] 董晓霞,李志强,李干琼. 中国省际葡萄市场整合程度研究. 山东农业科学,2009(2):114—117.

[178] 樊孝凤,过建春. 海南省主要农产品出口需求弹性的测算. 农业技术经济,2005(1):2—6.

[179] 方金,王仁强,胡继连. 基于质量安全的水产品产业组织模式构建. 中国渔业经济,2006(3):37—42.

[180] 高铁梅. 计量经济分析方法与建模:EViews应用及实例(第二版). 北京:清华大学出版社,2009.

[181] 高维新,李良才. 我国水海产品出口遭遇非关税壁垒的成因与对策分析. 对外经贸实务,2007(9):29—32.

[182] 高颖,田维明. 中国大豆进口需求分析. 中国农村经济,2007(5):33—40.

[183] 韩胜飞,戴金平. 国际商品市场中"一价定律"的验证:共同概率模型和动态贸易变量. 南开经济研究,2006(2):18—33.

[184] 韩胜飞. 市场整合研究方法与传达的信息. 经济学,2007(7):1359—1372.

[185] 韩胜飞. 我国大豆市场与国际一体化程度的发展及变化研究. 国际贸易问题,2008(4):28—35.

[186] 黄季焜. 从农产品价格保护程度和市场整合看入世对中国农业的影响. 管理世界,2002(9):84—94.

[187] [美]拉姆拉玛纳山. 应用经济计量学. 薛箐睿译. 北京:机械工业出版社,2003.

[188] 联合国粮农组织渔业及水产养殖部. 世界渔业和水产养殖状况2008. 罗马:联合国粮农组织出版,2009.

[189] 黎东升. 城乡居民食物消费需求的实证研究——基于湖北的例证. 浙江大学博士学位论文,2005:12—31.

[190] 李大海.经济学视角下的中国海水养殖发展研究——实证研究与模型分析.中国海洋大学博士学位论文,2007:32—33,102,124—128.

[191] 李芳芳,冷传慧,王燕青."肯定列表制度"对辽宁省水产品出口贸易的影响.国际贸易问题,2007(8):78—83.

[192] 李金明.世界水产品市场与中国出口水产品比较优势分析.世界农业,2002(9):21—23.

[193] 李坤望,孙玮.我国石油进口需求弹性分析.当代财经,2008(4):89—94.

[194] 李岳云,钟钰,黄军.我国农产品贸易逆差成因及诱发因素分析.国际贸易问题,2005(11):35—39.

[195] 李岳云,吴滢滢,赵明.入世5周年对我国农产品贸易的回顾及国际竞争力变化的研究.国际贸易问题,2007(8):67—72.

[196] 刘浩淼.中国城乡居民水产品需求研究.中国农业科学院硕士学位论文,2003:7—26.

[197] 刘雪.论马歇尔需求理论和希克斯需求理论.消费导刊,2007(4):80.

[198] 刘亚钊,王秀清.日本生鲜蔬菜进口市场及其需求弹性分析.农业技术经济,2007(2):31—36.

[199] 刘洋,万荣.对虾养殖业可持续发展所面临的挑战.中国渔业经济,2007(6):16—19.

[200] 卢凌霄,吕超.中日水产品流通体系的比较与启示.渔业经济研究,2008(1):49—52.

[201] 陆文聪,梅燕.中国—欧盟农产品贸易增长的成因:基于CMS模型的实证分析.农业经济问题,2007(12):15—21.

[202] 陆旸.我国主要进口商品的Armington替代弹性估计.国际贸易问题,2007(12):34—38.

[203] [美]罗伯特·S·平狄克,丹尼尔·L·鲁宾费尔德.计量经济模型与经济预测(第4版).钱小军译.北京:机械工业出版社,2006.

[204] 马庆国.管理统计——数据获取、统计原理、SPSS工具和应用研究.北京:科学出版社,2002.

[205] 穆维松,田东,张领先,等.苹果供求关系计量模型构建及实证研究.农业系统科学与综合研究,2007(5):252—256.

[206] 宁凌,廖泽芳.中国虾产品出口竞争力分析.中国渔业经济,2008(3):73—80.

［207］农业部渔业局市场与加工处. 2008：世界水产品贸易回顾与展望. 水产品市场与贸易，2009（1）：1—4. http://www. csfish. org. cn/csfish2009 / 2009-03-05.

［208］潘省初,周凌瑶. 计量经济分析软件：EViews、SAS 简明上机指南. 北京：中国人民大学出版社,2005.

［209］［美］平狄克,鲁宾费尔德. 微观经济学. 张军、罗汉、尹翔硕等译. 北京：中国人民大学出版社,2000.

［210］［日］清光照夫,岩崎寿男. 水产经济学. 王强华、李艺民译. 北京：海洋出版社,1996.

［211］阮敬. SAS统计分析：从入门到精通. 北京：人民邮电出版社,2009.

［212］山世英. 中国水产品的经济分析：生产、加工、对外贸易. 山东农业大学博士学位论文,2006：94—96.

［213］商连农. 虾产品对美出口全攻略. 农产品市场周刊,2005（46）：22—26.

［214］商务部对外贸易司. 中国虾产品出口指南. 商务部网站,http://wms. mofcom. gov. cn,2005. 11. 24 / 2006-12-20.

［215］邵桂兰,姜宏. 中国水产品出口主要目标市场国的非传统贸易壁垒分析与比较. 农业经济问题,2007（7）：81—85.

［216］邵乐研. 需求行为分析方法的比较研究. 中国农业大学硕士学位论文,2004：1,49—52,58—61.

［217］世界各国和地区渔业概况研究课题组. 世界各国和地区渔业概况（上册）. 北京：海洋出版社,2002.

［218］世界各国和地区渔业概况研究课题组. 世界各国和地区渔业概况（下册）. 北京：海洋出版社,2004.

［219］帅传敏,程国强,张金隆. 中国农产品国际竞争力的估计. 管理世界,2003（1）：97—103.

［220］孙琛,车斌. 中国水产品市场与政策. 西安：西北农林科技大学出版社,2005.

［221］孙林,宋海英. 进口需求、市场准入与我国农产品的贸易逆差. 国际商务——对外经济贸易大学学报,2006（6）：16—20.

［222］孙林,赵慧娥. 中国和东盟农产品贸易波动的实证分析. 中国农村经济,2004（7）：46—52.

［223］孙中才. 农业经济数理分析. 北京：中国农业出版社,2006.

［224］谭向勇,辛贤. 中国主要农产品市场分析. 北京：中国农业出版

　　　社,2002.

[225] 田维明,武拉平.农产品国际贸易.北京:中国农业大学出版社,2005.

[226] 田维明.中日韩农产品贸易现状和前景展望.农业经济问题,2007(5):
　　　4—11.

[227] 万广华,周章跃,陈良彪.我国水稻市场整合程度研究.中国农村经济,
　　　1997(8):45—51.

[228] 汪卫芳.绿色贸易壁垒背景下培育浙江水产品出口竞争优势的策略研
　　　究.浙江大学硕士学位论文,2005(11):30—36.

[229] 王可山,余建斌.美国大豆期货市场与现货市场价格传导关系研究.中
　　　国流通经济,2008(9):64—67.

[230] 王坤,张书云.中国对外贸易与经济增长关系的协整性分析.数量经济
　　　技术经济研究,2004(4):26—33.

[231] 王清印.海水养殖生物资源的基础研究与重点领域.中国科学基金,
　　　2005(6):334—338.

[232] 王艳,范金.收入差距与中国城镇居民消费行为的实证研究.管理工程
　　　学报,2007(1):6—12.

[233] 王怡.中国苹果市场整合研究.南京农业大学博士学位论文,2007:
　　　13—20.

[234] 王怡,周应恒,赵文,等.中国苹果市场整合程度及价格波动规律研究.
　　　南京农业大学学报,2008(1):112—117.

[235] 王云锋,王秀清.中国蜂蜜在日本市场的需求弹性.国际贸易问题,
　　　2006(1):53—60.

[236] 吴隆杰,杨林.从制度视角看中国渔业产业结构的调整.渔业经济研
　　　究,2005(1):18—24.

[237] 吴湘生.后倾销时代国际虾类市场的基本走势.北京水产,2004(5):
　　　51—56.

[238] 吴湘生.2007年中国输美水产品贸易争端评述.内陆水产,2007(10):
　　　18—21.

[239] 吴湘生.中国对虾发展前景与预测.内陆水产,2009(3):20—23.

[240] 武拉平.我国小麦、玉米和生猪收购市场整合程度研究.中国农村观
　　　察,1999(4):23—29.

[241] 武拉平.国内外粮食市场关系研究.中国农村观察,2000(6):24—32.

[242] 武拉平.农产品地区差价和地区间价格波动规律研究.农业经济问题,

2000(10):54—58.

[243] 武拉平.农产品市场一体化研究.北京:中国农业出版社,2000.

[244] 夏世福,周启才.中国水产资源开发利用的经济问题之综合研究.北京:海洋出版社,1987.

[245] 夏世福.中国渔业经济研究——《中国渔业经济调查和区划》之十二.杭州:浙江科技出版社,1988.

[246] 夏天,冯利臣.中国玉米期货市场的价格引导作用究竟有多大?——基于 VECM 模型的实证分析.农业经济研究,2007(6):42—47,64.

[247] 许咏梅,苏祝成.中国茶叶在摩洛哥市场的价格及需求弹性分析.茶叶,2006,32(4):212—214.

[248] 许咏梅.中国茶叶在日本市场的价格竞争力研究.国际贸易问题,2007(5):55—59.

[249] 杨小川,杨永华.我国虾产品出口从比较优势到竞争优势的选择.海南大学学报(人文社会科学版),2008(4):185—190.

[250] 易法海.国际贸易绿色壁垒与我国农产品贸易措施.国际经贸探索,2001(4):28—30.

[251] 余云军.对虾养殖业的可持续发展研究.中国海洋大学硕士学位论文,2006(5):1—16.

[252] 喻翠玲.我国大豆市场价格整合分析.国际商务——对外经贸大学学报,2007(5):44—48.

[253] 喻闻,黄季焜.从大米市场整合程度看我国粮食市场改革.经济研究,1998(3):50—57.

[254] 袁新华,徐翔,缪为民.中国虾类产品的比较优势分析.中国农村经济,2006(9):45—50.

[255] 臧旭恒.居民资产与消费选择行为分析.上海:上海人民出版社,上海三联书店,2001.

[256] 臧旭恒.中国消费函数分析.上海:上海人民出版社,上海三联书店,2003.

[257] 詹满色.台湾肉类需求的结构变动分析.农业经济导刊,2002(1):75—105.

[258] 詹满色.台湾肉品需求的函数选择及弱分割性的检定.台湾农业与经济,2003(30):63—87.

[259] 张巨勇,于秉圭,方天.我国农产品国内市场与国际市场价格整合研

究.中国农村经济,1999(9):27—29,37.

[260] 张玫.中国水产品国际竞争力研究.华中农业大学博士学位论文,2007:25—47.

[261] 张青青,王海华.技术贸易壁垒对中国水产品进出口贸易的影响与对策分析.渔业经济研究,2005(6):8—12.

[262] 张晓峒.EViews 使用指南与案例.北京:机械工业出版社,2007.

[263] 张震东,杨金森.中国海洋渔业简史.北京:海洋出版社,1983.

[264] 赵婧.TBT 对我国水产品出口贸易的影响及对策分析.中国海洋大学硕士学位论文,2006:32—38.

[265] 赵一夫.中国农产品贸易格局的实证研究.中国农业大学博士学位论文,2005:17—18.

[266] 郑德雁.WTO/TBT 框架下提升我国水产品国际竞争力研究.中国海洋大学博士学位论文,2004.

[267] 中国农业百科全书编辑部.中国农业百科全书——水产业卷.北京:中国农业出版社,1994.

[268] 周井娟,林坚.世界虾产品贸易格局分析.国际商务——对外经济贸易大学学报,2009(1):31—38.

[269] 周井娟.美国虾产品进口的结构变化和市场规制特征研究.渔业经济研究,2009(1):18—24.

[270] 周井娟.欧洲虾产品市场贸易格局分析.渔业经济研究,2009(5):28—34.

[271] 周井娟.西班牙虾产品进口的结构变化和市场规制特征研究.中国渔业经济,2009(5):133—139.

[272] 周井娟.中国虾产品国际市场竞争绩效的实证分析,国际经贸探索,2010(1):48—52.

[273] 周井娟.日本虾产品进口结构变动规律与政策启示,世界农业,2010(5):33—36.

[274] 周井娟.亚洲虾产品的供给现状及发展展望,世界农业,2014(9):36—40.

[275] 周善祥,李小川,王连珠.泰国水产品管理及对我国的启示.渔业现代化,2006(6):50—52.

[276] 周祎,徐立青.TBT 下我国虾产品出口的现状及对策.安徽农业科学,2008(10):4340—4341,436.

［277］周章跃,万广华.论市场整合研究方法——兼评喻闻、黄季焜《从大米市场整合程度看我国粮食市场改革》.经济研究,1999(3):73—79.

［278］朱世武.SAS 编程技术教程.北京:清华大学出版社,2007.

［279］朱正元.Logistic 曲线与 Gompertz 曲线的比较研究.数学的实践与认识,2003(10):66—71.

［280］资树荣.我国食物贸易发展研究——基于消费需求因素的分析.西安交通大学博士学位论文,2006:20—40.

索 引

图书在版编目(CIP)数据

中国虾产品主要出口市场需求及空间整合研究/周
井娟著. —杭州:浙江大学出版社,2015.6
ISBN 978-7-308-14753-8

Ⅰ.①中… Ⅱ.①周… Ⅲ.①虾类－出口产品－市场
需求分析－中国 Ⅳ.①F752.652.6

中国版本图书馆 CIP 数据核字(2015)第 116032 号

中国虾产品主要出口市场需求及空间整合研究

周井娟　著

责任编辑	田　华	
封面设计	春天书装	
出版发行	浙江大学出版社	
	(杭州市天目山路 148 号　邮政编码 310007)	
	(网址:http://www.zjupress.com)	
排　　版	浙江时代出版服务有限公司	
印　　刷	杭州日报报业集团盛元印务有限公司	
开　　本	710mm×1000mm　1/16	
印　　张	15.5	
字　　数	270 千	
版 印 次	2015 年 6 月第 1 版　2015 年 6 月第 1 次印刷	
书　　号	ISBN 978-7-308-14753-8	
定　　价	45.00 元	

版权所有　翻印必究　　印装差错　负责调换

浙江大学出版社发行部联系方式　(0571)88925591;http://zjdxcbs.tmall.com